U0113369

“一带一路”经贸合作研究

颜少君　著

中国经济出版社
CHINA ECONOMIC PUBLISHING HOUSE
北京

图书在版编目（CIP）数据

“一带一路”经贸合作研究 / 颜少君著 . -- 北京：中国经济出版社，2022. 10（2023. 8 重印）

ISBN 978 - 7 - 5136 - 7110 - 1

Ⅰ. ①一… Ⅱ. ①颜… Ⅲ. ①“一带一路” - 经贸合作 - 研究 Ⅳ. ①F125

中国版本图书馆 CIP 数据核字（2022）第 183116 号

责任编辑　严　莉
责任印制　马小宾
封面设计　任燕飞

出版发行　中国经济出版社
印 刷 者　北京建宏印刷有限公司
经 销 者　各地新华书店
开　　本　710mm × 1000mm　1/16
印　　张　20
字　　数　288 千字
版　　次　2022 年 10 月第 1 版
印　　次　2023 年 8 月第 2 次
定　　价　88. 00 元
广告经营许可证　京西工商广字第 8179 号

中国经济出版社 **网址** www. economyph. com **社址** 北京市东城区安定门外大街 58 号 **邮编** 100011
本版图书如存在印装质量问题，请与本社销售中心联系调换（联系电话：010 - 57512564）

目 录

第一章

共建“一带一路”经贸合作面临的时代背景

推进“一带一路”建设，是以习近平同志为核心的党中央根据国际形势深刻变化、统筹国内国际两个大局做出的重大战略决策，是新时期全面对外开放和对外经济合作的管总规划。进入21世纪，世界形势发生了新的变化，正如习近平总书记多次指出的，当今世界正经历百年未有之大变局。经济全球化、政治多极化、社会信息化、文化多样化、安全威胁多元化等前所未有地并存，各国发展道路、制度、理念激烈比拼碰撞，国际关系与国际体系发生深刻调整变化。特别地，中国迅速崛起走向世界舞台中央，国际地位和影响力不断提升。美国仍然是世界超级大国，但其领导能力和影响力相对下降，中美大国博弈成为百年大变局的核心特征。与此同时，新一轮科技革命和产业变革带来的激烈竞争前所未有，气候变化、疫情防控等全球性问题对人类社会带来的影响前所未有。9年来，共建“一带一路”取得实打实、沉甸甸的成就，但也面临日趋复杂的国际环境。因而，正确认识和把握共建“一带一路”面临的新形势，对于推动共建“一带一路”经贸合作行稳致远具有重要意义。

第一节　经济全球化与逆全球化思潮

当前，世界正处于大发展大变革大调整时期，经济全球化进程中出现了新的矛盾和问题，长期作为经济全球化推动者的美国等发达国家，“逆全球化”思潮涌动，单边主义、贸易保护主义、霸凌主义等不断抬头，而发展中新兴经济体特别是中国则成为新型经济全球化的推动者。

一、经济全球化的发展和本质

1985年，T. 莱维第一次提出了“经济全球化”这个词，此后经济全球化逐渐在全球范围内流行。国际货币基金组织（IMF）认为：“经济全球化是指跨国商品与服务贸易及资本流动规模和形式的增加，以及技术的广泛迅速传播使世界各国经济的相互依赖性增强。”而经济合作与发展组织（OECD）则认为，“经济全球化可以被看作一种过程，在这个过程中，经济、市场、技术与通信形式都越来越具有全球特征，民族性和地方性在减少。”可见，经济全球化是各种有形要素和无形要素在全球范围内的自由流动程度不断提高的过程，是各国国内经济规则不断趋于一致、国际经济组织协调机制不断强化的过程。

经济全球化是一个历史过程，也是世界经济由分散割裂到整合融合的发展进程，最早可以追溯到16世纪的地理大发现时期，以开疆拓土为主的“殖民扩张”逐渐建立了“垂直型”国际分工体系，世界市场也逐渐形成。工业革命以后，资本主义商品经济和现代工业、交通运输业迅速发展，世界市场加速扩大，世界各国间的贸易往来不断加强，为经济全球化提供了现实基础。20世纪90年代以来，经济全球化得到了迅速的发展，发展成为以科技革命和信息技术发展为先导，涵盖了生产、贸易、金融和投资各个领域，囊括了世界经济和与世界经济相联系的各个方面及全部过程：国际分工从过去以垂直分工为主发展到以水平分工为主的一个新阶段；世界贸易增长迅猛，多边贸易体制开始形成；国际资本流动达到空前规模，金融全球化的进程加快；跨国公司对世界经济的影响日益增强；国际经济协调的作用日益加强；国际组织、区域组织对经济发展的干预作用日益增强。经济全球化的纵深发展，即经济全球化从以开疆拓土为主的“殖民扩张的全球化”，到以争夺市场为主的“贸易投资的全球化”，再向以资源有效配置为主的“全球化”发展，给“二战”后的民族独立国家和很多后起国家分享两个市场、两种资源加快发展提供了相对同等的契机，也改变了建立在“中心”与“外围”等级制国际分工体系上的全球化发展格局、利益分配和治理结构，按比较优势和市场规律形成全球产业链和供应链，这是新兴经济体群体性崛起的时代背景，也是世界百年未有之大变局根本的驱动力量。国际金融危机和新冠肺炎疫情等冲击，也没能改变经济全球化这一历史发展的必然进程。新一轮科技革命和产业变革加速推进经济全球化向广度和深度延展。人工智能、信息网络、生物工程、新能源、新材料、海洋和空间技术等集群式发展，催生出一批批新产业、新业态、新模式和新需求，孕育着机械化与智能化、信息化和绿色经济相融合的第四次工业革命，引发经济、社会和军事力量革命性增长，改变着人类生产和生活方式，也改变着国力增强方式、国际竞争内涵和竞争形态。

经济全球化的发展得益于科技的发展和技术的进步，科技发展使全球交通更加便捷，信息加快流动，资源在全球范围内配置，这是人类进入新的历史阶段出现的不可抗拒的历史潮流。资源在全球配置是最先进的生产方式和生产力的要求，经济全球化发展，商品、要素与服务，即商流、物流、信息流、资金流、人员等可以在世界范围内自由流动形成统一的世界市场，把世界各国都联系在一起。世界经济融为一体，对所有国家来说，既是机遇又是挑战。尽管每个国家具体情况不一样，但每个国家都在抓住机遇，应对挑战。

二、经济全球化的表现

当前，经济全球化、区域经济一体化已经成为不可逆转的客观事实，全球经济体制趋同，市场经济成为各国的普遍选择，在市场化目标下，对内经济自由化、对外开放和参与全球化分工，在全球范围内配置资源已经成为各国市场化的内在制度安排。当代经济全球化趋势主要表现在以下方面：

（一）生产全球化

经济全球化的物质基础是生产全球化。生产全球化的内容十分丰富，主要包括全球分工、国际直接投资和跨国公司的发展。在全球分工方面，随着流通发展到现代国际化大流通阶段，全球范围内要素流动的要求推动国际分工从最初的产业与产业之间的分工，演变发展到产业内部的分工，再演变为产品内的分工，传统分工的国别边界已经明显弱化。根据世界贸易组织（WTO）的相关研究报告，目前全球货物贸易中中间品贸易已占到2/3（其中在东亚地区贸易中占到4/5），而20世纪90年代这个比例只有

1/3。2018年中美贸易摩擦发生后，在美国对我国加征关税的前500亿美元商品中，73%是中间品和投资品，之后的2000亿美元商品中，78%是中间品和投资品。这些中间产品和服务（其价值超过20万亿美元）在不同阶段被纳入最终消费的产品和服务生产进程，生产工序的分散化和工序中生产任务和生产活动的国际分工催生了无国界的生产系统。这些生产系统可以是有顺序的链条或是复杂的网络，它们的范围可能覆盖全球或是区域，它们通常被称为全球价值链。世界各国因为某一特定产品组成了一个全球价值链，并各自在统一的价值链中寻求自身的价值。现代国际化大流通的发展促使生产要素在全球范围内流动，这对生产超越国界提出了内在要求，促进一种以全球价值链为纽带的新型国际分工体系的形成。随着全球供应链、产业链和价值链的形成和发展，全球贸易中中间品占比越来越高，这反过来也为全球化生产提供了条件，成为推动经济全球化的根本动力。

（二）消费的社会化和全球化

人是万物之灵，不论是作为自然人还是社会人，不论是作为经济人还是理性人，虽然其以各种不同的形态存在于世，但其行为方式都是共同的，特别是以消费者身份出现在经济社会中，其行为都是趋利避害，都是穷尽自己的手段去追求自己能力范围内所能获得的需求，在追求新的需求中，使自己个性化的需求由内在的、个性的、自在的行为转化为外化的、自为的和类的行为。在经济全球化中，消费者的消费行为出现了一个具有多种个性的同质结构，即消费行为的趋同化。消费需求社会化的发展使得人类消费观念和消费模式发生了革命性变化：消费者由分散走向联合，实现了消费的群体化，个性化需求与需求社会化同时存在并相互影响；交易方式由传统线下面对面交易走向线上电子商务交易；支付方式由现金交易走向信用支付、移动支付，消费与需求逐步打破了时间和空间的限制，消除了流通的诸多障碍，实现了最广泛链接。人类的生存、发展和延续是以物质需要的满足作为客观前提的，这种需要的满足，必须通过人类自身对物质产品和精神产品的使用和消费活动才能实现。马克思说：“人从出现在地球舞台上的第一天起，每天都要消费。不管在他开始生产以前和在生产期间都是一样。[①]”在原始社会，消费活动是以原始群、氏族公社为单位进行的。随着社会生产的发展，消费活动的消费形式逐渐由原来的以消费者家庭（或消费者个人）为单位进行消费活动转变为社会化消费，即由独立分工的生产或服务部门把某些消费（包括服务）集中提供给众多的消费者进行消费。现代互联网和信息技术革命为消费需求社会化奠定了技术基础。凭借全球互联网络、电子商务平台和社交网络等互联网工具，能够减少消费者搜索商品的时间和成本，能够实现消费者之间互联互通，通过网络的外部效应，形成消费者的交流网络，消费者群体人数越多，群体性社会化需求越深入。消费者借助网络提供的丰富商品信息、评价信息和信誉信息等，足不出户就可以在提供同类商品的不同卖家之间做出选择，而网络服务器可以根据消费者保留的各种个人信息、浏览记录和购买信息数据进行分析，使消费者获得更个性化、更优化的“定制化”“千人千面”服务体验，消费社会化与消费个性化相互融合。

消费社会化和全球化打破了传统的地域限制，需求去中心化和区域化实现了需求过程在全球范围内的广泛链接，这种互联互通为消费者需求的实现提供了多样化的选择空间，而这又反过来延展了消费和经济的广度和深度。

（三）资本全球化

资本全球化即资本在全球范围内的大规模快速流动是经济全球化的重要推动力和组成部分，是贸易全球化和生产全球化的必然结果。随着资本从国际商品流通中分离出来形成独立的流通物，资本为了追逐利润和实现增值而呈现跨国运动，资本流通也呈现国际化发展趋势。自 20 世纪 80 年代开始，国际贸易的发展不断加快，与之相对应的是国际资本流动的规模不断扩大，速度不断加快，特别是 90 年代以来，随着有价证券以及各种衍生金融工具不断涌现，国际资本以前所未有的规模、惊人的发展速度和日

---

① 马克思．资本论（第一卷）[M]．北京：人民出版社，2004：191．

新月异的形态使全球资本急剧膨胀扩张。以债券市场规模为例，据美国财政部数据统计，截至 2021 年底，外国投资者持有的美国国债规模高达 77394.4 亿美元，超过美国全年 GDP 总额的 1/3（见图 1-1）。在全球外汇市场上，国际清算银行（BIS）调查数据显示，全球外汇市场日均交易量快速提高，1989 年为 5392 亿美元，2007 年为 3.3 万亿美元，2019 年为 6.59 万亿美元，外汇市场日均交易量增加了 11 倍有余。全球金融市场数据提供商路孚特（Refinitiv）的数据显示，2021 年，企业通过发行股票、发行债券和签订新贷款协议，共筹集了创纪录的 12.1 万亿美元资金，其中，美国企业筹集了超 5 万亿美元。随着国际资本流动全球化的发展，特别是当代信息通信技术和互联网技术的高度发达和广泛应用，金融市场和金融机构的全球化趋势也日益凸显，金融市场交易超越地域和时空的限制连为一体，全球主要金融机构也已经连成一片，国际金融市场和金融机构之间的依赖性和相关性不断加强。今天，全球黄金市场和外汇市场已经实现了一周五天、全天连续 24 小时的不间断运营交易。在世界任何一个角落的银行外汇交易的电脑网络终端显示器上都可以同步查阅到世界上任何一个角落有关汇率的经济、政治信息。随着全球经济、贸易、文化交流的不断发展，资金全球化流通加剧，但也引发了日益尖锐的金融全球化与国家利益之间的矛盾。由于实力不同，发达国家和跨国公司在全球化中得利最多，而发展中国家所得甚少——特别是近十几年的金融全球化，给发展中国家带来了巨大的金融冲击和货币风险，使这些国家面临更严峻的经济挑

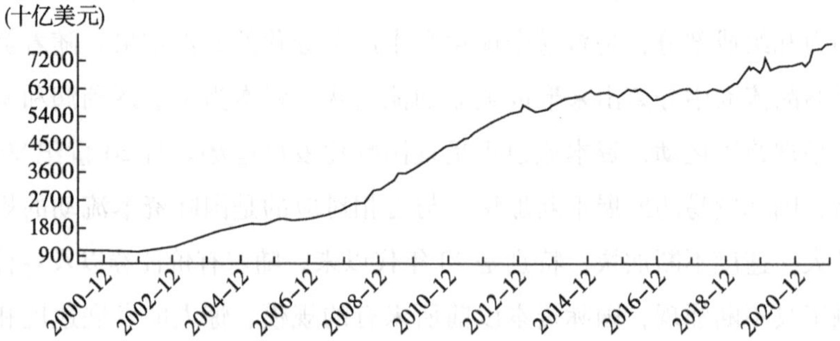

图 1-1　外国投资者持有美国国债

资料来源：Wind 数据库。

战。随着数字经济和区块链技术的发展，数字货币的出现和成熟也许可以打破国家制度限制，实现货币与资本的全球自由流通，化解当今全球经济困局。

（四）区域经济一体化

伴随着经济全球化的快速发展，市场一体化、区域经济一体化进程不断加快，已经成为当今世界经济的发展大趋势。区域经济一体化组织范围越来越大，联系越来越紧密，一体化内容越来越丰富。当前几乎全球所有的国家都加入了一个或一个以上的区域贸易协定，且随着世界经济的失衡，特别是全球多边主义受阻，区域经济一体化进程局部替代经济全球化趋势明显。据 WTO 统计，截至 2020 年底，全球 164 个 WTO 成员已送达 WTO 组织的区域贸易协定通知累计 713 个，正在实施的区域贸易协定 305 个。其中，亚洲经济体与区域内外经济体生效的区域贸易协定共有 186 个，占全球区域贸易协定总数的 54.9%。据联合国贸发会议（UNCTAD）统计，截至 2021 年 6 月 15 日，全球共有 2852 个双边投资协定和 420 个其他国际投资协定。区域经济一体化成为经济全球化的重要表现形式。一方面，随着经济全球化发展，全球范围内各国各地区之间的分工与依赖日益加深，生产社会化、国际化程度不断提高，使各国的生产和流通及其经济活动进一步越出国界，各国、各地区主动放宽或破除束缚和影响流通的规则，甚至淡化国家主权与边界，使各种要素禀赋在特定区域更加便利、更加迅捷、更加自由流通，成为区域一体化的经济圈。欧盟就是区域经济一体化的典型例子。另一方面，世贸组织多边贸易体制本身的局限性以及近年来多边贸易谈判所遭遇的挫折和困难，使区域经济一体化为各国参与全球竞争提供了一种选择。美国在亚太地区推行和主导的《跨太平洋伙伴关系协定》（TPP）因美国退出而变为《全面与进步跨太平洋伙伴关系协定》（CPTPP），中国正式申请加入 CPTPP。2020 年 11 月 15 日，东盟 10 国和中国、日本、韩国、澳大利亚、新西兰组成了涵盖全球 30% 的人口、29% 的 GDP 以及 27% 的贸易量的全球最大自贸区，签署了《区域全面经济伙伴关系协定》（RCEP），并于 2022 年 1 月 1 日正式生效。RCEP 将取消成员国之间91%的货物关税，规范投资标准、知识产权保护、电子商务等贸易活动，并将促进自贸区内供应链的优化，促进区域经济一体化和长期繁荣稳定。2022年5月，美国启动“印太经济框架”（IPEF），美国、澳大利亚、印度、日本、韩国等13个国家成为创始成员国，GDP占全球40%。

三、经济全球化的新发展

（一）经济全球化发展趋势并未发生根本性逆转

经济全球化是第二次世界大战以来，特别是20世纪90年代以来，世界经济发展的重要趋势，是在新科技革命和社会生产力发展到更高水平的推动下，社会生产和再生产的各个环节（生产、分配、交换、消费）和各种资本形态（货币资本、生产资本、商品资本）的运动超出国界，在全球范围内自由流动的过程，是生产社会化和经济关系国际化发展的客观趋势。经济全球化是时代潮流。人类历史发展告诉我们，经济全球化是社会生产力发展的客观要求和科技进步的必然结果，是一个不以人们的意志为转移的、不可逆转的客观进程。不同意识形态、不同发展程度的国家，不管是否愿意，都将或早或迟、或主动或被动地卷入其中。总体来看，经济全球化符合经济规律，符合世界各国利益，是大势所趋。过去数十年来，经济全球化为世界经济和国际贸易增长提供了强劲动力，促进了商品和资本流动、科技和文明进步、各国人民交往。当然，经济全球化是一把“双刃剑”。在世界经济格局深刻调整背景下，固有的经济增长与分配失衡、资本与劳动、效率与公平的矛盾更加凸显，新冠肺炎疫情席卷全球凸显全球公共卫生安全问题，地区冲突频繁发生，恐怖主义、难民潮等全球性挑战此起彼伏。但是，正如习近平主席在2022年世界经济论坛视频会议上的演讲所指出的：“大江奔腾向海，总会遇到逆流，但任何逆流都阻挡不了大江东去。动力助其前行，阻力促其强大。尽管出现了很多逆流、险滩，但经济全球化方向从未改变、也不会改变。”

（二）反全球化思潮高涨，给世界经济增长和经济全球化带来诸多挑战

受内在规律和治理不善等因素影响，各国、各地区参与全球化的程度及从中获益的能力差异很大，经济全球化在不同区域和国家、不同生产要素和领域之间发展不平衡问题始终存在。特别是当前反经济全球化思潮高涨，逆全球化行为此起彼伏，给世界经济实现强劲、可持续、平衡、包容增长带来新的不确定影响，经济全球化面临诸多挑战。

一是世界经济增长乏力。在经济全球化中，不同国家、不同阶层掌握的资源、所处的位势和参与的程度等存在明显差异，不可避免地出现获益不均问题。2008 年国际金融危机以来，世界经济增长乏力，矛盾更加凸显。特别是过去几十年来拉动经济增长的动力和模式难以为继，而新一轮科技革命和产业变革仍处于量变和尚未突破阶段，且仍以信息技术智能化应用为主，属于信息技术革命的延续和深化。新能源、新材料、节能环保、生物技术、大数据、智能制造等新兴技术虽日益发达，但与之相连的产业链条刚刚兴起，还不适合大规模模块化生产，对全球供应链发展的带动作用有限，新旧增长动能尚未实现有效接续，新冠肺炎疫情冲击和常态化使得经济全球化发展环境更趋复杂，这为一些人将困扰世界的问题甚至国内的矛盾归咎于经济全球化提供了由头或借口。

二是全球发展失衡加剧，发展赤字突出。经济全球化是一把“双刃剑”，既带来正效应，也带来负效应。正效应主要体现在增长方面，负效应主要集中在分配问题上。“冷战”结束以来的经济全球化，在促成贸易大繁荣、投资大发展、人员大流动、技术大扩散的同时，也带来获益不均的问题，导致全球发展失衡加剧，不同国家之间、不同群体之间贫富差距拉大。从不同国家看，发达经济体在经济全球化中处于主动和强势地位，其获益要远大于新兴经济体和广大发展中国家。一些发展中国家长期处于能源原材料输出国地位，贸易条件恶化、债务负担沉重、金融风险增加。不少发展中国家在国际分工体系中被长期锁定在中低端环节。从不同群体看，高收入群体与低收入群体之间的收入差距进一步拉大，全球最富有的

1%人口拥有的财富量超过其余99%人口财富的总和，全球仍有8亿多人口生活在极端贫困之中。对很多家庭而言，拥有温暖住房、充足食物、稳定工作还是一种奢望。全球发展失衡，特别是收入分配不平等、发展空间不平衡是国际社会面临的最突出问题，是当今世界面临的最大挑战，也是一些国家社会动荡的重要原因。

三是全球治理机制改革滞后。经济全球化健康发展需要良好的全球经济治理，需要兼具高效性、包容性和安全性的国际经贸规则与治理体系，以推动全球生产要素自由流动、资源高效配置、市场深度融合，充分反映各国利益诉求和主张，防范经济紧密联系情况下可能出现的各种风险。当今世界，随着国际力量对比发生深刻变化、新兴市场和发展中国家群体性崛起，经济全球化进入金融全球化和全球价值链构建的新阶段，现有全球经济治理体系改革明显滞后，存在有效性不足、包容性不足、安全性不足等问题，也不能反映国际力量对比变化下各国的利益诉求，难以适应经济全球化持续健康发展的需要。

（三）作为全球化受益者的美国成为此轮反全球化的主要推手

特朗普上任后，大力推行“美国优先”政策，内顾倾向明显，民粹主义色彩浓厚，其认为经济全球化的游戏规则和现实发展，已经偏离美国利益和美国意志，让广大新兴经济体和发展中国家钻了空子、占了便宜，对美国垄断地位和绝对优势形成竞争甚至挑战。在这样的导向下，其带头在全球掀起逆全球化和反多边贸易风潮，利用“关税”“毁约”“脱钩”“排他性条款”等极限施压手段，推行贸易、投资和科技等领域的单边保护主义政策，对世界主要经济体发起贸易战并引起连锁反应；退出《跨太平洋伙伴关系协定》，将北美自贸协定调整为美加墨自贸协定，威胁退出世界贸易组织，提出要与欧盟、英国、日本等签署双边自由贸易协议，试图通过单边行动和双边安排，废弃“让美国吃亏”的国际经贸协定，削弱主要竞争对手的核心竞争力，重塑对美有利的国际贸易新规则和“美国第一”的全球产业链布局。作为长期经济全球化主导国和核心动力源，美国在特朗普执政下以政府力量取代以往反全球化的民间力量，成为此轮逆全球化风潮的主推手，给世界经济增长带来诸多不确定性影响。在美国总统拜登胜选和上台之初，不少人曾认为美国有望回归多边主义、重启全球化进程，但从拜登上台以来的诸多内外政策安排看，拜登政府的所谓回归多边主义是有选择性的，是建立在以“美国利益”为导向的基础上的。之前就已强化的对华技术封锁和科技“脱钩”，现在依然如故甚至还在加强；对资本的全球自由流动开始设限；高度强调意识形态和价值观，发起所谓的“民主峰会”，不断拉拢、联合盟友拼凑各种阵营和制造全球分裂，与真正的全球化和世界共同发展背道而驰。

实际上，美国是已有经济全球化最大的利益获得者。20 世纪 90 年代以来经济全球化的飞速发展时期，也是以美国为首的发达国家获利最大的时期。随着经济全球化发展，大量资金从各种渠道流入美国，为美国提供了廉价的货币资本、良好的基础设施和科研设备，全球大量高技术人才也纷纷被吸引到美国。美国以大型跨国公司为载体，利用全世界的资金、全球最顶尖的人才获得了全球化的利益。此外，在当今的世界贸易格局中，从贸易盈余和赤字进行分析，美国作为贸易逆差和赤字国，实际是世界上商品的最后实现者和吸纳者。从经济学的意义上说，只有贸易逆差才真正占用他人的资源，因此，实际上美国在世界范围内控制着各类生产要素（尤其是高科技人才）的流动方向，也控制着商品实现的流动方向。一方面，国外高质量要素的流入提高了美国的科技竞争力，压低了要素成本；另一方面，世界产出的流入则进一步增强了竞争、刺激了进步，而廉价商品的流入又能够进一步减轻要素的成本压力，提高美国产业的竞争力。因此，作为经济全球化进程主导中心的美国，以高新技术创新为基础，以控制世界资源的流向和经济产出的流向为手段，通过规则制定保证自己在世界经济中的根本利益，是经济全球化的最大获益者，而不是经济全球化的受损者。

（四）以中国为代表的新兴市场国家正在成为经济全球化的主要驱动力量

20 世纪 90 年代以来，伴随着经济全球化的深入发展，一批发展中国家和转型国家在发展市场经济中实现了快速增长，特别是近 10 多年来，新兴市场国家经济实力明显增强，突出表现在：在全球贸易中的地位迅速上升，占全球贸易额的比重不断提高；不仅受到国际间接投资的青睐，而且成为国际直接投资流入的热点区域。以世界500强企业为代表的跨国公司纷纷大幅增加在新兴市场国家的投资，将业务外包给新兴市场国家。近10多年来，新兴市场国家年均经济增长率高出世界平均水平约2个百分点，工业化进程明显加快；研发投入占GDP比重显著上升，技术进步速度快，科技实力与发达国家差距逐步缩小。国际金融危机冲击后，新兴市场国家率先实现经济复苏，2010年对世界经济增长的贡献一度达到60%左右，成为拉动全球经济增长的主要力量。在全球经济治理中，新兴市场国家发出越来越有力的声音，在世界贸易组织、国际货币基金组织和世界银行等国际机构中的影响力不断提升，在国际经济合作和其他经济事务中扮演着日益重要的角色。

中国依然是世界经济增长的“稳定锚”。金融危机爆发后，中国成为世界经济复苏的中坚力量，对世界经济增长的贡献率保持在25%以上，发挥了世界经济“稳定锚”的作用。中国是世界第二大经济体，在疫情冲击下，全球贸易面临挑战，而中国实现了新的飞跃。2020年，中国全年进出口、出口总值双双创历史新高，国际市场份额创历史最好纪录，成为全球唯一实现货物贸易正增长的主要经济体。中国成为美国、欧盟、日本、印度等130多个国家和地区最大贸易伙伴。与此同时，中国高举的全球化大旗正在引领世界经济开创新局面。2016年杭州G20峰会上，中国发展理念首次在全球经济治理的主要平台上转化为发展方案，推动世界经济走上强劲、可持续、平衡、包容增长之路，为世界经济的未来发展指明了方向。此后，习近平主席在达沃斯、G20、金砖国家等机制平台上发表了建设开放型世界经济的中国主张和中国方案。2019年G20大阪峰会上，习近平主席出席并发表题为《携手共进，合力打造高质量世界经济》的重要讲话，继续为实现世界共同发展与繁荣贡献了中国方案与中国智慧。2021年9月，习近平主席出席第76届联大一般性辩论并发表重要讲话，提出“全球发展倡议”。2022年1月，习近平出席2022年世界经济论坛视频会议并发表演讲，站在人类命运共同体的高度提出重振全球发展事业的四个“关键”

和引领中国未来发展的三个“坚定不移”，为如何战胜疫情和建设后疫情时代的美好世界贡献中国方案和中国智慧。面对时代之变和疫情交织的复杂格局，世界各国应当在加快建设人类卫生健康共同体、加强宏观政策协同、推进全球发展倡议、迈向全球经济共同体等方面加强开放合作，中国方案和中国智慧正为重振全球发展事业注入“强心剂”。

中国提出的共建“一带一路”重大倡议也是推进新型经济全球化的新实践，9 年多来得到了越来越多国家的积极响应。共建“一带一路”倡议以共商共建共享为原则，以和平合作、开放包容、互学互鉴、互利共赢的丝路精神为指引，以政策沟通、设施联通、贸易畅通、资金融通、民心相通为重点，已经从理念转化为行动，从愿景转化为现实，取得了沉甸甸、实打实的成就，成为开放包容的平台、各方共同打造的全球公共产品，将引领全球走共商共建共享、共同发展、共同繁荣的合作共赢之路。

第二节　世界和平与发展面临诸多挑战

和平与发展仍然是当今世界的主题，与此同时，政治多极化、社会信息化、文化多样化、安全威胁多元化等前所未有地并存，各国发展道路、制度、理念激烈比拼碰撞，世界政治格局正在面临剧变。

一、全球和平赤字突出

和平与发展是当今世界两大全球性的战略问题，也是当代世界主要矛盾的集中体现。第二次世界大战后，世界发生了深刻变化。邓小平同志根据世界形势做出了和平与发展已经成为当今世界的两大主题的科学论断。和平是发展的前提和基础。只有在和平的国际环境中，世界各国才能保持正常的经济交往和顺利实现本国的发展计划。发展经济是维护世界和平的有力保障。经济贸易往来增进各国人民的友好往来，有助于消除世界不稳定的因素，减少发生军事冲突的可能性，世界经济特别是发展中国家经济的发展有利于世界和平力量的壮大。

进入21世纪后，不管世界如何变化，和平与发展仍是时代的主题。“和平与发展是世界各国人民的共同心声，冷战思维、零和博弈越发陈旧落伍，妄自尊大或独善其身只能四处碰壁。只有坚持和平发展、携手合作，才能真正实现共赢、多赢。”习近平主席在博鳌亚洲论坛2018年年会开幕式上再次强调了当今时代主题是和平与发展，深刻阐明世界和平与发展的紧密关系。2021年10月25日，习近平主席在北京出席中华人民共和国恢复联合国合法席位50周年纪念会议并发表重要讲话，明确提出“和平与发展是人类的永恒期望，是世界各国的共同事业，也是当今时代的主题。和平犹如空气和阳光，受益而不觉，失之则难存。维护比金子还珍贵的和平，是每个国家都应该肩负起来的责任。没有和平，发展就无从谈起。发展是解决一切问题的总钥匙，是增进人类福祉的重要前提。没有发展，和平就失去了基础。在追求本国利益时兼顾他国合理关切，在谋求自身发展中着力促进各国共同发展，不断扩大共同利益汇合点，就能让发展成果惠及世界各国。”和平赤字、发展赤字、治理赤字，是摆在全人类面前的严峻挑战，其中和平赤字最需关注。和平赤字突出表现在以下方面：

一是全球范围内局部地区动荡与冲突不断。近年来，世界基本和平，但地区热点此起彼伏。如乌克兰危机愈演愈烈，美俄围绕乌克兰的地缘政治博弈以及乌克兰的局部武装冲突仍将继续，中东军事武装混战还在持续，伊朗和以色列在叙利亚的明争暗斗已经成为常态，印度和巴基斯坦围绕克什米尔地区的军事冲突很难中断。此外，非洲地区内乱不容忽视。自“二战”结束后，非洲大陆局部战争、冲突就从来没有停止过。比如纳卡地区问题的悬而未决，已经成为埋在亚美尼亚和阿塞拜疆之间的一颗不定时炸弹，双方围绕该地区归属和控制权的冲突时有发生。埃塞俄比亚政府方面和“提格雷人民解放阵线”之间的冲突也一直持续，在大大小小的战乱冲突中，无数平民成为各路武装的目标。可见，尽管世界总体和平，但地区冲突仍旧不断，世界仍不太平。

二是难民危机复杂难解。持续动荡引发了大规模难民危机。联合国难民署2022年6月发布的《2021年全球趋势报告》显示，截至2021年年底，因战争、暴力和迫害而被迫流离失所的人数为8930万，比上一年增长

8%，是十年前的两倍多。而2022年的俄乌冲突更是引发了"二战"以来扩散速度最快、规模最大的被迫流离失所危机；非洲、阿富汗等地的其他紧急情况也导致该数字急剧攀升，首次突破一亿关口。尽管疫情持续蔓延、全球停火呼吁不断，但冲突仍在持续，人们被迫离开家园。联合国难民署新估计数据显示，在2018年至2020年间，有近100万名儿童出生即是难民。值得关注的是，因俄乌战争而家园尽毁的500万乌克兰难民涌入欧洲，西亚北非持续动荡引发难民潮，尤其是叙利亚大量难民外逃给黎巴嫩、约旦、土耳其等邻国造成巨大压力，加剧了当地矛盾与冲突风险。同时，大量难民涌入欧洲后，造成"二战"结束以来欧洲最大的难民危机，促使东西欧、南北欧之间的矛盾激烈化，欧盟机构与成员国之间的矛盾公开化，宣扬排外思想的欧洲右翼民粹主义政党借机兴起，对欧洲政治生态与安全状况产生深远影响。

三是全球恐怖主义更加复杂。全球恐怖主义形势依然严峻，而且更加复杂，很多国家都面临着恐怖主义的威胁。首先，阿富汗及周边地区恐怖主义和极端主义强势反弹。当今活跃在阿富汗的恐怖组织已经从2001年的个位数增加到20多个，"伊斯兰国呼罗珊省"正成为阿富汗主要恐怖袭击的发动者。2020年，"伊斯兰国呼罗珊省"在阿富汗发动的恐怖袭击超过60起，美国撤军后其活动更加猖獗，据不完全统计已经超过330起。其次，新冠肺炎疫情冲击及其长期化成为催生和加剧恐怖主义的重要因素。伴随着疫情导致的经济和社会矛盾的不断激化，极端组织利用疫情编制新型极端主义思想，图谋以病毒为武器发起恐怖袭击。最后，中东、非洲、南亚等恐怖主义高发区的形势依然严峻。"伊斯兰国"等极端组织屡屡在遭受重创后重新发展起来。叙利亚有大量的极端组织和恐怖分子，还有资料显示，"伊斯兰国"目前正试图在叙利亚东部的沙漠利用从难民营偷运来的青少年进行组织重建。中东的极端组织和极端分子还在不断向阿富汗转移。南亚巴基斯坦和印度长期受伊斯兰极端主义和阿富汗动荡局势影响，恐怖事件时有发生，巴基斯坦更是成为全球恐怖主义重灾区。非洲方面，"博科圣地"、索马里"青年党"等非洲本土极端组织和恐怖组织的活动一直十分猖獗，如今更是与"伊斯兰国""基地"组织等全球性恐怖组织分化组合。有研究报告显示，2020 年虽然全球遭受新冠肺炎疫情打击，但非洲发生的极端武装暴力袭击上涨 43%，死亡人数超过 1.3 万，比 2019 年上涨 1/3①。此外，信息技术的进步和科技的发展使恐怖主义在互联网上蔓延肆虐，使反恐任务更加艰巨。“伊斯兰国”拓宽了网络恐怖主义类别，加强了网络恐怖活动机制，提升了防控难度，放大了全球性影响，使国际反恐事业面临新的挑战。

四是核扩散风险加大。1968 年，《不扩散核武器条约》开放签署。除了美国、俄罗斯、中国、英国和法国这五个被条约承认为“合法”的核武器国家外，其他一切有核武器的国家一概不被该条约认作“合法”，这种国际防扩散体制阻止了更多事实上有核武器国家的出现。但当前，国际核秩序正面临走向失控和紊乱的风险，对世界安全构成了巨大的隐患，人类也处于前所未有的脆弱境地。尽管近年来核武器数量在减少，但世界核武库总数仍然十分庞大。瑞典斯德哥尔摩国际和平研究所（SIPRI）2021 年发布的年度报告显示，美国、俄罗斯、英国、法国、中国、印度、巴基斯坦、以色列和朝鲜等全球 9 个拥有核武器的国家共拥有 13080 枚核弹，较上年的 13400 枚略有减少。其中，俄罗斯和美国分别拥有 6255 枚和 5550 枚核弹，两国总和约占全球总数的 90%。尽管 2020 年全球核弹数量总体减少，但部署于作战部队的核弹数量较前一年增加，从上年的 3720 枚增加到 3825 枚，其中约 2000 枚处于“高度警戒状态”，这些核弹几乎全部属于美国和俄罗斯。除合法的核俱乐部成员之外，朝鲜、印度、巴基斯坦、伊朗和以色列等国已经成为事实上的拥核国家，或者即将迈入核门槛，从而在欧亚大陆形成了一个辐射面积巨大的“核危机区域”。核武器具有巨大的杀伤力，一旦管控不当，将会对整个国家甚至人类居住的地球带来灭顶之灾。值得警惕的是，这些具有核诉求或者核能力的国家大部分都集中在中国周边，对中国安全以及和平发展的大局带来巨大的风险。美国和俄罗斯两国都是核武库大国，对防止核试验和核扩散负有不可推卸的责任，

---

① 中东睿评．延续与异变：2021 年全球恐怖主义新发展新特点［EB/OL］．［2022－02－22］．https://baijiahao.baidu.com/s?id=1720445045969352835&wfr=spider&for=pc.

特别是要在打击核恐怖主义方面加紧实现高层级的合作。

产生世界和平赤字的原因在于霸权主义、强权政治、新干涉主义行为的泛滥，在于西方所谓“普世价值”的扩张，在于发展中国家的发展不足与治理缺位，在于全球和平与安全治理机制的缺陷以及国际秩序的不平衡、不公正。邓小平曾指出：“霸权主义是世界最危险的战争策源地，是危害世界和平安全和稳定的根源。”冷战结束后，世界大战的风险降低，但是霸权主义、强权政治和新干涉主义行为并没有停止，反而变本加厉。以美国为首的发达国家为了本国利益，制造理由侵犯他国主权和领土完整，干预他国内政，或者发动颜色革命颠覆他国政权。受此影响，阿富汗、伊拉克、突尼斯、利比亚、埃及、叙利亚等不少国家陷入激烈冲突与持续动荡，成为难民危机、恐怖主义、人道主义灾难以及各种次生危机爆发的重灾区。此外，西方国家无视西式民主自身的弊端，无视发展中国家的具体条件，大力推广西方选举式民主，结果不仅没有带来想象中的政治现代化，反而破坏了当地原来相对均衡的政治生态，放大了民族、种族、宗教、文化矛盾，导致普遍的政治衰败和社会动荡。另外，发展中国家的发展不足和治理缺位加剧了社会暴力难题。习近平总书记指出：“发展是安全的基础，安全是发展的条件。贫瘠的土地上长不成和平的大树，连天的烽火中结不出发展的硕果。”贫困及其衍生出来的饥饿、疾病、社会冲突等一系列难题依然困扰着许多发展中国家。发展不足导致贫困问题，加剧了社会群体对有限资源和政治权力的争夺。治理缺位加剧了这一矛盾，导致群体冲突与持续动荡，为极端主义提供了土壤，削弱了地区与全球和平的基础。从这个角度看，“南北关系不仅是一个经济发展问题，而且是一个事关世界和平稳定的全局性问题”。发展中国家的减贫和发展问题，理应得到世界各国的关心和支持，尤其是发达国家必须履行自身的责任和义务。但是当前全球和平与安全治理机制的缺陷使地区安全危机复杂难解，特别是面临大国卷入其中的危机时，作为全球和平与安全主导机制的联合国往往难以充分发挥调解作用。

二、世界多极化加速推进，维护多边主义仍是当今国际政治主流

一是美国“一家独大”的时代一去不复返。当代国际体系转型主要表现为国际格局从单极走向多极，其具体表现之一是美国从一超独霸到一超难霸。自近代国际体系形成以来，西方国家一直处于国际体系的中心。国际体系呈现出霸权交替统治的特征。从16世纪的西班牙到17世纪的荷兰、18—19世纪的英国和20世纪的美国，都表现出一定的继承性。按照霸权稳定论和国际政治长周期论，有一个霸权存在的体系是稳定的，霸权从产生、发展、强盛到衰退是一个周期性的过程。美国在独立以后，经过200多年的开拓进取，在20世纪末成为世界唯一的超级大国。依托美国在全球不可匹敌的强大军事实力，强大的经济实力，全球技术尤其是尖端技术领域的全面领先优势，美国文化传播到世界各地的美国制度霸权和文化生态以及以军事实力为主、结盟为辅的对外扩张战略等各方面在全球的引领，使美国成为一个全球性的超级大国。特别是美国通过隐藏于国际组织背后的权势霸权和制度霸权在“二战”后和“美苏争霸”时期建立了其在国际体系中的唯一超级大国地位。

21世纪的国际体系转型、全球经济政治格局的深刻演变特别是经济全球化发展给美国这个超级大国带来了多重复合型挑战。对于美国来说，不论其军事和经济有多强大，都不能单独解决世界问题，“美国霸权已经不是以前的霸权了”。在国际事务中，鉴于美国在各领域的权力份额不同，美国依然处于主导地位或者优势地位，但不再拥有霸权地位。虽然权力在国家间的转移不大可能在未来相当长时期内终结美国的主导地位，但是权力向非国家行为体的扩散使得美国无法单独应对金融稳定、气候变化、恐怖主义等威胁，美国主导国际事务的能力正在下降。美国的主导地位下降不是周期性的，而是结构性的，因为新兴经济体的群体崛起使美国正在失去经济超级大国的地位，美国正在逐渐丧失其保持一超独霸地位的经济基础。

二是国际力量对比更加均衡。20 世纪以来，经历了两次世界大战和冷战，国际格局在大多数时间里处于集团对峙较量状态。冷战结束尤其是东欧剧变和苏联解体以来，世界权力从一个中心向多个中心扩散，各中心之间力量差距逐渐缩小，西方发达国家的世界主导地位持续走弱，多极化趋势逐步形成。进入 21 世纪尤其是 2008 年国际金融危机以来，多极化在不同层面和不同领域不断扩展，向全新的广度和深度持续深化，美国“一家独大”的时代一去不复返，国际力量对比总体上变得越来越平衡。21 世纪权力正在发生两种变化：①权力在国家间的转移；②权力从国家行为体向非国家行为体的扩散。从全球范围看，新兴经济体和广大发展中国家 GDP 总量已经超过传统发达国家。1990—2000 年，发达国家对世界经济增长的贡献在 80% 以上，而到了 2010—2020 年，新兴经济体对全球经济增长的贡献到了 80% 以上，在世界经济增长的过程中，新兴经济体扮演着重要角色，不断地发挥自身在促进世界经济增长中的重要作用，为世界经济增长做出的贡献越来越大，从而形成了与以前不同的世界经济格局，使全球发展的版图变得更加全面均衡。图 1 –2 为新兴市场和发展中经济体对世界经济增长贡献率。

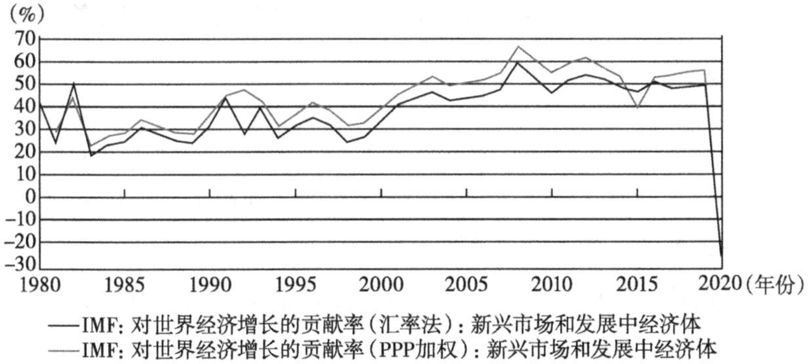

图 1 –2　新兴市场和发展中经济体对世界经济增长贡献率

三是多边主义仍将是国际政治的主流。世界格局变化推动国家力量对比更加均衡，也决定了多边主义仍将会是世界政治的主流。特别地，信息化时代权力的本质正在发生改变，非国家行为体同民族国家一起分享了权力，在国际舞台上的作用越来越大。信息革命使信息的传输速度提高而成本下降，相互关联的计算机和通信技术改变了政府的性质，加快了权力的扩散。国家政府对国际事务议程的控制能力减弱。以不断增强的经济实力作为支撑，新兴经济体和发展中国家加强协调，提高自身在国际货币基金组织和世界银行中的投票权，在联合国、“金砖+”、二十国集团峰会等多边框架下持续扩大影响力，促进南南合作，扩大共同利益和发展空间。此外，东盟、非盟等地区合作机制的作用不断增强，也在推升新兴经济体和发展中国家的整体国际影响。这是近代以来国际力量对比中最具革命性的、历史性的甚至是难以逆转的变化。美国政府奉行“美国优先”政策，在国际舞台上表现得更为咄咄逼人。一系列“退群”行动对多边主义造成严重损害，尽管拜登上任后主张重回多边主义，但其回归是以美国利益为主导的选择性回归。国际力量围绕选择多边主义还是单边主义展开博弈，但维护多边主义仍是当今国际政治主流。世界正在形成联合反对单边主义的力量。从长远看，美国“一家独大”的时代一去不复返，其透支经济和政治信用的行为，只会加速损耗其在物质和文化思想方面的实力。

三、民粹主义与经济民族主义的兴起正在侵蚀着各国政治互信的基础

当前以发达国家为代表的民粹主义持续发酵，民族主义加快复兴，各种意识形态竞争加剧凸显，正在侵蚀着各国之间政治互信的基础，给世界政治经济带来了诸多风险与挑战。

一是民粹主义持续发酵。近年来，民粹主义思潮从拉美国家转向美国和欧洲等发达国家，并且有愈演愈烈的趋势，对这些国家政治产生了重大影响。美国民粹主义历史十分悠久，当前美国民粹主义的主要支持者是中下层白人群体。2008年国际金融危机以来，中下层白人认为收入下降的主要原因是以华尔街精英为代表的金融资本占有了大部分财富。特朗普上任后大力推行“美国优先”政策，成为美国民粹主义的典型代表，反映了民粹主义的诉求对美国政治的影响力不断增强。“拜登主义”与特朗普的政

策有许多共同之处，在特朗普任内出现的新民粹主义现在正在拜登任内全面形成。实际上，各国内部收入分配不均、贫富差距加大是民粹主义和民族主义兴起和发酵的最大诱因。在重大国际事务和国际问题上，以发达国家为代表的政府内顾倾向增强，在自由贸易、经济全球化、移民、气候变化等问题上的看法越来越分化，一些国家为了转移矛盾和国民视线而从外部寻找“替罪羊”，在某种程度上将本国政治和经济体制的结构性矛盾解释为外来竞争的结果，这些变化将导致各国之间的互信基础更加容易被侵蚀。民粹主义政党在欧洲政治中的影响力日益增加，但与美国不同，除了分配收入不公导致贫富差距不断扩大的因素外，难民问题的持续发酵以及由此带来的难民与本地居民之间的文化、宗教冲突也在增多，对社会治安和政治生态造成了一定的负面影响。

二是经济民族主义复兴。经济民族主义的核心思想是经济活动要为国家整体利益服务，以此达到民族国家的复兴。可以看出，特朗普推行“美国优先”政策，以前所未有的姿态来实现利己目标从某种程度上来说，就是经济民族主义的典型代表，其对以中国为代表的国家发起的全球贸易战也是在美国新的“经济民族主义”指导下进行的。拜登上任后进一步加强经济民族主义，促使经济民族主义在全球蔓延。特朗普政府时期美国已经开启产业链回流行动，新冠肺炎疫情的冲击进一步催化全球各国对产业安全的重视。拜登虽然反对通过贸易战等简单粗暴的方式解决对外经济问题，但对国内中产阶级和制造业的重视意味着“美国优先”的利益导向不会调转。拜登政府颁布的购买美国货、收紧技术出口管制、审查和重塑国内产业链等政策，充分表明美国不会回归经济自由主义的全球化秩序，而是延续“以我为主”的立场。受美国影响，经济民族主义可能在世界范围内进一步扩散。俄罗斯总统普京同样以强硬民族主义者的面貌出现在世界舞台，甚至不惜切断与西方国家的经济联系。日本前首相安倍晋三同样是一个右翼民族主义者，他推动修改和平宪法，加快日本恢复正常大国的进程。在印度，莫迪在软民族主义、市场经济和新亚洲主义等方面都与安倍晋三基本一致，更不用说传统经济民族主义盛行的拉美国家了，所有这些都表明自冷战结束以来意识形态的竞争开始重回世界政治舞台，民族主义和民粹主义正在持续发酵，随着民族主义和民粹主义的政党走上各国政治舞台，他们将会以强硬的态度来回应“二战”后延续至今的自由主义国际秩序，给全球主义和多边主义带来越来越明显的风险与挑战。

第三节　新一轮科技革命和产业革命正在加快重塑世界面貌与世界格局

科技是第一生产力。科学技术的发展和产业的兴起是推动人类文明持续进步和世界不断前行的不竭动力。回顾近代以来的世界历史进程，每一次科技和产业革命都深刻改变了世界的发展面貌和基本格局。16 世纪以来，人类社会进入前所未有的创新活跃期，几百年里取得的科技创新成果超过过去几千年科技创新成果的总和。特别是 18 世纪以来，世界发生了几次重大科技革命。在科技革命的推动下，世界经济发生多次产业革命，使社会生产力实现大解放和人们生活水平实现大跃升，从根本上改变了人类历史的发展轨迹。进入 21 世纪以来，人类社会进入又一个前所未有的创新活跃期，新一轮科技和产业革命蓄势待发，其主要特点是：多种重大颠覆性技术不断涌现，科技成果转化速度明显加快，产业组织形式和产业链条更具垄断性。全球创新版图的重构和全球经济结构的重塑作用将变得更加突出，将给世界带来无限发展的潜力和前所未有的不确定性。

一、科技与产业变革相互作用是世界面貌与格局变迁的内在动力

作为生产力和经济基础层面的因素，科技和产业的变迁是导致生产关系和上层建筑层面世界格局和国际秩序演进最根本的动力，大国的兴衰和不同形态文明的起落都在反复演绎这个逻辑。英国抓住第一次产业革命的先机，确立了引领世界发展的生产力优势，这是建立“日不落帝国”成为世界霸主的根本推动力。第二次工业革命后，美国从英国手中夺得先进生产力主导权，成为科技和产业革命的领航者和最大获利者，跃升为世界头

号工业强国，为确立全球霸权地位奠定了坚实基础。第三次工业革命发端于美国，以互联网等为代表的信息技术革命引领新经济革命浪潮，美国综合实力持续领先世界，执世界经济之牛耳，在一定时期内确立了美国在全球的霸主地位。

当前，第四次工业革命方兴未艾，人工智能、区块链、量子科技等蓬勃发展，科技改变国运面临关键阶段。互联网、社交媒体进一步成为推动国际变局的加速器，非国家行为体作用上升。更为根本的是，经济全球化、政治多极化、社会信息化、文化多样化、安全威胁多元化等前所未有地并存，各国发展道路、制度、理念正在激烈比拼，世界面貌与格局正面临诸多变数和不确定走向。

二、创新驱动引领经济增长成为各国共同选择

金融危机后，面对全球金融危机的冲击，为了实现“强劲、可持续和平衡增长”的目标，许多国家将创新战略提升为国家战略，以期通过技术创新实现国家经济体的复苏。

美国作为典型的创新型科技强国，在创新领域有着巨大的优势。20 世纪 60 年代以前，美国一直坚持以“市场竞争、物竞天择”的原则配置创新资源，并没有政府部门牵头制定的创新战略。自肯尼迪政府起，联邦政府逐渐认识到政府的作用，在市场配置资源的同时，辅以官方的技术政策和创新政策促进经济发展。自金融危机以来，美国政府通过不断激发私人部门的活力，优化国家创新生态等，逐渐从要素投资、产业、企业、人才等多方面构建了与经济发展阶段相适应的创新战略体系，确保美国在全球创新方面处于领先地位。2009 年 8 月，奥巴马政府发表《美国创新战略：促进可持续增长和高质量就业》的国情咨文，首次正式提出“美国创新战略”（A Strategy for American Innovation）的概念。2011 年，美国国家经济委员会和科技政策办公室对原版战略进行修订，发布新版的《美国创新战略：确保美国的经济增长与繁荣》报告。为了增强自身的创新实力，促进经济增长，同时保持在国际竞争中的优势，2015 年 10 月，美国发布新的

《美国创新战略》，明确指出，对于美国而言，创新是经济增长的源泉，在其他国家依靠现有技术和商业实践实现增长的同时，美国必须持续创新，从而确保美国企业处于技术前沿。拜登上任后，美国国会通过了《无尽前沿法案》《2021 年美国创新和竞争法案》等，以支持美国制造业创新和增长，确保美国主导地位。近年来，欧盟逐渐认识到自身科技、创新方面的短板已经对其综合实力、全球影响力以及对外独立自主决策能力造成不利影响，投资科技领域和“欧洲主权”受到越来越多重视。欧盟为了摆脱经济发展困境、应对全球化背景下知识经济的挑战，发起了全世界广为关注的里斯本战略和《欧洲 2020 战略》，体现了欧盟面对危机的忧虑与创新突围的雄心。日本是亚洲创新驱动的中心，一直以来十分重视创新驱动，走在全球创新驱动的前列。

中国在古代天文历法、数学、农学、医学、地理学等众多科技领域曾经取得举世瞩目的成就，在思想文化、社会制度、经济发展、科学技术方面长期处于世界领先地位。近代以来，中国错失多次科技和产业革命带来的巨大发展机遇，逐渐由领先变为落后。新中国成立以来，中国科技整体水平有了明显提高，正处于从量的增长向质的提升转变的重要时期，一些重要领域跻身世界先进行列。当前，各主要国家纷纷出台新的创新战略，加大投入，加强人才、专利、标准等战略性创新资源的争夺，力求抢占科技和产业革命高地。中国既面临着历史机遇，又面临着严峻挑战。中国要建设世界科技强国，就一定要解决好科技领域存在的突出问题，大力推进创新驱动战略，大力发展科学技术并推进科技向产业转化，努力成为世界主要科学中心和创新高地，不断提升在全球产业链中所处的位置，才真正有可能在未来世界竞争与博弈中立于不败之地。

三、经济全球化及新一轮科技与产业变革相互交织加快推动全球治理体系变革

经济全球化是社会生产力发展的客观要求和科技进步的必然结果。自 15 世纪大航海时代开启，资本、劳动力、技术等各种生产要素以及商品、

产业、信息等开始在世界某个地区乃至全球范围内自由流动和自由布局，区域内的联合和一体化程度以及世界的关联性和整体性都逐步提升。冷战结束以来，新一轮经济全球化进程持续快速发展，为世界经济发展提供了强劲动力，促成了商品大流通、贸易大繁荣、投资大便利、资本大重组、技术大发展、人员大流动，形成了包括越来越多国家的全球产业链、价值链、供应链。在这个历史性进程的长期作用下，世界各国和各地区的资源优势得到更合理的配置和更充分的发挥，发展中国家与发达国家通过生产要素的流动和产业链、价值链、供应链的构建实现了联动发展，人类社会的生产力得到更高程度的发展和释放，世界作为一个整体的发展水平得到显著提高。随着物质条件的改善，人类交往的世界性比过去任何时候都更深入、更广泛，各国相互联系和彼此依存比过去任何时候都更频繁、更紧密。

随着新一轮科技革命与产业革命深入发展，新一轮经济全球化进程也向前发展，不同地区、国家、产业、群体将经受不同的冲击。加上全球气候变化、生态环境灾害、大规模传染性疾病、极端主义和恐怖主义、移民难民等全球性问题在全球范围内不断扩散，将使世界和平赤字、发展赤字、治理赤字变得越来越突出，使完善全球经济治理，消解经济全球化负面影响，引导经济全球化朝着开放、包容、普惠、平衡、共赢方向健康发展变得越来越重要而且紧迫。面对这种加强全球治理的强烈需求，中国展现大国责任担当，秉持共商共建共享的全球治理观，创造性提出推动构建人类命运共同体这个“中国方案”和积极推进“一带一路”建设这个最广泛国际合作平台，积极倡导兼顾全球经济治理和安全治理，推动全球治理体系朝着更加公正合理的方向变革。

第四节　中美关系发生显著变化

当前世界正经历百年未有之大变局，是习近平总书记科学准确地把握时代脉搏得出的精辟论断，是“一带一路”倡议的时代背景。中美关系是当前世界最重要的双边关系，作为世界第一、第二大经济体，中美关系和中美合作，不仅对两国产生影响，而且对全世界都会产生巨大影响。中美关系的显著变化成为百年未有之大变局的核心。

一、中美关系正在深刻演变

一是中美双方实力地位发生显著变化。冷战以后，美国成为全球唯一超级大国，综合国力遥遥领先于其他国家。进入21世纪以后，受反恐战争和金融危机影响，虽然美国经济实力、国际影响力和全球领导地位呈现相对下降态势，但其一超独大的地位没有发生实质性变化，综合国力依然领先全球。中国在冷战时期的经济总量和综合国力规模不大，在联合国安理会“五常”中居于末位，但随着经济全球化和世界多极化发展，新兴经济体和发展中国家群体性崛起，2010年中国GDP总量为5.8万亿美元，超过日本成为世界第二大经济体，当年中国GDP是美国的37%。2021年中国GDP总量为14.73万亿美元，美国为20.94万亿美元，中国GDP总量达到美国GDP总量的70%。特别是金融危机后，中国对世界经济增长的贡献显著上升，近年来中国对世界经济增长贡献率保持在30%左右，2020年更是成为唯一实现经济正增长的主要经济体。2013年以来，中国货物贸易总量超越美国，跃升为全球第一大货物贸易国。目前，中国已成为130多个国家和地区的第一大贸易伙伴国，是美国的两倍。全球贸易5000多种商品门类中，约40%产品门类的全球市场占有率源于中国，而美国只占15%左右。可见，尽管美国GDP总量、服务贸易、第三产业等方面的发展水平领先中国，但中美经济优势各有千秋，中国经济贡献率、未来发展潜力让美国感到威胁巨大。金融方面，人民币与美元货币国际化程度差距较大。中国资本市场体量约是美国的1/3，美元国际化指数一直保持在55%左右，而人民币仅在3%上下。但中国金融开放和国际化的步伐正在加快，2016年人民币加入SDR（特别提款权），权重达到10.92%，美元是41.7%。全球外汇储备中，人民币的比重开始逐渐提升。特别是数字经济和互联网经济时代，中国移动支付的异军突起为中国金融开放、现代化和国际化带来了新的发展机遇。

中国的科技力量也得到长足发展，近年来中国科研经费投入保持在世界第二的位置，约是美国的 80%，但增长更快。2016 年以来，中国的专利申请量大幅超过美国。当前中国工程师的数量已远远超过美国。在应用科技领域，如基建、高铁、家电、移动支付等领域，中国优势已经十分明显；中美科技领域更多体现在基础研究方面。与此同时，中国提出并推动亚洲基础设施投资银行成立，推出了“一带一路”倡议中国方案，国际地位和国际影响力显著上升，中美关系的战略分量和实力对比发生显著变化。

二是中美相互依赖不断加强。随着现代信息技术革命和经济全球化发展，尤其是以互联网为基础的新经济和 E 国际贸易发展，产品、原料、资金、技术、资本和人员等生产要素在世界范围内流动与重组的速度大大加快，人类社会经济交往逐渐打破了传统的地理与国家行政的藩篱，日益呈现一个“没有疆界的世界”，国家与国家之间的相互依赖关系的深化突破了传统的军事与安全的壁垒，开始在以和平与发展为时代主题的牵引下转向互利共赢的经贸合作。中美关系也不例外，截至目前，中美关系已经拓展到贸易、投资、金融、社会、人文等多个具体领域，形成了高度相互依赖的发展格局。据统计，2018 年，中美双边货物贸易超 6300 亿美元，相比 1979 年建交时的 25 亿美元增长了 251 倍，双向投资累计超过 2400 亿美元。自 2001 年中国加入世界贸易组织（WTO）以来，美国对中国出口增长了 500%，远远高于同期美国对全球出口 90% 的增幅。中国是美国许多产品的重要海外市场，美国出口大豆的 62%、棉花的 14%、汽车的 17%、集成电路的 15%，以及波音飞机全球交付数量的约 25% 销往中国。近两年来，在中美贸易摩擦和新冠肺炎疫情冲击下，中美贸易基本稳定增长。中国海关总署 2022 年 1 月 14 日发布的统计数据显示，2021 年全年中美贸易额同比增长 28.7%，达到 7556.45 亿美元。其中，中国对美国出口 5761.14 亿美元，增长 27.5%；中国自美国进口 1795.31 亿美元，增长 32.7%。投资方面，中美双向投资特别是中国对美国的直接投资一度快速增长，2015 年中国企业对美投资一度超过了美国企业在中国的投资，不过受中美经贸摩擦和美对华投资限制影响，中美双向投资大幅下降。美国经济研究公司荣鼎集团（Rhodium Group）与美中关系全国委员会（NCU-SCR）共同发表的调查报告《双向道路：2021 年美中投资趋势更新》显示，2020 年美国对华投资为 87 亿美元，同比下降 1/3，达到 2004 年以来最低水平。新冠肺炎疫情对经济的影响以及美中关系的进一步恶化，导致 2020 年上半年双边直接投资下降至 159 亿美元，创下 2009 年以来的最低水平。

中美经贸关系带动了双方在科技、教育、人文、卫生、体育、妇女、青年等各个方面的交流与沟通，极大地促进了中美两国政府和人民物质利益的实现，中美双边关系已经呈现出一种全方位的相互依赖、相互依存的特征。据统计，中国是仅次于墨西哥的美国第二大入境消费国，旅游项目占美国对华服务出口的 56%，美国在 2016 年和 2017 年接待的中国游客超过 300 万人次，但是 2017 年的中国游客人数仅增长了 4%，是 10 多年来的最低涨幅。2018 年，中国赴美旅游人数下降 5.7%，至 290 万人次。这是自 2003 年以来，中国游客人数首次出现下降。留学方面，目前，中国内地在美接受高等教育的学生数已超过 30 万人，中国连续 8 年成为美国最大留学生来源国，2013—2018 学年中国学生占美国国际留学生总数比重都在 30% 以上，中国也是美国高中留学生第一大来源国。特别地，随着国家利益的全球性拓展和国际影响力的不断增强，中国与美国在相关地区和全球层次上的利益交集越发广泛，中美关系在受到多边议题影响的同时具有了更多的超双边特质。但是我们也应该看到，近两年来，美国对中国全方位遏制，在教育、人文交流方面设置各种障碍，再加上新冠肺炎疫情影响，中美人文交流陷入僵局。

三是中美结构性矛盾不断凸显。随着中美两国之间实力对比显著变化，在中美关系相互依赖不断深化加强的同时，中美之间结构性矛盾不断凸显，突出表现为：第一，中美权力结构性矛盾与战略竞争增强。2010 年，中国超越日本成为世界第二大经济体，成为全世界实力最接近美国的国家，中国国家综合实力以及国际影响力日益增强，客观形成了在世界经济、政治、文化以及地区影响力方面同美国与欧洲的竞争局面，客观上形成了对美国长期国际体系主导地位的挑战。特别是美国特朗普总统上任后，提出和实施了诸如“美国优先”、制造业回迁、退出 TPP 协定等带有明显保护主义倾向的政策措施。与此同时，中国表现出对于全球化的坚定信心，提出了“一带一路”倡议，成为全球化的新旗手，这种实力结构对比下的中美关系权力竞争更加显性化。第二，中美在国际体系结构性变迁中制度竞争加强。随着以中国为代表的新兴国家的群体性崛起，旧的规则、制度和体系的弊端日益凸显，2008 年国际金融危机的爆发和全球经济持续低增长更是凸显了当前全球治理体系的不足，全球治理体系进入改革调整阶段。另外，为更好地实现与其他国家之间的合作共赢，在现有国际体系框架下，中国根据自身发展需要提出了“一带一路”倡议和亚投行等国际治理机制，客观上形成了中美之间的制度竞争。第三，中美战略互疑加深。随着当代国际体系转型进程的逐步深入，在中美两国之间的结构性矛盾不断加剧的条件下，中美之间战略互信的缺失将使中美关系发展面临更加复杂的困难和挑战，中美关系不稳定性因素增加。当前，中国的最大担心是美国试图阻挠中国现代化，阻止中国成为世界强国；而美国的最大恐惧则是一个巨大而“去美国化”的中国以及中国主导的世界秩序。

二、美国对中国展开全方位遏制

竞争是当前和今后一个时期中美关系的主流，美国蓄意阻滞中国前行的步伐，导致竞争的激烈程度不断加大。特朗普政府时期美国对中国的战略定位发生了明显转折，拜登政府继承了特朗普遏制中国的战略，将美国对华战略转变进行定向和固化，在极短时间内实现了对华战略定位的持续升级。美国白宫国家安全委员会2021 年3 月发布的《国家安全战略临时指南》显示，美国将中国定义为“唯一潜在竞争对手”，认为中国是唯一有能力将其经济、外交、军事和技术力量结合起来，对稳定和开放的国际体系构成持久挑战的潜在竞争对手。以中国为中心成为拜登政府内外政策的主基调。与特朗普的个人独断专行和单打独斗的手法不同，拜登政府更加重视团队力量、盟友力量和智库力量，“全政府”全方位对华开展遏制博弈，美国国会成为遏华急先锋，2021 年国会通过的有关涉华法案超过 200

项。主要表现在以下方面：

一是外交上联合各种力量构建反华统一战线。与特朗普不同，拜登政府深知盟友和伙伴关系网络是美国力量的重要来源之一，因而上任后立马申请重返《巴黎协定》和世界卫生组织，试图在多边组织和机制中夺回和巩固美国的全球领导地位，对中国施压、排除中国影响。拜登政府修复和巩固盟友关系，试图构筑针对中国的“民主国家联盟”和价值观同盟。在印太地区，拜登政府着力巩固美日同盟、美韩同盟；美英澳成立三边安全伙伴关系（AUKUS）；强化升级美日印澳“四国机制”，试图构筑亚洲版北约。在欧洲，拜登政府着力巩固跨大西洋关系，签署《新大西洋宪章》巩固美英传统关系，通过“G7 +”机制试图构建所谓民主国家联盟。同时，美国挑拨离间中国与周边国家的关系，破坏中国发展所需的稳定的周边和国际环境，不遗余力离间韩国、菲律宾、新加坡、马来西亚、越南、柬埔寨、蒙古、巴基斯坦、缅甸等国与中国的关系，2022年5月，美国启动“印太经济框架”试图构建去中国的经济合作框架，我国面临的周边环境更加复杂。

二是科技上利用自身科技优势降维打击中国。在美国认为中国威胁到其核心技术优势的领域，包括超算、量子计算、5G、高端芯片、安防视频、大飞机制造等，美国政府通过发布“实体清单”、发布“中国军工复合体企业”清单、发布禁令、吊销运营牌照、立法等一切手段“竖起高墙”，而在其认为中国核心技术对美威胁不大或美国急需中国与其配合的领域，则对中国企业有所放松，如废除特朗普对抖音海外版 TikTok 和微信海外版 WeChat 的禁令、将小米移出涉军企业名单等。同时，拜登政府还进一步加强出口管制的立法，加强对军民两用技术的投资和贸易限制，继续严格限制中国在美投资，执行严格的投资审查制度。

三是经贸上基于价值观的贸易，奉行“以工人为中心”的贸易政策对中国进行“规锁”。拜登政府强调基于价值观的贸易，奉行“以工人为中心”的贸易政策，将“人权、劳工和环境标准”运用到贸易领域，通过贸易政策实现“塑造更强大的生产和创新基础，建设可持续的基础设施和清洁能源体系，建设更强大、充满关怀的经济，全面推进种族平等”的目标。同时，将贸易问题政治化和意识形态化，借助人权、劳工和环境议题，联合西方盟友体系对中国进行贸易施压和限制，导演出了“新疆棉”事件。同时，将供应链弹性和公平供应链纳入对华贸易政策，发布供应链审查报告，还计划成立一支由贸易代表领导的贸易打击部队，针对“侵蚀”关键供应链的不公平贸易行为提出单边和多边执法行动。

四是在数字经济等新领域试图利用规则规制压制中国。国际规则是拜登政府围堵遏制中国的重要抓手。拜登明确表示，中国不应该参与制定世界贸易规则。国际规则的现代化要由美国领导的民主联盟完成，要体现“高标准”。美国正在牵头起草一项涵盖印太地区主要经济体的数字贸易协议，致力于为数字经济制定标准，包括数据使用、贸易便利化和电子海关安排的规则，涵盖日本、澳大利亚、加拿大、新西兰、智利、马来西亚和新加坡等国家，将中国排除在外。总体来看，在数字经济、人工智能、网络安全等新兴技术等领域的规则和标准制定上，中国将面临越来越大的来自西方的联合封堵压力。

五是在安全上美国动作频繁不断制造各种事端。国家安全领域是中美关系最敏感的部分。拜登政府上台后不足两个月，就打破常规公布了《国家安全战略临时指南》，强调“中国是唯一有能力将其经济、外交、军事和技术力量结合起来，对稳定和开放的国际体系构成持久挑战的潜在竞争对手”。拜登政府继承和强化了特朗普政府的“印太战略”，继续推进美国在亚太地区的军事力量建设，寻求重新扩大在西太平洋的前沿军事部署。美英澳三国2021年10月宣布建立三边安全伙伴关系（AUKUS），2022财年国防授权法案（NDAA）向所谓“太平洋威慑倡议”拨款71亿美元。同时，拜登政府经常打“台湾牌”制造各种事端。

六是在意识形态和价值观领域污名化中国。意识形态是美霸权主义建构的基础性因素，意识形态竞争是转移国内矛盾焦点的利器。美国政府在特朗普时期开始疯狂对我国政治制度进行攻击。拜登政府继承了特朗普政府的话语体系，着力渲染世界范围内威权主义抬头和民主受到威胁的图景，将中国视为专制、威权、腐败的象征和对自由社会的挑战。为在国外捍卫所谓民主价值观，拜登政府不遗余力地对中国开展舆论和意识形态攻击，将意识形态嵌入经贸、科技、基建等领域，大谈所谓“民主供应链联盟”“民主科技联盟”“民主国家牵头的基础设施建设计划”等。为展开对中国的舆论和意识形态攻击，美国还计划进行专门拨款。《2021年战略竞争法案》提出，将从2022财年到2026财年每年拨款3亿美元给“对抗中国影响基金”。

三、全球治理成为美国对中国开展战略竞争的重要工具

中美两国作为对全球具有重要影响的第一、第二经济体，尽管存在一定的利益分歧，但均面临着共同挑战，比如贫困、环境与粮食危机、可持续发展问题等长期存在，气候变化、生态问题、能源危机、恐怖主义及大规模杀伤性武器的扩散日益严峻，地区冲突、难民危机、传染性疾病肆虐等严重威胁着国际社会的安全与稳定。特别是当前新冠肺炎疫情更是凸显了全球治理赤字，迫切需要中美两国携手应对全球治理危机，但在美国主导的中美战略经济态势不断加剧的背景下，全球治理成为美对华开展战略竞争的重要工具，对全球治理和中美关系带来了重要影响。

一是大国战略竞争框架统领拜登政府全球治理政策，重塑全球领导权。维护和延续以美国为主导的全球治理与国际秩序体系是美国历届政府的共识，尽管在手段选择方面存在差异。拜登政府放弃了特朗普的“单边主义”“孤立主义”外交政策，回归“多边主义”外交政策，重塑全球治理与国际秩序领导权。但拜登政府认可并继承了特朗普政府塑造的大国战略竞争判断，认为国际权力转移是以美国为中心的全球治理与国际秩序面临的主要挑战。2021年6月，美国参议院通过了《2021年战略竞争法案》，该法案由34个相互独立的法案构成。其中与中国密切相关的有所谓“对抗中国共产党恶意影响法案”“无尽边疆法案”“2021年应对中国挑战法案”“2021年5G法案”“2021年战略竞争法案”“台湾联谊法案”“2021年贸易法案”等，这是一项全面涉华法案，该法案明确指出，实施“在政治、外交、经济、发展、军事、技术和信息领域与中国的竞争战略”；“领导一个自由、开放和安全的国际体系，在联合国及其联系机构和其他多边组织发挥有效的领导作用，并护卫这些组织的完整性，防止与不

自由和独裁国家的合作”。显然这些原则将成为拜登政府全球治理领域的重要遵循。为重振和重申美国在印度—太平洋地区和全球的领导地位、投资和参与，2021 年 7 月美国众议院提交了《确保美国全球领导地位与接触法案》（EAGLE 法案），其中与中国密切相关的条例有 18 项，在投票表决中一些共和党议员因认为该法案对中国太“温柔”投了反对票，为重塑美国全球领导力，动员全政府力量全面打压中国已经成为两党共识。

二是修复同盟关系，强化全球治理领域的伙伴关系建设。强化同盟关系是拜登政府外交政策的突出特点。在竞选期间，拜登明确地将同盟体系作为美国领导世界的基础性力量。美国拜登政府 2021 年 3 月公布的《过渡时期国家安全战略指南》中大量篇幅谈及美国的“民主”在国内和国际所遭遇的挑战，明确提到，拜登政府要召开一个“民主国家”的会议，反复强调美国要团结盟友和伙伴关系网络，共同应对美国的挑战。与特朗普不同，拜登主张团结盟友和伙伴，建立所谓的“民主国家联盟”，强化意识形态阵营对立以应对大国竞争。这突出表现在以下方面：其一，利用 G7 开展与中国竞争博弈。G7 会议前，拜登在《华盛顿邮报》发表署名文章称“美国必须以强大的姿态领导世界”以对抗“中国和俄罗斯的有害活动”，拜登在参加 G7 峰会和在欧洲访问期间，多次声称美国是在人权和民主价值观的基础上建立联盟和伙伴关系的，这些价值观正受到外国势力的严重威胁，并一再重申，这些威胁来自俄罗斯和中国。美国国务卿布林肯访欧期间接受采访时称，我们的对华目标是支持“二战”后建立的基于规则和标准的自由、开放体系。美国国务院声明称，布林肯同欧洲国家领导人讨论了跨大西洋合作，以应对中国经济胁迫行为以及破坏基于规则的国际秩序的企图。在拜登政府的倡议下，美国对中国进行所谓新冠病毒溯源调查并写入联合公报，试图向世界卫生组织施压，向中国“泼脏水”；为抗衡中国“一带一路”建设，美国白宫正式发布旨在与中国“一带一路”倡议抗衡的全球性基础设施建设计划，将其命名为“重返更好世界：满足中低收入国家巨大基础设施需求的积极倡议”（B3W），拜登政府敦促 G7 其他国家启动该倡议与中国展开战略竞争，后该倡议也被写入联合公报。会后，拜登宣称利用 G7 峰会，美国重新回到了西方世界的领导地位。其二，在亚太地区，拜登政府延续特朗普时期的“印太”同盟体系，升级美日印澳四边机制。倡议举行了首次线上首脑峰会，商定四国外长每年至少会晤一次，并在2021年秋季举行第二次首脑会议。2021年3月举行的首脑峰会讨论了新冠肺炎疫情影响、气候变化、网络安全、关键技术、反恐、高质量基础设施投资、人道主义援助和救灾等全球性议题，并宣布成立疫苗专家工作组、气候工作组、关键和新兴技术工作组等三个工作组，对外展示四国可以提供实实在在的公共产品，以共同应对全球性挑战。与此同时，拜登政府强化与日本、韩国、澳大利亚的同盟关系，推动“四方+”框架拓展。9月24日四国领导人在美国首都华盛顿举行了线下领导人峰会，讨论了新冠疫苗、基础设施、科技、清洁能源和空间等合作，建设“自由开放的印太地区”，并商定每年举行一次首脑会议。

三是以美国利益为导向有选择性地回归多边主义。多边主义是根据普遍行为准则协调三个或更多国家间关系的制度形式，其要义在于为促进多个国家之间的合作而进行普遍性的制度设计，多个行为体的自愿协商、互利合作是多边主义的基本特点。在特朗普政府推动权力政治回归并导致大国战略竞争加剧的背景下，国际社会以多边主义精神推进国际合作的努力受到较大挫折。与特朗普的零和思维不同，拜登政府具有明显的国际意识，承认当前的全球性挑战对美国构成威胁，即使超级大国也无法独自应对和独善其身。拜登政府对待全球治理政策的核心焦点是重返特朗普政府退出的国际组织，试图恢复特朗普政府时期受挫的国际合作和多边主义领导权。拜登上任首日就签署了重返《巴黎协定》和世卫组织的行政令。拜登政府的回归是有选择性的，受困于国内外因素和国际制度自身原因，联合国等普遍性国际组织难以成为美国重构全球治理与国际秩序的主要手段，美国利用多边主义，以达到其实现本国单边利益，甚至推进国家间战略对抗的目的。

受拜登政府全球治理政策影响，中国面临的外部环境将更加严峻。拜登政府全球治理领域政策调整体现了拜登政府的外交特色，即回归多边主义，联合盟友遏华，重塑美国领导权。全球治理是美国对我国展开战略竞争的重要领域，拜登政府全球治理政策新动向表明，美国政府正动用“全政府”力量全方位遏制中国，不仅选择性回归国际组织，通过参与国际议题如气候变化等重塑美国领导权、遏制中国，而且推动升级美日印澳四边机制，联合盟友体系展示他们在疫情防控、气候变化等全球治理领域的意愿、决心和举措，使中国外部环境更加严峻。另外，拜登卫生治理政策加速了全球治理的碎片化、意识形态化，中美竞争加剧。多边主义一直是全球政治、经济和金融治理体系的基础，其目的是促进国家之间的合作和政策协调。新冠肺炎疫情冲击下，全球治理体系尤其是全球公共卫生体系及其危机管理，由于陷入了美国单边主义的沼泽而遭受了进一步的冲击。以世界卫生组织为代表的全球公共卫生系统成为西方国家指责游戏和地缘政治竞争中心，公共卫生被高度政治化和意识形态化，这破坏了与新冠病毒作斗争的共同努力。在中美关系趋于全面竞争的发展态势下，中美两国在全球治理领域竞争可能性上升，合作分歧增加。此外，美国冲击中国在构建地区治理秩序和国际秩序中的地位和作用。特朗普时期美国提供全球公共产品的能力和意愿的下降为我国参与构建地区治理秩序提供了机遇，但拜登政府为维护其在全球的领导地位，有选择性地回归多边主义，以美国利益为导向部分调整相关政策，尤其是联合盟友体系围堵中国，出台针对“一带一路”相关法案，舆论抹黑污名化“一带一路”，推出与“一带一路”倡议竞争的“重返更好世界倡议”等，试图破坏我国“一带一路”成果，降低我国在国际领域的地位。在我国周边地区，美国为遏制我国发展，挑拨周边国家与我国的关系，诱使我国周边国家接受美国主导的“印太”同盟体系，“印太”地区国家的安全困境加大，我国周边国家将面临选边站的两难困境，我国在“印太”地区的话语权和规则的制定权也会受到制约。

四、中美竞争与博弈将是一个长期的历史过程

中美竞争与博弈具有一定的历史必然性。当前，大国之间的竞争与博弈日益激烈，中美之间的竞争与博弈就是其中一种典型的表现。习近平总书记多次强调，放眼世界，我们面对的是“百年未有之大变局”。在大

变局中，美国是一个关键变量。特朗普喊着“让美国再次伟大”的竞选口号，把“美国优先”作为核心执政理念，坚持所谓“有原则的现实主义”“以实力求和平”的外交政策，以“美国主义”对抗“全球主义”，赤裸裸地推行单边主义、保护主义、霸权主义，各种“退群”，四处挑起贸易摩擦。尤其是特朗普政府公开将大国战略竞争视为国际战略矛盾的核心，将中俄明确定位为美国的战略竞争者。中国的发展变化是大变局中的又一个变量。在一大批新兴市场国家和发展中国家群体性崛起过程中，中国是最鲜明、最有活力的代表。经过几十年的艰苦奋斗、和平发展，中国日益走近世界舞台中央，在政治、经济、贸易、科技、军事、全球治理等方面成为具有全球性影响的大国，可以说处于近代以来最好的发展时期。“百年未有之大变局”到来之际，正是中国实现“两个一百年”奋斗目标的历史交汇期，正值中国特色社会主义进入新时代。所以说，中美之间的竞争与博弈并非一般的国与国的利益竞争，而是人类历史演进过程中新兴势力与传统势力的根本斗争，即强权政治与国际民主、霸权主义与和平力量、单边主义与多边体系、落后势力与进步力量、积极全球化与消极全球化之间的矛盾，是关乎人类前途命运的两种文化、两种理念、两条道路的博弈，是两种完全不同的世界观、价值观、人类观、发展观之间的必然冲突与斗争。可以说，中美博弈是人类社会发展的必然，决定着人类社会未来的走向。

中美竞争与博弈具有长期性。当前中美竞争与博弈加剧是国际政治、经济格局演变的必然结果和根本性变化。但新旧力量的交替、美国实力的相对衰弱是不可逆转的趋势，这不是一个短期过程，这是由霸权主义支撑的美国经济的特殊性所决定的——强大的美军支撑美元坚挺→坚挺的美元支撑美国科技→先进的美国科技支撑美军强大的循环架构。中美博弈必然带来世界格局的全新演绎。以中国为代表的新兴国家的快速崛起与以美国为代表的传统势力的相对衰落是历史发展的必然趋势。中国在世界范围的影响力将与日俱增，必然带动大多数发展中国家脱贫致富，使新兴国家实力不断增强，多个区域化国家出现，一超独霸的格局被彻底打破，但美国军事、美元、美国科技仍将长期处于世界的领先地位，新格局的形成与中美竞争博弈是一个长期的历史过程。

作为世界大变局中的两大变量，美国是守成变量，中国是崛起变量。美国因素是影响中国发展和民族复兴的最大外部因素，中国因素则越来越被美方视为挑战和削弱美国亚太和全球霸权的最大国际因素。作为国际权力转移最具代表性的两股力量，中美关系攸关两国国运与世界的和平稳定繁荣大局。当前，美国政府对我国的多方防范、打压、阻击、牵制、遏制致使中美之间多领域的交流与合作出现局部收紧、限制甚至倒退，但中美关系还不至于陷入全面竞争、全面遏制、全面对抗、全面隔绝的境地，这是因为，尽管当前美国对华强硬形成共识，但全面遏制和对抗的代价太大，在对华具体措施和手段方面各利益集团分歧较大，再加上当今世界也不再是美国一手遮天的世界，美国不可能打破中国编织的全球关系网，也不可能得到美国盟友的支持。因此，中美关系将长期处于竞争、合作与博弈之中。

第五节　全球贸易格局与贸易模式深刻变化

全球化和国际贸易是塑造近代人类历史的一股重要力量。近几十年来，经济全球化和国际贸易的深入发展使得国家和地区之间变得越来越相互联系和相互依赖。与此同时，全球化本身和国际贸易也正在深刻变化。

一、全球贸易格局发生重大变化

过去10多年来，全球贸易总产出持续增长，但经济全球化和国际贸易正在悄然发生改变，主要表现在以下方面：

一是全球贸易受到新冠肺炎疫情巨大冲击，但具有一定韧性。新冠大流行造成的健康和经济危机对世界贸易体系产生了重大影响，对全球供应链和各国之间的贸易关系造成了前所未有的冲击。2020年，以名义美元计算的全球商品和服务贸易价值下降了9.6%，而全球GDP下降了3.3%，这是自“二战”以来最严重的衰退。WTO 发布的《2021 年世界贸易报告》显示，当今以深度贸易联系为特征的高度互联的全球经济使世界更容易受到冲击，但在受到冲击时也更具韧性，全球贸易将全球联结成为一个整体，各国各地区处于统一的全球产业链、供应链和价值链体系之中，同时，受新冠肺炎疫情影响，产业链、供应链、价值链也面临重大冲击。特别是一些旨在通过解除贸易一体化来提高经济韧性的政策，例如回流生产和促进自给自足往往会产生相反的效果，降低经济韧性，展望未来，增强经济韧性需要更多的全球合作而不是“脱钩”“断链”等。

二是服务贸易快速增长。据统计，近 10 年来全球贸易额确实在增长，但是在全球范围内，商品贸易份额却在萎缩，服务贸易增长率比商品贸易增长率高 60%。更具体一点，从 2007 年到 2017 年，全球出口总额占总产值的百分比从 28.1% 降至 22.5%。虽然货物贸易增长停滞，但服务和跨境数据流动已成为全球经济中真正的“结缔组织”。一些类型的服务贸易——IT 服务、商业服务和知识产权使用费——的增长速度是货物贸易的 2～3 倍。服务贸易成为全球贸易中最具活力的贸易形式，并将在未来几十年发挥越来越重要的作用。从物流到金融，再到信息技术，服务贸易已成为全球经济不可或缺的支柱，服务业占至少 2/3 的经济产出。在发展中国家，2/3 以上的工作来源于服务业，而在发达国家这一比例可达 4/5。而且由于数字化和新冠肺炎疫情冲击，曾经需要面对面提供的服务，例如教育、医疗、办公等，现在可以远程提供。

三是全球贸易需求地理流向出现新的变化。麦肯锡全球研究院（MGI）的一份综合报告显示，全球需求的地理分布发生了根本性转变。1995 年，发展中国家在全球消费中占比不到 20%。如今，这一比例已升至近 40%，到 2030 年有望超过 50%。这些新涌现的全球消费者正给出口领域创造巨大的机遇。以跨境电商为代表的 E 国际贸易凭借其联通全球的数字电商平台为更多中小制造商从这一增长中分得一杯羹打开了大门。同时，区域贸易特征更加明显，在区域贸易为全球主要贸易形式的背景下，当前全球三大生产网络呈现以下特点：生产与贸易中心化的趋势不断增强，货物贸易主要集中在亚太，东亚地区货物贸易和对外投资日益活跃，服务贸易主要集中在欧洲和北美。2020 年，东盟成为中国第一大贸易伙伴，中国连续 12 年保持东盟第一大贸易伙伴地位。2021 年，中国与东盟货物贸易额达 8782 亿美元，同比增长 28. 1% 。其中，中国对东盟出口 4836. 9 亿美元，同比增长 26. 1% ；自东盟进口 3945. 1 亿美元，同比增长 30. 8% 。东盟连续两年成为中国第一大贸易伙伴。越南、马来西亚、泰国为中国在东盟的前三大贸易伙伴。

四是国际贸易产品结构出现新变化。20 世纪 80 年代，国际贸易总量的 70% 左右是工业制成品。到 2010 年，全世界总贸易额的 60% 是中间品的贸易，即零部件、原材料等各种中间品的贸易，40% 是工业制成品的贸易。目前，全球贸易量中的 70% 以上是零部件、原材料等中间品。世贸组织发布的报告显示，2021 年第一季度，全球中间品出口同比增长 20% ，有力地修复了全球供应链自疫情后出现的缺口。其中，反弹幅度最大的为矿石稀土类中间品，增长 43% ；食品饮料、非运输工具零部件分别增长 22% 、19% ；运输工具零部件反弹动力不足，增幅仅为 6% 。中国仍为全球第一大中间品贸易国，出口额和进口额分别为 3040 亿美元、3690 亿美元，分别增长 41% 和 37% 。美国和德国分居第二、第三位，增速约为 10% 。同时，亚洲的全球供应链中心地位更加巩固，不仅域内中间品贸易规模高达 6350 亿美元，增长 30% ，且与欧洲、北美的中间品贸易增幅也在 20% 以上；而欧洲与北美地区之间的中间品贸易仅增长 5% ~7% 。

五是全球产业价值链更多依赖创新，成本在国际贸易中地位下降。过去成本要素推动国际贸易特别是产业在全球范围内大规模转移，如今成本套利已经不再那么重要。据统计，只有约 18% 的全球商品贸易是从低薪资国家流向高薪资国家，另外 82% 的全球商品贸易驱动因素包括：接近更有技术的劳动力、接近自然资源、接近消费者、基础设施优良。如今所有产业价值链（包括生产制成品的价值链）都更加依赖研发和创新。过去 10 年，全球在品牌、软件和操作流程等无形资产上的投入相较营收增加了一倍多。这对拥有高技能劳动力和强大知识产权保护措施的欧洲、美国以及其他发达经济体而言是个好兆头。在企业投资建厂的选址决策中，自动化和人工智能技术将继续使劳动力成本越来越不重要，而基础设施、劳动者技能水平等因素，尤其是商品到达市场的速度，将变得更加重要。这一切可能导致一种告别之前的产业外迁的动态，使发达经济体在全球生产中夺回更大的份额——不过是以更数字化的形式。

六是“一带一路”正成为全球第三大贸易增长中心。共建“一带一路”国家全球贸易占比近三成，“一带一路”区域正在形成除大西洋贸易中心和太平洋贸易中心之外，新的以亚欧为核心的全球第三大贸易中心。联合国贸易和发展会议（UNCTAD）数据显示，2020年国际贸易萎缩8%。但总体看，“一带一路”区域保持相对平稳的增长态势。根据中国国际经济交流中心与对外经贸大学联合撰写的报告《“一带一路”贸易总指数（2020）》，自2012年以来，全球贸易增长呈波动缓行特征，相应地，“一带一路”贸易总指数在总体上也存在小幅波动。在全球经济低迷及中美贸易摩擦的叠加影响下，贸易总指数在2018年出现了短暂的小幅下滑，然后在2019年重新恢复了上升趋势，保持了稳定增长势头。与此同时，贸易潜力指数也显示，随着“一带一路”建设的持续推进，“一带一路”共建国家贸易潜力明显提升，尽管2018年以来略有回落，但总体水平仍显著高于期初，“一带一路”区域作为新的全球贸易增长中心对全球经贸复苏正在发挥越来越积极的支撑作用。图1-3、图1-4为世界贸易相关情况。

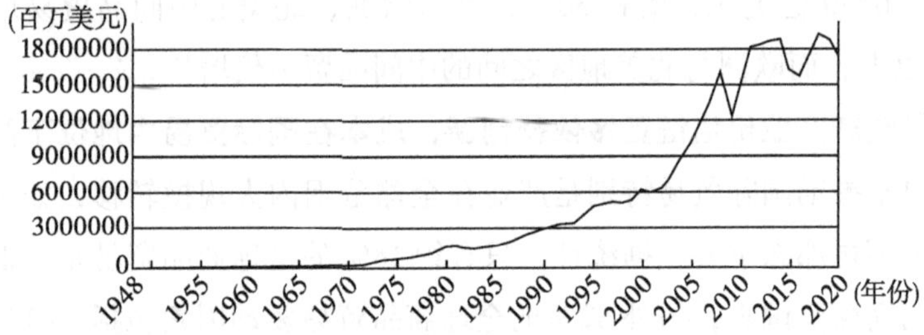

图1-3　1948年以来世界出口总额

资料来源：Wind数据库。

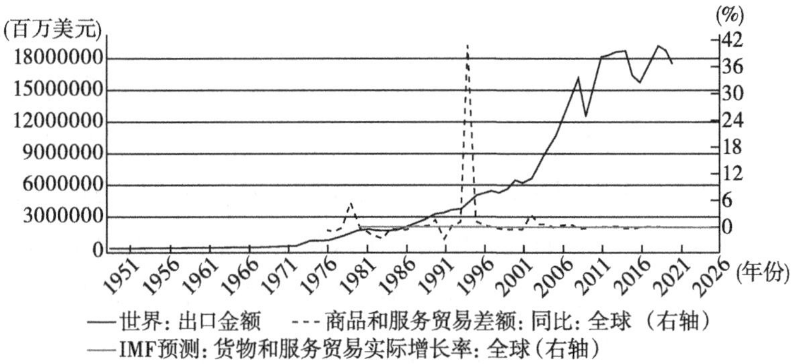

图1-4　世界出口、商品和服务贸易差额及货物和服务贸易实际增长率

资料来源：Wind数据库。

二、世界主要国家围绕WTO改革展开激烈博弈

“二战”之后形成的全球经贸治理体系中，世贸组织（WTO）所代表的多边贸易体制是核心机制之一，其在管辖全球贸易和投资等方面的作用不可替代。多边贸易体制的增强及全球贸易和投资的开放，带来了生产率提高、竞争加强、价格降低和生活水平的提高。广大发展中国家也通过参与经济全球化和贸易自由化取得了长足的发展，在全球贸易中的份额从20世纪70年代的25%增加到近50%。

金融危机以后，多边贸易体制陷入了巨大的困境，多边贸易谈判基本停滞，以美国为首的发达国家反经济全球化和反贸易自由化的浪潮高涨，争端解决机制运转不畅，发达国家与发展中国家围绕“特殊和差别待遇”争议不断，国际社会关于WTO改革的呼声日渐高涨。最初智库、协会和专家提出相关建议和意见，随着达沃斯世界经济论坛等国际会议将其列入议题，WTO成员也逐渐发声并阐述观点。欧盟、加拿大率先分别发布了内容广泛的立场文件。美国在多个政府文件中就发展中国家地位及“特殊和差别待遇”等表明了相关立场，中国随后也发布立场文件。随着各方推动，2018年12月1日“二十国集团”（G20）通过《G20领导人布宜诺斯艾利斯峰会宣言》，在认可多边贸易体制重要贡献的同时，指出“该体制目前未能实现其既定目标，且有改善的余地”，表示“支持对WTO进行必要改革，以改进其功能”。

近年来，有关WTO改革各类争议仍在持续，如今面对贸易保护主义的持续蔓延，世贸组织显得束手无策；而世贸组织最成功的贸易争端解决机制，自2017年8月以来，由于美国多次阻止对上诉机构法官的提名而失效。2019年5月，美欧日三方发出了第六份贸易部长级别的联合声明，提出有关WTO的改革意见，中国向WTO提交的《中国关于世贸组织改革的建议文件》，代表广大发展中国家重申了发展中国家的主要立场。二十国集团（G20）大阪峰会上发布的《G20大阪领导人宣言》指出，各国首脑“重申对WTO进行必要改革的支持，以改进其职能”。主要国家围绕WTO改革的博弈仍将持续一段时间。

三、双边、区域自由贸易协定进程大大加快

经济全球化与区域一体化是现代世界经济发展的两大趋势。随着WTO多哈回合谈判陷入困境，经济全球化受阻给区域一体化发展留下巨大的空间。按照WTO的统计，区域性贸易协定（RTA）的实施数量，最开始的时候增加得很缓慢，但从20世纪80年代末90年代初开始进入了快速增加的时期，特别是进入21世纪以后，以平均每年10个以上的速度增加。具体来讲，1950—1959年为3个，1960—1969年为19个，1970—1979年为39个，1980—1989年为14个，而1990—1998年就有82个，从1992年以后平均每年向WTO通报的RTAs都在10个以上。据WTO统计，截至2020年底，全球164个WTO成员已送达WTO组织的区域贸易协定通知累计713个，正在实施的区域贸易协定305个。其中，亚洲经济体与区域内外经济体生效的区域贸易协定共有186个，占全球区域贸易协定总数的54.9%。特别是近年来，受美国贸易保护主义等影响，双边、区域贸易协定进程大大加快，呈现几大特点：一是发达国家间区域贸易协定出现强强联合之势。2008年国际金融危机爆发以来，美欧、美日以及日欧之间，在各种因素的推动下，都有了实质性的自贸区协定谈判，区域贸易协定谈判在发达国家之间出现强强联合之势。2018年7月17日，日本与欧盟领导

人在东京签署了《经济伙伴关系协定》（EPA）。二是广覆盖、高标准成为区域经济一体化和区域贸易协定的发展方向。20 世纪 90 年代以来，新一代区域贸易协定所涵盖的领域和规则已经不再囿于传统的货物贸易自由化及其所涉及的关税和非关税壁垒减让，而是涵盖了服务贸易自由化、农产品贸易自由化、投资自由化、贸易争端解决机制、竞争政策、知识产权保护标准，甚至包括环境标准和劳工标准等超越 WTO 协定的内容。如在美国推动下，美加墨新协定重新出炉。三是区域贸易协定加快发展。2018 年 5 月 9 日，第七次中日韩领导人会议在日本东京举行，三国达成一致，将共同推动中日韩自贸区谈判进程，并早日达成区域全面经济伙伴关系协定。2018 年 12 月 30 日，由 11 国参与的《全面与进步跨太平洋伙伴关系协定》（CPTPP）正式生效，这个 GDP 占全球 13%、拥有超过 5 亿人口的新经济圈正式诞生。2020 年 11 月 15 日，东盟 10 国和中国、日本、韩国、澳大利亚、新西兰组成了涵盖全球 30% 的人口、29% 的 GDP 以及 27% 的贸易量的全球最大自贸区，签署了《区域全面经济伙伴关系协定》（RCEP），并于 2022 年 1 月 1 日正式生效。可见，随着国际贸易格局变动，过去作为 WTO 多边贸易框架补充的双边以及区域自由贸易协定，逐渐呈现出取而代之的势头。

四、以跨境电子商务为代表的 E 国际贸易使全球贸易格局发生重大变革

E 国际贸易是当今生产力发展水平、科技革命与业态变革等变量相互作用下的新型国际贸易方式，是建立在现代互联网技术、云计算技术形成大数据流量处理的能力基础上，依托跨境贸易平台的集聚和管理，以数据流动带动全球消费者和生产者、供应商、中间商产生集成贸易流量，形成国际化、信息化、市场化、社会化、平台化和混沌化的一种全新贸易方式，是高度信息化、智能化、国际化、网络化的线下线上一体化的贸易方式。近年来，以跨境电子商务为代表的 E 国际贸易正在以喷薄之势发展和壮大，展望未来，E 国际贸易将不断与现有的一般贸易、加工贸易、小额

边境贸易、采购贸易交叉融合，成为下一代主要贸易方式。犹如蒸汽机之于工业革命一样，E国际贸易不仅带来了国际贸易领域的创新性变化，还引发全球贸易格局的重大变革。E国际贸易发展促进了国际分工的深化和专业化水平提升，使世界市场出现新变化：世界市场越来越由一个时间空间地理上的概念（即国际进行经济交往的场所和领域），发展为一个抽象的经济概念，全球以信息为纽带、网络为平台形成了一个开放、多维、立体、虚拟全球统一大“市场”，突破了传统国际市场必须以一定地域存在为前提的条件，必将对全球贸易格局产生重大影响。

一是国际贸易商品格局正在发生重大变化。尽管传统有形商品在国际贸易中仍然占有重要地位，但国际贸易商品格局正向以无形商品与服务为中心的贸易格局转变。信息服务贸易、信息本身作为一种资源和可交易产品在国际贸易中所处地位不断提升，国际贸易商品格局呈现无形商品与有形商品并存态势。

二是国际贸易地理格局正在发生重大变化。传统自然地理和经济地理环境对国际贸易影响下降，一国信息和互联网等软硬基础设施的完善程度很大程度上决定一个国家参与国际贸易的广度和深度。

三是参与国际贸易的主体结构正在发生重大变化。从以跨国公司为主体转变为跨国公司和中小企业并存，全球贸易将逐渐依托全球跨境贸易平台向普惠、包容方向发展。

四是国际贸易生产服务体系发生重大变化。E国际贸易依托跨境贸易平台产生了若干生产者集成、批发商集成、中间商集成、零售商集成等市场集成，同时也产生若干消费者组成的市场集成，这两种流量和数据资源推动过去以生产者为中心的国际贸易生产体系向以消费者为中心的国际贸易生产服务体系转变。

五是国际贸易空间集聚方式发生重大变化。E国际贸易把国际贸易中的商流、物流、信息流、资金流和人员流动全都集聚在跨境贸易虚拟平台上，平台成为国际贸易空间集聚的方式和基础，形成了生产者规模经济、消费者规模经济、物流和信息流的规模经济，产生了倍增集聚效应。

六是全球贸易规则发生重大变化。E国际贸易下，具有准公共产品性质的跨境贸易平台依托现代化信息技术手段突破了传统国际贸易行政与地理疆界的藩篱，削弱了国家主权，推动全球制造业与服务业的融合，形成跨国界、跨行业、跨领域、跨业态的崭新的产业链、供应链、服务链和价值链，并将推动全球贸易规则体系向传统贸易规则体系与新型 E 国际贸易规则体系共生共融的新阶段转变，从而引发全球贸易格局乃至地缘政治、经济和外交格局的变化。

五、大国战略博弈加剧推动国际体系和贸易治理体制深刻变革

面对不断深入展开的多极化趋势，特别是国际混乱失序因素明显增多、不确定性和风险性持续高企的全球环境，世界主要战略力量纷纷重新厘清自身定位、资源条件、内外战略，力求更好地因应变局、维护利益、确保安全，在日益显现的多极格局中抢占比较有利的国际地位。这就使得大国的战略取向和对外贸易政策推进普遍呈现强调自主、推陈出新、强势进取的特点，大国关系的合作面明显下降、竞争面明显上升，而且竞争日益聚焦于重塑国际规制。当今时代，世界各国正通过以制度创新和经济科技军事实力为支撑、以重塑国际规则为主要手段的竞争博弈来重新划分利益和确立彼此地位关系，国际体系与贸易体制的变革越显深刻，发展模式和道路多样化趋势越发凸显。国际规制重构围绕联合国教科文组织、联合国人权理事会、世界贸易组织、世界银行、国际货币基金组织等展开。国际社会在共同应对各种全球性挑战的过程中，不断提出新的思想理念，创建新的国际规则、体制、机制，这将进一步催生新的国际体系。特别是在新型的数字经济和数字贸易领域，主要国家围绕规则和治理体系之争日益激烈。美国正在牵头起草一项涵盖印太地区主要经济体的数字贸易协议，致力于为数字经济制定标准，包括数据使用、贸易便利化和电子海关安排的规则，涵盖日本、澳大利亚、加拿大、新西兰、智利、马来西亚和新加坡等国家，但将中国排除在外。总体来看，在数字经济、人工智能、网络安全等新兴技术领域的规则和标准制定上，主要大国博弈更加激烈。

第二章

共建“一带一路”经贸合作相关理论

实践是理论的基础和本源，理论的价值在于指导实践、推动实践发展。2013 年 9 月和 10 月，习近平主席在出访哈萨克斯坦和印度尼西亚时，先后提出了共建“丝绸之路经济带”和“21 世纪海上丝绸之路”的伟大倡议。9 年来，结合共建“一带一路”实践取得重大进展和面临的问题，习近平总书记在国内国际多个场合多次就推进“一带一路”建设做出重要指示批示和重要讲话，为共建“一带一路”高质量发展提供了理论指引和根本遵循，成为习近平经济思想和外交思想的重要组成部分。与此同时，随着共建“一带一路”实践和理论发展，国际贸易和开放型世界经济理论与“一带一路”话语体系不断融合，反过来又共同为推动共建“一带一路”经贸合作高质量发展指明了方向。

第一节　共建“一带一路”
经贸合作高质量发展的根本遵循

共建“一带一路”是习近平总书记亲自谋划、亲自部署、亲自推动的伟大倡议，是以习近平同志为核心的党中央统筹国内国际两个大局做出的重大战略选择，是新时期我国全方位对外开放的重大举措。共建“一带一路”倡议，顺应经济全球化的历史潮流，顺应全球治理体系变革的时代要求，顺应各国人民过上更好日子的强烈愿望，充分体现了以习近平同志为核心的党中央对我国国情的准确把握和国际形势的科学研判，9 年来，习近平总书记结合共建“一带一路”取得重大进展和面临的问题等在国内国际场合深入论述了共建“一带一路”的理念、目标和行动等，这些重要论述深深根植于共建“一带一路”的重大实践，是推进“一带一路”建设的根本遵循。

一、共建“一带一路”是顺应历史发展大势的战略选择

2000 多年来，生活在亚欧大陆上的人们，跨越戈壁、雪山、沙漠层层地理阻隔，开辟了亚欧大陆陆上贸易通道，迄今为止，古丝绸之路依然是不同文明交流、互鉴和融合最生动的符号化象征。当今世界，全球挑战此起彼伏，要和平、谋发展、促合作日益成为世界各国的共同关切和强烈愿望。

“万物得其本者生，百事得其道者成”。习近平总书记洞察世界经济发展趋势，顺应历史时代潮流，在创造性地传承弘扬古丝绸之路这一人类历史文明发展成果基础上，赋予了当今新的时代内涵，形成了共建“一带一路”重大倡议。共建“一带一路”是以共商共建共享为原则，以和平合作、开放包容、互学互鉴、互利共赢的丝绸之路精神为指引，以政策沟通、设施联通、贸易畅通、资金融通、民心相通为重点内容，打造国际合作新平台，增添共同发展新动力。2014 年 11 月，习近平总书记在中央财经领导小组第八次会议上指出：“‘一带一路’倡议顺应了时代要求和各国加快发展的愿望，提供了一个包容性巨大的发展平台。”“它是经济合作倡议，不是搞地缘政治联盟或军事同盟；是开放包容进程，不是要关起门来搞小圈子或者‘中国俱乐部’；不以意识形态划界，不搞零和游戏，而是要将‘一带一路’建设成和平之路、繁荣之路、开放之路、创新之路、文明之路。”面对新冠肺炎疫情给全球带来的巨大冲击，习近平主席 2020 年在“一带一路”国际合作高级别视频会议的书面致辞中强调“要把‘一带一路’打造成团结应对挑战的合作之路、维护人民健康安全的健康之路、促进经济社会恢复的复苏之路、释放发展潜力的增长之路。通过高质量共建‘一带一路’，携手推动构建人类命运共同体。”

党的十九大报告指出，世界正处于大发展大变革大调整时期。当前世界正经历百年未有之大变局，是习近平总书记科学准确地把握时代脉搏得出的精辟论断，是“一带一路”倡议的重大时代背景。面对全球治理赤字、信任赤字、和平赤字、发展赤字（四大赤字）等重大问题，面对人类

发展在十字路口何去何从的抉择，习近平总书记以胸怀天下的担当精神，提出共建“一带一路”，构建人类命运共同体，实现共赢共享。这契合世界各国和平发展的共同愿望和当今世界的发展大势，是中国向国际社会提出的全球公共产品和中国方案，有利于促进世界和平与共同发展，建设一个持久和平、普遍安全、共同繁荣、开放包容、清洁美丽的世界，也为我国应对世界百年未有之大变局指明了方向。历史和现实昭示我们，不断扩大对外开放、提高对外开放水平，以开放促改革、促发展，是我国发展不断取得新成就的重要法宝。作为新时代我国全方位对外开放的重大举措，共建“一带一路”还将为我国新时代实现中华民族伟大复兴开辟空间。

二、“一带一路”是构建人类命运共同体的重要实践平台

推动构建人类命运共同体，是习近平总书记着眼人类发展、深刻把握世界大势提出的中国理念和中国方案，充分体现了中国作为一个负责任大国把自身发展同世界发展紧密联系的博大胸怀和务实担当。共建“一带一路”以构建人类命运共同体为核心理念和目标，是构建人类命运共同体的重要实践平台和实现路径。两者相辅相成，是抽象与具象、理论与实践的辩证统一。

构建人类命运共同体理念诠释中国文化核心价值观，与中国传统文化核心价值一脉相承，体现了和平、发展、公平、正义、民主、自由的全人类共同价值，是推动共建“一带一路”高质量发展的思想引领，树立了中国推动和参与“一带一路”建设重信义、讲情义、扬正义、树道义的文化基因和国家品格，使共建“一带一路”精神内涵更加丰富，目标方向更加清晰，实践行动更有活力。

构建人类命运共同体理念顺应时代要求，包含了世界各国对未来发展的共同追求，为人类社会实现共同发展、持续繁荣、长治久安提供了目标引领，对中国和平发展和世界繁荣进步有着重大而深远的意义，也为共建“一带一路”指明了发展方向和路径。共建“一带一路”以共商、共建、共享为基本原则，以和平合作、开放包容、互学互鉴、互利共赢的丝绸之

路精神为指引，以政策沟通、设施联通、贸易畅通、资金融通、民心相通为重点，以构建人类命运共同体为目标，得到了140多个国家和30多个国际组织的广泛认同。作为推动构建人类命运共同体的重要实践平台和实现路径，共建“一带一路”倡议面向世界，也属于世界，是大家携手前进的阳光大道，不是某一方的私家小路，所有参与国家和地区，机会公平、利益共享。与西方国家主导的发展援助模式不同，共建“一带一路”倡议倡导的国际合作从不附加任何政治条件，从不将项目与项目所在国的政治进行捆绑，而是注重与项目合作国平等协商、互利共赢。共建“一带一路”倡议顺应时代发展潮流，契合和平发展主流，共同为促进全球互联互通做增量，携手打造开放合作平台，为各国合作发展提供新动力。

各国命运紧密相连，人类是同舟共济的命运共同体。秉持人类命运共同体理念，促进互联互通，坚持开放包容，是应对全球性危机和实现长远发展的必由之路，共建“一带一路”国际合作可以发挥重要作用。中国始终坚持和平发展，坚持互利共赢，通过高质量共建“一带一路”，携手推动构建人类命运共同体。

三、“一带一路”是构建新发展格局的重要支撑

面对当前和今后一段时期我国发展环境面临的深刻复杂变化，以习近平同志为核心的党中央及时提出了加快构建以国内大循环为主体、国内国际双循环相互促进的新发展格局。“一带一路”建设取得的重大进展为加快形成新发展格局提供基础保障。

经过9年努力，“一带一路”已形成了立体化、多维度的基础构架和布局。所谓立体化空间布局，主要是“陆海空网”四位一体的空间布局，陆上、海上、网上、天上及冰上“一带一路”建设正在推进。数字丝绸之路和空中丝绸之路进展较快，如郑州空中丝绸之路已和186个国家建立了联系。郑州作为内陆城市，依托空中丝绸之路建设，通过航空经济试验区和跨境电商平台建设了6个内陆一级口岸。所谓冰上丝绸之路，即俄罗斯提出的北极航道，中国参与北极航道建设也有了起步，通过北极航道连接

地中海、太平洋、印度洋，或将成为一条新的国际航运通途。同时，初始的“六廊六路多国多港”也取得了新发展。一方面，RCEP 已生效实施，中日首次建立了自贸关系，日本表态作为第三方参与“一带一路”，中日韩东北亚经济通道前景可期。另一方面，非洲是海上丝绸之路的重要组成部分，意大利等更多国家加入“一带一路”后，通向欧洲的海上丝绸之路将逐步形成，“一带一路”从沿线国家参加发展为全球更多国家和地区参与的经济合作行动。

“一带一路”是新发展格局的重要载体和平台，为形成以国内大循环为主体、国内国际双循环相互促进的新发展格局和中国国际贸易、国际投资提供了新的发展空间。贸易方面，面对疫情冲击，2020 年我国对“一带一路”沿线国家进出口 9.37 万亿元，增长 1%。其中，中国与东盟贸易逆势强劲增长 7%，互为第一大贸易伙伴；与 RCEP 国家的贸易增长 3.5%；中国首次成为欧盟第一大贸易伙伴。投资方面，我国企业在“一带一路”沿线对 58 个国家非金融类直接投资 177.9 亿美元，同比增长 18.3%，占同期总额的 16.2%，较上年同期提升 2.6 个百分点。对外承包工程方面，我国企业在“一带一路”沿线的 61 个国家新签对外承包工程项目合同 5611 份，新签合同额 1414.6 亿美元，占同期我国对外承包工程新签合同额的 55.4%；完成营业额 911.2 亿美元，占同期总额的 58.4%。中国与“一带一路”沿线国家和相关国家在“一带一路”框架下开展的经贸合作，成为中国和参与国在开放中实现经济共享发展和加快发展的新引擎，是在国际大循环方面实现最先链接、最先突破、最先形成“双循环”交汇点与链接点，也是未来形成新发展格局的重要引领和支撑。要充分认识到，“一带一路”9 年打下的基础是我国发展的重要战略机遇。

四、“一带一路”是我国完善全球治理体系变革的主动作为

人类社会正面临大转型、大变革、大调整，今天全球化深入发展，全球治理变革从未像今天一样缺乏和急迫。特别地，随着国际力量对比不断变化和全球化的新发展，美国作为全球治理的基础结构性力量，提供全球

公共产品的能力和意愿下降，发展中国家和新兴经济体在全球经济中的分量不断提升，“一带一路”对全球治理的重要意义将进一步凸显。

“一带一路”是中国向全球提供的新型公共产品。“一带一路”坚持开放性，不搞少数国家封闭的“小圈子”，而是面向各国、各地区的开放性合作平台；“一带一路”坚持平等性，参与各方平等参与，不搞等级性和差别化；“一带一路”坚持包容性，尊重各方差异，不搞人为划线，具有最大的包容性特征；“一带一路”坚持兼容性，不是现有全球和区域治理机制的替代方案，而是力图实现各方案兼容，发挥合力作用。中国的“一带一路”倡议，充分考虑到广大发展中国家的愿望和关切，第一次很好地将当今全球面临的四大“赤字”联动起来，超越传统全球治理中的国家主义立场，具有鲜明的世界主义立场。中国不是国际治理体系的破坏者、颠覆者、对抗者，而是维护者、建设者、贡献者。“一带一路”体现了当今世界全球治理的大方向，是对完善全球治理的有益补充，体现了人类命运共同体理念，反映了发达国家的意愿、发展中国家的愿望，实现全方位、立体化、网络化大联通。中国提出“善治”方案，秉持和平合作、开放包容、互利共赢的理念，全方位推进务实合作，打造政治互信、经济融合、文化包容的利益共同体、命运共同体、责任共同体。

以习近平总书记系列重要论述为指引，推动“一带一路”倡议成为新时期我国完善全球经济治理的新思路新方案。共建“一带一路”积极推动开放型世界经济建设，旗帜鲜明地反对保护主义，坚定支持多边贸易体制，推动经济全球化朝着更加开放、包容、普惠、平衡、共赢的方向发展；共建“一带一路”坚持以人民为中心的发展思想，聚焦消除贫困、增加就业、改善民生，顺应了各国人民过上更好日子的强烈愿望，让共建国家人民获得了实实在在的利益。

五、习近平总书记关于共建“一带一路”重要论述是“一带一路”高质量发展的根本遵循

9年来，在以习近平同志为核心的党中央坚强领导下，我们统筹谋划

推动高质量发展、构建新发展格局和共建“一带一路”，坚持共商共建共享原则，把基础设施“硬联通”作为重要方向，把规则标准“软联通”作为重要支撑，把同共建国家人民“心联通”作为重要基础，推动共建“一带一路”高质量发展，取得实打实、沉甸甸的成就。这些重大成就离不开习近平总书记不断根据形势和实践变化适时做出的科学判断和论述。早期，着眼经济全球化下错综复杂的国际新形势，结合中国转变经济增长模式、提高对外开放水平新需要，回应沿线发展中国家发展新需求，习近平总书记提出共建“一带一路”倡议，这是总书记的谋篇布局和大写意；随着共建“一带一路”从理念变为行动，在共建“一带一路”形成了初步的总体布局，并取得一定进展的基础上，以 2018 年习近平总书记在推进“一带一路”建设工作五周年和第二届国际合作高峰论坛上的讲话为标志，共建“一带一路”建设进入绘制精谨细腻的“工笔画”和高质量发展新阶段。

当前，百年未有之大变局与新冠肺炎疫情、俄乌冲突交织叠加，引发“二战”以来最严重的全球性、综合性、深层次危机，对国际政治、经济、安全格局产生广泛深刻影响，给“一带一路”带来新形势新挑战。习近平总书记在第三次“一带一路”建设座谈会上指出，要正确认识和把握共建“一带一路”面临的新形势。总体上看，和平与发展的时代主题没有改变，经济全球化大方向没有变，国际格局发展战略态势对我方有利，共建“一带一路”仍面临重要机遇。同时，世界百年未有之大变局正加速演变，新一轮科技革命和产业变革带来的激烈竞争前所未有，气候变化、疫情防控、传统安全风险等全球性问题对人类社会带来的影响前所未有，共建“一带一路”国际环境日趋复杂。我们要保持战略定力，抓住战略机遇，统筹发展和安全、统筹国内和国际、统筹合作和斗争、统筹存量和增量、统筹整体和重点，积极应对挑战，趋利避害，奋勇前进①。这为新时代推进共建“一带一路”高质量发展提供了根本遵循。

---

① 习近平出席第三次“一带一路”建设座谈会并发表重要讲话[EB/OL].[2022-02-23].新华社,http://www.gov.cn/xinwen/2021-11/19/content_5652067.htm.

第二节　共建"一带一路"经贸合作关键是互联互通

习近平主席指出，共建"一带一路"，关键是互联互通。我们应该构建全球互联互通伙伴关系，实现共同发展繁荣。自古以来，互联互通就是人类社会的追求。古丝绸之路是我们先祖创造的互联互通奇迹中的一个典范。如今，"互联互通"不仅是一种国际共识，也成为一种方法论，是构建人类命运共同体的"中国方案"。9 年来，秉持共商共建共享原则，聚焦互联互通，以基础设施为基石，以国际经济合作走廊为依托，中国与更多国家携手共建"一带一路"，构建全球互联互通伙伴关系，打造共同发展的机遇之路、繁荣之路。

一、互联互通是共建"一带一路"的关键

"自古以来，互联互通就是人类社会的追求。"互联互通深嵌于人类文明发展的进程之中，古丝绸之路是我们先祖创造的互联互通奇迹中的一个典范。

人类在发展，社会在进步。当前，人类还未走出世纪疫情阴霾，又面临新的传统安全风险，全球经济复苏步履维艰，又叠加发展鸿沟加剧矛盾。人类社会的未来走向是更加开放、包容还是走向自我封闭？是互联互通还是脱钩隔离？是相互合作还是冲突对抗？实际上，互联互通是当今时代的元模式，尽管世界充满各种不确定性，经济全球化依然是世界经济增长的主要动能和主流方向，互联互通不仅是手段，也是人类的内在需求。试图割裂自身发展与世界其他国家和地区的联系、强推与他国的脱钩隔离，无异于痴人说梦。"一带一路"倡议高举合作共赢的大旗，致力于推动互联互通，构建全球互联互通伙伴关系，促进世界实现共同发展、共同繁荣，符合人类社会发展的根本走向。

习近平主席在多个国际场合对"互联互通"的含义、目标和任务做出重要阐释，明确指出："我们要建设的互联互通，不仅是修路架桥，不光

是平面化和单线条的联通，而更应该是基础设施、制度规章、人员交流三位一体，应该是政策沟通、设施联通、贸易畅通、资金融通、民心相通五大领域齐头并进。这是全方位、立体化、网络状的大联通，是生机勃勃、群策群力的开放系统。”“共建‘一带一路’倡议，目的是聚焦互联互通，深化务实合作，携手应对人类面临的各种风险挑战，实现互利共赢、共同发展。”毋庸置疑，对于已经推进 9 年的“一带一路”倡议而言，互联互通基本囊括了所有的合作概念，成为“一带一路”的标识性概念。“互联”着眼于沿线各国基础设施建设，加强基础设施互联互通，这是硬联通，也是合作的前提；“互通”着眼于商品、资金、技术、人员等的高速流通，共同开放并探索建立各方普遍支持的政策规则、标准和机制等，这是软联通。囊括软硬联通的“五通”是全方位、立体化、网络状的大联通，凝聚了互联互通和“一带一路”的精髓。9 年来，共建“一带一路”从倡议到落地、从“大写意”到“工笔画”，始终聚焦于互联互通，积极推动政策沟通、设施联通、贸易畅通、资金融通、民心相通五大领域的多维互动，“在各方共同努力下，‘六廊六路多国多港’的互联互通架构基本形成”，一些原本在国际市场中几乎被“遗忘”的发展中国家，随着基础设施互联互通建设加快，再次融入全球产业链、供应链、价值链体系当中，未来的可持续发展有了充沛的源头活水。在首届“一带一路”国际高峰论坛圆桌峰会上，各国领导人普遍认为互联互通在打破制约经济发展瓶颈、带动相关产业发展、增强各国发展动力方面有着重要作用。

互联互通是共建“一带一路”的主线，是世界各国人民寻求自身发展的共同利益与共同诉求的新型公共产品，已经变成了 140 多个国家和 30 多个国际组织参与的国际经济合作行动，发展成为全球共识。在第二届“一带一路”国际合作高峰论坛上，赞比亚知名智库政策监测与研究中心执行主任伯纳黛特·代卡表示，“一带一路”倡议打造了一个促进国际贸易与投资的新平台，通过各种基础设施项目建设将世界联系起来，为非洲提供了一个连接全球贸易体系的机会。阿根廷国际问题专家帕特里西奥·朱斯托认为，中国提出的“一带一路”倡议促成了大规模的基础设施建设项目，将对全球范围内的互联互通、贸易流通和投资起到重要作用。德国杜伊斯堡经济促进局局长拉尔夫·莫伊雷尔表示，互联互通为有关地区经济发展注入了活力。目前中欧班列开通了数条连接杜伊斯堡的线路，可以直通中国成都、西安和武汉等地。这吸引了不少国际铁路、物流和进出口贸易公司在杜伊斯堡设点，也带动了当地服务业的发展①。“一带一路”互联互通与联合国致力于人类可持续发展，为发展中国家特别是最不发达国家提供技术、设备等方面帮助高度契合，宏观目标完全一致，有助于加快区域发展中国家工业化、城镇化进程，是联合国 2030 年可持续发展议程的 17 项大类和 169 项具体目标落实的重要支撑点。

互联互通是治疗当前全球各种疑难杂症的“药方”，是构建人类命运共同体的“中国方案”，成为推动新型经济全球化和全球治理变革的重要路径。互联互通是实现世界经济包容、普惠、共同发展的基础。根本而言，商品、资本、技术和人员的自由流动是全球化繁荣的基础，现在全球 40% 以上的 GDP 都来自商品、服务和资本的跨境自由流动。因而，世界越来越需要一些全球性组织或地区性大国为国际社会提供保障互联互通的制度、规则与管理变革，这是实现全球高质量互联互通的核心。在人类命运休戚与共的今天，美国政府推行“美国优先”“以美国利益为核心”的外交政策，滑向保护主义和国家至上主义。在“一带一路”建设中，中国主张站在人类命运共同体的高度，本着“共商、共建、共享”的原则，使古老的“丝绸之路”延伸至现代版的国际关系和国际秩序调整与整合，对推动世界经济走出低迷、重新寻找和发动经济增长新引擎、完善全球经济治理具有重大的现实意义和战略价值。

中国是互联互通经济合作的倡导者、实践者和引领者。2012 年，党的十八大报告首次将“互联互通”作为政策理念纳入其中。以人类命运共同体意识为核心理念推进“互联互通”与构建全球互联互通伙伴关系的自由贸易网络体系成为完善国际关系的“黏合剂”，成为中国大国战略的重要组成部分，作为长期的国际经济合作行动和人类面对共同挑战的最佳选

---

① 综述：构建全球互联互通伙伴关系 推动发展合作实现共同繁荣[EB/OL]．(2019-04-28)[2020-06-25]．新华社，http://www.gov.cn/xinwen/2019-04/28/content_5386953.htm.

项，不可能一蹴而就。正如习近平主席所言，“众人拾柴火焰高”，只要大家齐心协力，守望相助，即使相隔万水千山，也一定能够走出一条互利共赢的康庄大道。

二、国际经济合作走廊是互联互通的重要依托

经济走廊是一个区域经济学的概念，是指依托一定的交通运输干线、地理位置、自然环境和资源禀赋而形成的带状的像走廊一样的区域经济单元。在这个区域内，一些经济比较发达的主要城市，通过互通互联发挥经济集聚和辐射带动作用，连接带动不同等级规模的城市实现经济社会发展，从而形成了一条点状密集、以点带面辐射、线状延伸的生产、流通一体化的走廊状经济区域。

人类文明史告诉我们，经济发展与现代化主要沿着那些自然的或人为的走廊展开，一些走廊可以追溯到几千年前的贸易路线，其他走廊则是由河流或海岸线形成的。欧亚非三大陆地理上紧密相连，亚洲与欧洲和非洲直接接壤，欧洲与北非仅隔着浅浅的地中海，历史上就已经沿古丝绸之路形成了若干经济通道或走廊，包括香料之路、皮毛之路、奴隶之路、茶马古道、丝绸之路、宗教信仰之路等。“这些通道是整个世界的中枢神经系统，将各民族各地区联系在一起，但它隐藏在皮肤之下，肉眼不可见”。① 在古丝绸之路上，人们从事跨时空的经济和政治交往，各种科技、宗教、文学艺术、哲学思想也随之频繁交流和沟通，后来由于西方殖民争夺、地缘战争、民族宗教冲突等，陆上古丝绸之路逐渐衰落。与此同时，克里斯托弗·哥伦布大西洋新航道和瓦斯科·达·伽马印度洋新航道的发现逐渐改变了贸易和交往的格局，造成了世界政治、经济中心的大转移，西欧从一个闭塞之地变成了全球交通和贸易的支撑点，欧洲成为东西方之间新的中心。近代以来，通过人工修建运河、公路和铁路规划发展的经济走廊周边出现了城市、工业和人口集中。截至 20 世纪 90 年代中期，整个欧亚人

---

① ［英］彼得·弗兰科潘．丝绸之路：一部全新的世界史［M］．邵旭东，孙芳，译．杭州：浙江大学出版社，2016：11.

口的25%、城市人口的70%都集中在三条主要交通走廊上，每条走廊宽约100公里，连接欧洲和中国。在世界的其他地方，类似的现象也很明显①。

经济走廊建设是互联互通的重要依托，是经济发展的重要载体，是基于特定地缘空间环境开展的互联互通功能性合作，并与经济发展相互影响、相互促进。经济走廊可以看作是一条互联互通的狭长经济带，以铁路或陆路贯通为基础，伴随高压电线、石油天然气管道、供水系统、光纤通信线路等设施的联通，给走廊内工业、农业、城市建设和服务业提供最基本的条件；随着走廊内新城市中心的发展壮大，商流、物流、资金、技术和人员流动更加便利，并为经济增长提供强劲动力和广阔空间。可见，经济走廊作为互联互通和经济发展的载体提高了基础设施线路和经济走廊的效益和经济影响力，并最终形成了集聚人口、发展和能源密度的循环“珍珠项链”效应：首先，经济走廊将运输、能源、水、通信和其他基础设施沿着一条既定路线“绑定”，能够给沿线的集约耕作、工业和人口中心提供发展的理想条件。其次，整个沿线经济活动的规模壮大、密度增强又极大地提高了基础设施改善而产生的效率、生产和积极经济净效益，以及生产线投资效益。

自“一带一路”倡议提出以来，为推进“一带一路”建设，在同各方充分沟通的基础上，我国提出了以国际经济合作走廊（包括陆上经济合作走廊和海上经济合作走廊）为依托的互联互通基本框架作为开展“一带一路”国际经济合作的基础。实际上，“一带一路”倡议是中国与共建国家基于特定地缘空间环境开展的互联互通功能性合作，遵循功能性逻辑 。一方面，欧亚大陆的地缘空间环境在很大程度上使基础设施、经贸合作和产能合作成为国际经济合作走廊功能性合作的主要内容，并以前者为优先领域，两者结合使国际经济合作走廊建设成为共建“一带一路”的重要依托。另一方面，“一带一路”倡议下的国际经济合作走廊建设反过来也正在缓慢重塑欧亚大陆的地缘政治经济空间版图。这可以分为两个阶段：第

① ［美］黑尔佳·策普-拉鲁什，威廉·琼斯．从丝绸之路到世界大陆桥［M］．陆建新，等，译．南京：江苏人民出版社，2015：11.

一阶段以基础设施互联互通为重点的六大国际经济合作走廊载体建设提升中国与共建国家的地缘优势，努力促进欧亚大陆地理版图的强连通；在一定的连通性基础上，第二阶段则以经贸合作和产能合作为重点提升中国与共建国家的生产能力、创新能力，推动中国与共建国家互联互通，平等深度融入全球产业链、供应链和价值链体系，推动欧亚大陆贸易版图的相对平衡发展，带动欧亚大陆各国共同发展繁荣。

可以看到，9 年来，新亚欧大陆桥、中蒙俄、中国—中亚—西亚、中国—中南半岛、中巴和孟中印缅等六大国际经济合作走廊将亚洲经济圈与欧洲经济圈联系在一起，为建立和加强各国互联互通伙伴关系，共建“一带一路”，构建高效、畅通的亚欧大市场发挥了重要作用。“一带一路”倡议追求的强连通图景正在使“末梢”变成“前沿”，特别是中亚内陆国家，有了“一带一路”国际经济合作走廊，有了铁路和公路建设，就有了发展的可能。如中老经济走廊以及中老铁路的建设使老挝从“陆锁国”变成“陆联国”，实现修建贯通南北的铁路网络、打造中南半岛的陆上交通枢纽的梦想。原来地缘政治视野中所谓的边缘地带，如今正在成为连接东西的枢纽中心、互联互通的要冲，原来偏远的地方不再偏远，内陆地方离海洋更近，每个地方不分南北都成为发展的中心点。共建“一带一路”努力构建以新亚欧大陆桥等经济走廊为引领，以中欧班列、陆海新通道等大通道和信息高速路为骨架，以铁路、管网等为依托的互联互通网络，正在成为提升沿线国家和地区地缘优势、促进经济合作与发展的重要平台。

三、基础设施是互联互通的基石

习近平主席指出，基础设施是互联互通的基石。通过软硬基础设施的建设，可以有效弥补世界发展短板，推动全球更多国家释放经济发展动能。亚当·斯密在《国富论》中指出，良好的道路、航线等可以缩小国家内部以及国家与国家之间的发展差异，揭示了基础设施互联互通可以促进地区经济发展。全球战略家、美国国家情报委员会顾问、新加坡国立大学李光耀公共政策学院高级研究员帕拉格·康纳在其所著的《超级版图：全球供应链、超级城市与新商业文明的崛起》一书中指出，21世纪最重要的公共品是基础设施，互联互通已经取代分割成为全球组织新的范式。大型基础设施互联互通带来的全球供应链和价值链革命，超越了自然和政治地理边界，发挥实际效用的功能连接网络线将取代名义上的政治国境线，全球基础设施系统最终会变得像人体的血液循环系统那样，有动脉和静脉，有毛细血管和细胞，支撑起全球化的经济体系①。

互联互通基础设施建设，是世界上大部分国家的需求、利益和选择的最大交汇点，对成熟的发达国家和发展中国家都至关重要。在成熟的发达国家，为满足需求建设和更新基础设施是维持和拉动经济增长不可或缺的组成部分。在发展中国家，城市、经济走廊、产业园区、道路、交通设施、通信设施、电力水利等基础设施建设，对人们生活和企业的发展产生了变革性影响，基础设施直接决定着经济活动的效率和经济效益，同时也影响着经济体的投资环境。基础设施的改善会带来经济与社会发展的良性循环，帮助发展中国家摆脱贫困，加快工业化进程，吸收利用外国资本，更好地融入全球产业链、供应链和价值链体系，获得宝贵的发展机遇，进而通过发展解决矛盾和问题。相反，如果基础设施建设滞后，经济和社会发展便会受到严重制约，甚至难以摆脱贫困。这也会导致难以吸收利用国际资本，工业化和城镇化进程进展缓慢，进而陷入基础设施与经济发展的恶性循环。可以说，基础设施对广大发展中经济体的经济与社会发展都具有决定性作用。

近年来，世界对交通、能源、通信等基础设施的需求正急剧增加，投资缺口很大。20国集团（G20）旗下全球基础设施中心（GIH）2018年发布的《全球基础设施展望报告》（*Global Infrastructure Outlook*）显示，到2040年全球的基础设施投资需求将达到94万亿美元，年均约3.7万亿美元，全球基建投资缺口约15万亿美元。一般来说，基础设施建设周期长、所需资金大、回收周期较长，许多国家难以单独完成建设。“一带一路”

① 帕拉格·康纳．超级版图：全球供应链、超级城市与新商业文明的崛起［M］．北京：中信出版社，2016.

沿线国家和地区基础设施互联互通建设水平整体滞后，多数骨干通道存在缺失路段，不少通道等级低、路况差、安全隐患大，一些国家之间铁路技术标准不统一，运输周转环节多、时间长、效率低，海上航道安全问题频发，海上运输信息合作水平不高。这种滞后状态既是“一带一路”发展的瓶颈，也是“一带一路”建设的机遇和重要内容。共建“一带一路”为相关国家合作进行基础设施建设提供了新机遇，基础设施互联互通水平的提升大大降低了交易成本，促进了国际贸易发展。欧洲布鲁盖尔研究所研究报告指出，“一带一路”倡议促进中欧交通基础设施互联互通，在降低运输成本、促进国际贸易等方面欧盟国家将获益良多。“一带一路”沿线跨境贸易的运输成本占物流成本的比重超过50%。报告以“渝新欧”铁路和青岛港口的统计数据为例，实施“一带一路”倡议3年以来，中欧之间的陆路运输成本降低了50%，海路运输成本降低了5%。陆地、空中和海上交通运输成本每减少10%，国际贸易额将分别增长2%、5.5%和1.1%。在交通运输成本降低后，比利时、荷兰、斯洛伐克的国际贸易上涨幅度将接近10%；奥地利、匈牙利、丹麦、摩尔多瓦、德国、波黑及波兰的国际贸易增长幅度也将达到8%以上①。

习近平主席强调，“共建‘一带一路’，核心内容是促进基础设施建设和互联互通，对接各国政策和发展战略，深化务实合作，促进协调联动发展，实现共同繁荣”。以基础设施互联互通为引领的“一带一路”合作倡议正在将割裂的全球化带入一个互联互通的全新时代，并将开启发展导向型区域经济合作新征程。在此过程中，政府间的合作特别是基础设施和互联互通的引入，基础设施互联互通和产业园区的结合，将推动一个经济体从封闭的不发达经济向开放经济转变，成为广大发展中国家创造新的比较优势、打破经济落后恶性循环、实现经济可持续发展的突破口。同时，基础设施互联互通将通过纵贯欧亚大陆的贸易大通道、产业大通道和物流大通道，把碎片化的区域经济串联起来，促进沿线国家相互贸易与投资的增

① 欧智库报告：中国“一带一路”倡议利好欧洲贸易［EB/OL］.（2016-09-14）［2020-06-15］. https://world.huanqiu.com/article/9CaKrnJXCxW.

加、产业转移的加速，借此打造“商流、物流、人流、资本流、信息流”五位一体的新的全球链接方式，携手打造政治互信、经济融合、文化包容的利益共同体、责任共同体和命运共同体。

历史实践证明，互联互通是一个国家或地区经济从数十亿美元规模跃升到数万亿美元规模的必由之路，也是实现人类整体可持续发展之路。世界需要更多的基础设施、更庞大广阔的价值链和供应链来服务于快速增长的人口、商品、货物、数据和资金流动，融入全球价值链和供应链是各国自身经济增长和国家之间贸易增长的必要条件，融入全球供应链和价值链的程度跟人口结构、资本市场、劳动效率和技术水平一样是全球经济发展的源泉，并将逐步改写全球经济贸易版图，一国更好的互联互通条件将使得该国在国际竞争中占据主动。

四、构建全球互联互通伙伴关系是实现共同繁荣的重要举措

习近平主席指出：“共建‘一带一路’，关键是互联互通。我们应该构建全球互联互通伙伴关系，实现共同发展繁荣。”构建全球互联互通伙伴关系是顺应时代潮流和世界发展趋势的重要举措，是推动各国实现联动增长、走向共同繁荣的有力举措。应清醒认识到，当前国际新形势下更要加强互联互通，筑牢基础设施基石，坚持创新驱动，携手为经济增长提供强劲动力和广阔空间，共同探寻新的增长动能和发展路径。

一是要深入认识新形势下加强互联互通国际合作的重要意义。当今世界正经历百年未有之大变局，世纪疫情、俄乌冲突与大国博弈叠加，世界经济正在经历80多年以来最大幅度减速，个别国家大搞单边主义、强权政治和集团政治“小圈子”，以意识形态划线挑动对立对抗，发动贸易冲突，推动科技“脱钩”和产业链供应链“重构”，全球贸易保护主义、孤立主义、极端民族主义等逆全球化发展因素加快集聚，在这样的背景下，加强互联互通国际合作更加重要。人类命运休戚与共、各国发展紧密相连，各国不可能独立解决所有问题，也不可能关上门搞封闭式发展，冲突对抗、

零和博弈没有出路，携手共进、合作共赢才是大势所趋。以互联互通为主要内容的“一带一路”是世界各国人民寻求自身发展的共同利益与共同诉求的新型公共产品，是为全球秩序、全球规则提供的“中国方案”。构建全球互联互通伙伴关系，强化互联互通合作，特别是基础设施互联互通在弥补发展短板的同时真正实现了互利合作共赢，推动世界经济持续增长，不断增进各国人民福祉，是推动构建人类命运共同体的重要路径。

二是夯实基础设施基石，推动全方位联通。习近平主席强调，“我们要建设的互联互通，应该是基础设施、制度规章、人员交流三位一体，应该是政策沟通、设施联通、贸易畅通、资金融通、民心相通五大领域齐头并进。这是全方位、立体化、网络状的大联通，是生机勃勃、群策群力的开放系统”。为此，要夯实基础设施基石，建设高质量、可持续、抗风险、价格合理、包容可及的基础设施；要积极推进经济走廊建设，推动陆上、海上、天上、网上、冰上五位一体，政策沟通、设施联通、贸易畅通、资金融通、民心相通五大领域齐头并进的全方位、立体化、网络状的大联通，促进商品、资金、技术、人员流通，为经济增长提供强劲动力和广阔空间。

三是坚持创新驱动，共同打造发展合作模式。创新是发展的第一动力，是企业赖之以强、国家赖之以盛的生产力。当前，移动互联网、智能终端、大数据、云计算、高端芯片等新一代信息技术发展继续带动众多产业变革和创新，大数据、云计算、人工智能等新的科技和理念都可以应用到“一带一路”建设中，为大部分处于工业化初级阶段的国家平等合理融入全球产业链和价值链，推动经济跨越式发展提供新契机。因此，应坚持创新驱动，把握数字化、网络化、智能化发展机遇，共同探索新技术、新业态、新模式，探寻新的增长动能和发展路径。

第三节　“一带一路”经贸合作的理论视角

经贸合作是“一带一路”建设的重点内容。2000 多年前，欧亚大陆的人民探索出了多条连接亚欧非几大文明的贸易通道，中国手工制造的丝绸可供迦太基和地中海周围其他城市的权贵富豪们穿戴，法兰西南部生产的陶瓷能够出现在英格兰和波斯湾，产自印度的调味品可以用在中国新疆和罗马的厨房，阿富汗北部的建筑雕刻着希腊文字，中亚畜养的马匹骄傲地驰骋在千里之外的东方，这就是古“丝绸之路”的由来。国际贸易理论来源于国际贸易实践发展，在于揭示国际贸易产生的原因、结构以及贸易利益的分配问题，历经200多年的发展，经历了古典贸易理论、新古典贸易理论、新贸易理论和新新贸易理论等四个阶段，作为最古老的经济理论体系之一，是在开放条件下伴随着国际贸易、投资发展实践而不断丰富的。习近平主席提出的“一带一路”赋予了“丝绸之路”和国际贸易新内涵，是新的国际环境背景下对国际贸易投资理论拓展深化的结果。

一、国际贸易及理论的历史演进与发展趋势

（一）国际贸易与世界市场的产生、发展及演进

国际贸易是在国际分工和商品交换基础上形成的，是生产力水平、商品生产和商品交换发展到一定阶段的产物。纵观国际贸易发展演变过程，可以分为如下几个阶段：

1. 国际贸易萌芽阶段

国际贸易萌芽于奴隶社会，由于各地或各国的自然条件不同，出现了不同的自然产品，各国人们之间互通有无，这就产生了不同产品的国际交换。但由于生产力低下，商品流通量非常有限，国际贸易也很有限。到封建社会，随着社会经济的发展，国际贸易也有所发展。这一时期，中国与其他欧亚各国的人民跨越海洋、戈壁、雪山、沙漠等层层地理阻隔开展国际贸易活动，造就如今广为人知的古“丝绸之路”。这一由多民族、多文化、多信仰构成的经济世界，以亚洲为中心，自7世纪阿拉伯伊斯兰兴起就开始形成，其依托贸易商与更广阔的世界开展贸易。贸易商在中国广东、马来西亚购买中国丝绸、瓷器等商品。欧洲人将印度尼西亚的香料经红海、地中海运到中国；从东欧、土耳其、撒哈拉以南非洲地区向欧洲输

入其他重要商品，如黄金、铁、木材、黑人与白人奴隶。国际商品交换与贸易促成知识、产品扩散到全球各地。棉花早在7世纪时就已从印度传入伊拉克，然后沿着贸易路线，从伊拉克传到叙利亚、塞浦路斯、西西里、突尼斯、摩洛哥、西班牙，最终抵达尼罗河谷。尽管贸易通道因战争、国家的衰落时而中断，但商品、知识等的传播会随着贸易线路的恢复而再度兴起，古丝绸之路形成的贸易路线将造纸术从中国传入欧洲，将古希腊医学传回该医学已失传的欧洲。

亚洲在相当长时期内都处于世界经济的中心，“丝绸之路”将中国太平洋沿岸和非洲以及欧洲的大西洋海岸联系在了一起，使得这些国家和地区之间的货物贸易、商品流通与宗教、科技、文化等交流、交往、交融成为可能，曾一度创造了举世瞩目的辉煌，迄今为止，“丝绸之路”依然是东西方商贸与和平交流合作的生动象征。当然，受生产力水平和交通地理限制，这一时期的商品交换和国际贸易是自发形成的局部现象，商品品种以奢侈品为主，时断时续，时盛时衰，还不存在真正的世界市场。

2. 国际贸易快速发展与世界市场初步形成阶段

15世纪末至16世纪初，随着资本主义生产关系的发展，地理上的大发现拉开了现代国际贸易和全球化的序幕，这是人类历史上第一次完成从西方到东方的航行，开创了东西方之间新的、直接的海上通道，将各国从彼此隔绝、自我封闭的状态中解放出来。世界也从遥不可及的庞大尺度变成了中等尺度，国际贸易的规模迅速扩大，商品种类显著增多，从而形成了区域性的国际市场，也产生了国际分工的萌芽，但由于受运输工具等流通渠道的限制，此时贸易国际化还呈现明显的地域性特征。

真正意义上的国际分工和国际贸易是伴随着产业革命和机器大工业的形成而建立和发展起来的。当机器大工业取代手工制造业之后，自然经济让位于商品经济，建立在社会化基础上的发达的商品经济要求要素不再局限于国内市场，推动要素的跨国流通，各国市场的联系不断增强。正如马克思指出的一样：“由于机器和蒸汽的应用，分工的规模已使大工业脱离了本国基地，完全依赖于世界市场、国际交换和国际分工①。”大机器工业的建立把经济发展水平不同的国家和民族都卷入国际分工之中，国际贸易的范围迅速扩大，世界市场不断扩大。

3. 国际贸易的大发展与世界市场的形成阶段

第二次产业革命是国际分工形成、国际贸易大发展和世界市场形成阶段，交通运输工具的巨大变革，大大提高了人类掌控自然的能力，铁路、汽轮大幅度提高货物运输的速度和分量，使世界范围内国际贸易流通的障碍不断减少，同时大幅度压低成本。据统计，1815—1850年，横越大西洋的大部分货物，每镑费用约降了八成，1870—1900年又降了七成，累计降了九成五②。运输决定了贸易量，拉近了人与人之间的距离，左右了时间，重画了地图，在时间、空间、商品化上引发了一场观念革命，重塑了世界贸易版图：奢侈品不再是国际远程贸易的最大宗商品，全球货物以前所未有的规模在移动，贸易量相应暴增了数倍，世界市场开始形成。种植于墨西哥恰帕斯州南部的咖啡豆由债务缠身的印第安人亲手采摘并背出墨西哥丛林，最后由蒸汽机、煤所驱动的汽轮、火车，由动力驱动的输送带，由汽车驱动的卡车，完成其运输旅程。它们不只从一个大陆移到另一个大陆，由一个国家移到另一个国家，还从一个历史时代移到另一个时代。纽约的工厂、码头和恰帕斯州的丛林差异何其大，但通过国际贸易，两者紧密联系在一起。国际商品交换与贸易活动将越来越多的国家卷入世界贸易和商品流通中来，并逐步形成了门类比较齐全的国际分工体系，国际分工引领下的贸易超越国家界限在世界范围内进一步拓展，国际贸易从过去局部的、片段的、不连贯的、一国或几国的运动过程，变成了全球范围内的运动过程，形成了一个把世界各国都联系在一起的、统一的、无所不包的世界市场。

4. 国际贸易的成熟阶段与世界市场迅速发展阶段

第三次科技革命是国际分工的深化阶段，是国际贸易发展的成熟阶

---

① 马克思恩格斯全集(第四卷)[M]. 北京:人民出版社,1958:169.

② [美]彭慕兰,史蒂文·托皮克. 贸易打造的世界——1400年至今的社会、文化与世界经济[M]. 上海:上海人民出版社,2018.

段，也是世界市场的迅速发展阶段。第三次科技革命的推动、社会生产力的进一步提高、国际分工的进一步深化扩大，使当代世界市场迅速发展，并呈现新的特点。一是世界市场规模在动荡中不断扩大，国际贸易不断发展，世界各国联系日益紧密。全球生产的格局发生了显著变化，国际分工由原来的产业间分工转变为产业内分工和产品内分工，生产工序的分散化和工序中生产任务和生产活动的国际分工催生了无国界的生产系统，更多的产品被用于国际贸易，中间产品的生产和贸易分散在全球各地，形成了一个全球生产贸易体系。商业上的相互依赖性使得越来越多的人可参与到全球市场中来，从乌干达的香蕉出口商到湄公河的养虾场场主。贸易一体化的一个传统衡量指标——全球贸易占 GDP 的比重不断增加，从 1800 年的 2% 上升到 1913 年的 22%，2011 年全球贸易占 GDP 的比重已接近 60%[①]。二是国际贸易主体和商品结构发生重大变化。国际贸易与世界市场主体大大增多，一系列民族独立国家以主权国家身份进入世界市场，各国卷入世界市场深度不断增加，对外贸易在国民经济中的地位不断提高，国际贸易的方式呈现出多样化特征；同时，国际贸易商品结构中初级产品所占比重不断下降，工业制成品的比重不断上升，特别是机械产品、电子产品和与新技术有关的产品比重不断加大。三是国际服务贸易发展迅速。不仅传统的服务贸易如银行、保险、运输等进一步发展，而且国际租赁、提供国际咨询和管理服务、技术贸易、国际旅游等发展迅速，服务贸易的增长速度大于同期商品贸易的增长速度。1980—2016 年，世界服务贸易出口额从 3650 亿美元扩大到 4.77 万亿美元，36 年间增长了 12 倍，占世界贸易出口的比重从 1/7 增长到 1/4。四是经济全球化与区域经济一体化成为世界经济发展的两大趋势。自 20 世纪 80 年代以来，以信息技术革命为中心的高新技术迅猛发展，不仅冲破了国界，而且缩小了各国和各地的距离，使世界经济越来越融为整体。这是生产社会化和经济关系国际化发展的客观趋势，突出表现为贸易自由化、生产国际化、资本全球化和科技全球化。同时，随着经济全球化的发展，区域经济一体化组织不断涌现，据

① 联合国计划开发署 . 2013 年人类发展报告[EB/OL]. http://hdr. undp. org.

世界银行统计，全球只有12个岛国和公国没有参与任何区域贸易协定（RTA）。174个国家和地区至少参加了一个（最多达29个）区域贸易协定，平均每个国家或地区参加了5个。五是跨国公司成为当代国际经济、国际贸易中最活跃最有影响力的力量。随着经济全球化的发展，国际分工模式由原来的产业间分工、产业内分工模式深化为产品内分工模式，跨国公司特别是大型跨国公司成为产品内分工的主体，成为当今国际经济与贸易活动的主体，控制着世界生产总值的40%左右，国际贸易的50%～60%，国际技术贸易的60%～70%，研究开发费用的80%～90%，跨国公司内部及相互贸易占世界贸易量的60%以上。跨国公司依托自身强大的经济和技术实力、快速的信息传递流通渠道，以及资金快速跨国转移等流通能力方面的优势，在国际上拥有强大的竞争力，成为主导经济全球化的主体。跨国公司在全球范围内将生产、消费、分配、通信、市场营销、金融、保险、运输等有机结合起来，成为利用全球资源、全球市场，获取最大利益的受益者，成为加快经济全球化进程的强大动力，促使货物和资源跨国界流通日益增强，使服务等无形商品和资产的跨国界流通日益增强，也使不同国家的市场日益相互依存、相互融合。

5. 国际经济形势深刻变化与互联网革命给国际贸易带来了诸多机遇和挑战

世界贸易是世界经济增长的发动机，近几十年世界贸易增长率一直维持在GDP增长率一倍以上，爆发于2008年的全球金融危机对世界经济增长造成严重冲击，造成了"贸易大崩溃"，世界贸易增长率连续5年低于3%，贸易增速低于GDP增速。2020年，由于疫情影响，全球贸易大幅下降了5.3%。2021年，随着部分国家经济反弹和疫情影响分化，全球货物贸易出现强势反弹。联合国贸发会报告显示，2021年全球贸易额28.5万亿美元，创历史新高，同比增长25%，较2019年增长13%。与此同时，互联网革命给经济、社会生活带来了颠覆性变化，引发了贸易业态的变革，催生了以跨境电子商务为代表的数字贸易——E国际贸易的蓬勃发展。这种建立在现代互联网技术、云计算技术基础上，形成大数据流量处理能力，依托跨境国际贸易平台的共享功能，以数据的流动带动全球消费者和生产者、供应商、中间商集成产生贸易流量，形成的国际化、信息化、市场化、社会化、平台化和混沌化的全新贸易方式，为诸多中小企业和个体消费者等传统贸易中的弱势群体提供了平等参与国际贸易并成为国际贸易主体的机会，将打破传统的地理行政疆界，打破传统贸易的“不自由”和“不公平”，使无形网络链接成为国际经济与贸易联系的推进器，为国际贸易发展带来新的发展机遇。

（二）国际分工理论的演进

人类社会的经济发展史就是一部社会分工、发展的历史。在人类发展历史上，曾出现过三次社会大分工，但只有国家出现和社会生产力发展到一定水平之后，才产生了国际分工。国际分工是国际贸易的基础和主动力，决定着国际贸易的规模、速度、结构、地理流向和国际贸易利益等。近代以来，随着科技革命的发展，国际分工无论从广度还是深度都发生了重大变化，推动了国际分工理论从产业间分工到产业内分工再到产品内分工等形态演进，对当代国际贸易发展产生了重要影响。

1. 产业间分工理论

产业间分工的理论基石是古典学派和新古典学派的国际分工理论，其中古典国际分工理论主要表现为以亚当·斯密为代表的绝对优势理论和以大卫·李嘉图为代表的比较优势理论，新古典国际分工理论是指在古典学派基础上形成的以赫克歇尔和俄林为代表的要素禀赋理论。

亚当·斯密的绝对优势理论认为，专业化分工能够提高劳动者生产率，可以减少专业转化过程中的时间成本，大机器工业产生并作用于分工，使劳动者效率进一步提高。一国或地区凭借自然禀赋或后天优势而形成绝对优势是专业化分工的重要基础，对参加国际贸易和国际分工的各国都是有利的。大卫·李嘉图的比较优势理论则强调，国际分工并不局限于绝对成本优势，政策、技术和税收及其变化造成两国生产技术的相对差别，同样可以成为两国分工的重要基础，因此一国应集中出口具有比较优势的产品，进口处于比较劣势的产品，这种专业化分工对提升两国相对劳动生产率都有利。要素禀赋理论则揭示了比较优势产生的根源，认为各国的要素禀赋差异是国际分工的主要原因。该理论强调资本充裕的国家应出口密集使用其资本要素生产的产品，进口密集使用其相对稀缺的劳动力要素生产的产品；而劳动力丰裕的国家应出口劳动力密集型产品，进口资本密集型产品。产品在国际上流动必然引起各国生产要素禀赋结构和价格发生变化，并最终导致国际分工和国际贸易趋于均衡状态。

2. 产业内分工理论

产业内分工是指同类最终产品由于产品规格、款式、型号、品质差异形成的国际异质化分工。不完全竞争、同类产品异质性以及规模报酬递增被认为是产业内分工的理论基石。从分工类型上看，产业内国际分工被分为垂直型分工和水平型分工。垂直型产业内分工理论基于完全竞争和比较优势视角，认为产品生产所需的资本与劳动比率越高，产品质量就越好，资本相对丰裕的国家出口高质量产品，而劳动力相对丰裕的国家出口低质量产品。水平型产业内分工基于不完全竞争和规模报酬递增视角，认为随着开放型经济体市场规模的不断扩大，参与水平型分工的生产者不仅能够通过减少产品生产种类，即通过专业化生产来提高规模经济效应，而且能够通过国际贸易提升产品的多样化水平，即各国消费者也能够以更低的价格消费更加多样化同种产品。第二次世界大战以后，随着科技进步和世界工业分工的发展，纵向垂直型分工逐渐向横向水平型分工过渡，产生了混合型国际分工，生产力和国际贸易在世界范围内更加灵活发展。

3. 产品内分工理论

产品内分工是产品生产过程包含的不同工序和区段，被拆散分布到不同国家进行，形成以工序、区段、环节为对象的分工体系。产品内分工是针对新的分工现象而产生的新型理论体系，其理论基础是规模经济和比较优势理论。根据比较优势理论，各国要素禀赋和比较优势是有差异的，要素禀赋差异会造成要素相对市场价格差异，导致不同中间产品生产所需的要素投入比例不同，继而造成最终产成品相对市场价格差异，因此，各国可以不同的要素禀赋投入产品内部的中间产品或生产工序的生产之中，嵌入产品内部分工网络。由于生产要素禀赋差异，开放经济中产品内分工可以有效提升各个生产工序或环节的最优规模经济边界水平，参与国际产品内分工可以将中间产品生产散布在全球不同地区，市场规模的扩大可以使其寻求匹配和达到最优产量或最佳产品组合。

4. 国际价值链分工体系

20 世纪 80 年代以来，在科技革命的持续推动下，经济全球化浪潮兴起并向纵深推进，世界经济出现了诸多新现象和新问题，国际分工体系演进呈现出一些新趋势和新特征。从分工模式来看，基于全球价值链的国际分工已成为当前和今后相当长时期内国际分工的主要形式和趋势。近年来，随着科技革命迅猛发展和发达国家劳动力成本高企，跨国公司将生产环节碎片化，动态配置自己和外部的资源，将附加值较低的生产环节外包给发展中国家的专业化公司，仅在国内保留附加值较高的核心零部件、研究和营销等环节，这种模式带动了以零部件为主的中间产品贸易迅速增长，一种基于全球价值链的产品内国际分工体系成为当前最主要的分工模式。从分工主体来看，当前国际分工的主体呈多元化趋势，但各参与主体在国际分工体系中的地位和话语权却因经济、技术实力悬殊和规则与标准制定权被垄断而有天壤之别。除极个别实行封闭经济的国家外，其余国家或地区均不同程度地参与其中，其数量比历史上任何时期都要多，既不区分发展水平的高低，也没有制度选择和地理区域的不同，都可以其比较优势在当今全球价值链分工网络中形成一个节点，发挥其职能，获取其利益。但是，国际分工体系规则制定的话语权却掌握在以美国为首的少数发达国家的手中，世界生产活动的大部分技术标准也被美欧日等发达国家的跨国企业所垄断。从分工基础来看，基于资源禀赋的比较优势对国际分工的作用在削弱，以现代科技创新为标志的竞争优势日益成为当代国际分工的基础。随着科学技术的飞速发展，以科技创新和发展战略为标志的国际竞争优势对国际分工格局的影响越来越大，以此为基础的技术型分工替代资源型分工已成为国际分工的必然趋势，这种分工模式产生于科技创新、产业配套、发展战略等因素的国别或企业差别。从国际分工机制来看，出现了全球多边协定被弱化而区域安排增强的趋势。WTO 多边贸易体制谈判进展缓慢，双边或区域安排、区域经济一体化不断掀起新的浪潮。

（三）有关国际贸易理论的发展演变

研究成果和历史实践表明，随着生产力、科学技术和各个领域的发展，理论、模型和框架也会发生变化，即现实世界中的重大变化往往伴随着概念上和理论上的创新与之相适应。国际贸易理论也不例外。国际贸易理论揭示国际贸易产生的原因、结构以及贸易利益的分配问题，历经200多年的发展，国际贸易理论经历了传统贸易理论、新贸易理论和新新贸易理论三个阶段。

1. 传统贸易理论

传统贸易理论以一系列严密的假设为基础，包括规模收益不变、完全竞争、没有技术进步等。传统贸易理论在研究产业间贸易模式的形成原因以及贸易的福利分析方面发挥了巨大作用，为国际贸易理论的发展奠定了重要基石，主要包括古典贸易理论和新古典贸易理论。

古典贸易理论的代表是亚当·斯密的绝对优势理论和大卫·李嘉图的比较优势理论，其理论来源于工业革命引发的国际贸易大发展实践：以工厂为新型组织单位的大规模生产的出现，农业经济社会向工业经济社会的跨越和转型，蒸汽技术的广泛应用产生的火车和蒸汽船等新型的交通工具，大量的企业被新市场的远大前景吸引而向海外拓展。彼时的国际经济，产业间的分工居于主导地位，其实质是经济发展水平不同的国家之间的分工。反映这一时期贸易特点和国际分工的古典贸易理论解释了国际贸易产生的原因，合理地解释这一时期国际产业间贸易的基础、国际贸易流向及其带来的现实利益。

20世纪30年代，俄林引入多要素分析方法发展出利用要素禀赋结构和相对价格差异来解释国际分工的贸易理论，以替代古典贸易理论中劳动单一要素的投入。随着国际贸易实践发展，20世纪40年代，萨缪尔森又进一步发展了该理论，提出了要素价格均等化学说，并最终在50年代形成了将技术、要素禀赋和偏好集于一体、建立在一般均衡分析框架基础上的新古典贸易理论的标准模型，从而实现产业间贸易理论在逻辑上的不断修正和完善。

古典与新古典贸易理论的共同理论前提是只有商品在国与国之间能够自由流动，生产要素则不能跨国流动，这能够较合理地解释第二次世界大战以前国际产业间贸易的基础及其带来的现实利益。

2. 新贸易理论

“二战”后科学技术进步的推动作用使国际贸易出现了新的特征：国际贸易在经济结构相似、技术水平接近的工业国之间得到迅速发展，使工业国之间的分工在国际分工格局中居于主导地位，改变了“二战”前的发达资本主义国家主要从事工业制成品生产，殖民地、附属国主要从事初级产品生产的工业国与农业国之间的分工模式。国际分工从垂直型分工日益走向水平型分工，从产业各部门间的分工发展到各产业部门内部的分工。国际贸易领域新现象、新实践难以用传统贸易理论进行解释，客观上要求新的国际贸易理论满足国际贸易实践需要，从而出现了诸如技术差距理论、产品生命周期理论和新贸易理论（狭义）为代表的新贸易理论，用以解释规模递增和不完全竞争条件下的产业内贸易状况。

技术差距论，又称为创新与模仿理论，是1961年由美国经济学家波斯纳提出的。该理论认为，工业化国家之间的工业品贸易，有很大一部分实际上是以技术差距的存在为基础进行的。技术实际上是一种生产要素，并且实际的科技水平一直在提高，但是在各个国家的发展水平不一样，这种技术上的差距可以使技术领先的国家具有技术上的比较优势，从而出口技术密集型产品。随着技术被进口国模仿，这种比较优势消失，由此引起的贸易也消失。技术差距论从动态的角度分析了比较优势或技术优势的国际转移，被认为是对要素禀赋理论的动态化延伸，主要用于解释技术差距或技术变动对国际贸易的影响。

产品生命周期理论是美国哈佛大学教授雷蒙德·弗农1966年在其《产品周期中的国际投资与国际贸易》一文中首次提出的。他认为，产品生命是指市场上的营销生命，产品和人的生命一样，要经历形成、成长、成熟、衰退这样的周期。就产品而言，这个周期在不同的技术水平的国家发生的时间和过程是不一样的，其间存在一个较大的差距和时差，正是这一时差，表现为不同国家在技术上的差距，它反映了同一产品在不同国家市场上的竞争地位的差异，从而决定了国际贸易和国际投资的变化。该理论侧重从技术创新、技术进步和技术传播的角度来分析国际贸易产生的基础，将国际贸易中的比较利益动态化，研究产品出口优势在不同国家间的传导。

新贸易理论是指20世纪80年代初以来，以保罗·克鲁格曼为代表的一批经济学家提出的一系列关于国际贸易的原因、国际分工的决定因素、贸易保护主义的效果以及最优贸易政策的思想和观点。

该理论认为，产业内贸易、发达国家之间的水平分工与贸易的迅速增长是因为产生国际贸易的动因与基础发生了变化，而不仅仅是因为技术和要素禀赋的差异带来了贸易。新贸易理论从供给、需求、技术差距论等不同角度分析了国际贸易的动因与基础。从供给角度看，在不完全竞争市场结构下，规模经济就成了引起专业化与国际贸易的重要原因。即使在各国的偏好、技术和要素禀赋都一致的情况下，也会产生差异产品之间的产业内贸易，并且国家间的差异越大，产业间的贸易量就越大，而国家间越相似，产业内的贸易量就越大。从需求角度看，一国平均的收入水平或者大多数人的收入水平就是一国的代表性需求。生产者只有专门生产代表此水平的商品才有可能达到规模经济。因此，一国应集中生产本国代表性需求产品，出口该产品，并从与本国收入水平相似的其他国家进口相似产品，以满足本国其他收入水平消费者的消费需求。收入水平越相似，国家之间的产业内贸易越多。技术差距论认为技术差距和模仿时滞决定了现实的贸易格局，即使两个发达国家在技术开发方面具有相同的能力，所开发出的技术与产品仍会有差异，从而促成国际贸易的产生。因此技术水平接近的国家会因为追求产品的差异性而产生贸易，从而解释了发达国家之间的产业内贸易。

3. *新新贸易理论*

21世纪国际贸易理论的最新进展为新新贸易理论。其与传统贸易理论、新贸易理论的区别在于，无论是“传统贸易理论”还是“新贸易理论”，都将“产业”作为研究单位，而“新新贸易理论”则将分析变量进一步细化到企业层面，从企业层面来解释国际贸易和国际投资现象，从而开拓国际贸易理论和实证研究新的前沿。

新新贸易理论有两个分支：一个是以 Melit Z. 为代表的学者提出的异质企业贸易模型；另一个是以 Antra S. 为代表的学者提出的企业内生边界模型。异质企业贸易模型主要解释为什么有的企业会从事出口贸易，而有的企业则不从事出口贸易；企业内生边界模型主要解释是什么因素决定了企业会选择公司内贸易、市场交易还是外包形式进行资源配置。二者都研究了什么决定了企业会选择以出口方式还是 FDI 方式进入海外市场。

（四）国际贸易理论与国际投资理论的融合趋势

国际贸易与国际直接投资的关系在不同的历史阶段有不同的表现形式。国际贸易早于直接投资，并表现为直接投资的先导，即直接投资逐步在一定程度上取代了国际贸易而表现出一种替代关系。同时，直接投资的发展又会促进国际贸易的发展，体现了互补的关系。20 世纪 90 年代以来，在国际贸易迅速发展的同时，国际直接投资也获得了突飞猛进的发展，已经成为推动经济全球化的最重要力量。在未来经济发展中，贸易—投资—生产—贸易一体化的方式将成为国际贸易和国际直接投资的主流，国际贸易与国际直接投资从理论到实践都表现出日益明显的相互融合的趋势。

1. 早期国际贸易与国际投资理论的分歧

国际贸易要早于国际投资，传统的国际贸易理论与国际直接投资理论存在着天然的隔阂，这是因为传统的国际贸易理论与国际投资理论的分析框架是不一样的。传统国际贸易理论建立在理想的新古典分析框架之内。在这一框架内，市场是完全竞争的，许多具有重要意义的变量被其严格的前提假定省略，因而贸易是一个企业或一个国家最明智的选择。国际贸易理论通常不分析国际投资问题，而国际直接投资理论也不从产业或国家层面研究跨国公司行为，国际贸易和国际直接投资的理论研究长期处于隔离状态。随着跨国公司和国际贸易的发展，经济学家开始关注贸易与投资的关系。蒙代尔提出了贸易和投资相互替代的模型，而小岛清则提出了两者的互补关系模型。

2. 国际贸易与国际投资实践出现不断融合趋势

20世纪80年代中后期以来，世界经济发生了巨大变化，一方面，限制商品、服务、生产要素国际流动的政策壁垒大幅消除；另一方面，以信息技术为代表的高新技术迅猛发展，这使得一国某经济主体在全球范围内远距离完成其一体化经营管理成为可能。许多企业重组后已快速发展成为跨国公司，并按其全球化战略在世界各地创建大量子公司。经济全球化的发展使国际贸易与投资之间的关系发生了变化，贸易与投资之间的相互影响、相互渗透、共同发展的特征日益明显，两者的相互融合趋势逐渐形成。

跨国公司的国际一体化生产和公司内贸易逐步成为推动国际经济和贸易发展的重要力量。跨国公司不同国际化途径组合能力增强，可更自由地为海外市场提供服务。一方面，其通过对外直接投资，包括兼并和收购，加快国际化进程，提高服务效率，并降低风险。另一方面，不同阶段商品、服务的生产和出口可在母国和东道国市场上选择完成。同时，国际直接投资打破了以传统生产要素禀赋为基础的产业间的贸易模式，而且转变为以竞争优势为基础的产业内贸易和企业内贸易模式。跨国公司大规模向世界各地渗透，进行跨国生产、经营和销售，不仅增加了东道国的对外贸易，而且跨国公司开创的以公司内部分工为特征的国际生产一体化体系，使跨国公司各分支机构之间的内部贸易量也急剧增加，成为当今国际贸易增长的重要组成部分。跨国公司内部贸易是国际直接投资与国际贸易相互融合的突出表现。

当然，在不远的将来，跨国公司的组织结构可能会发生重大变革，会变得更小而更有力，成为一系列小企业的集团或联合体，以提高对国际市场和社会变革的反应灵敏度。国际贸易与投资的关系出现新的变化：现在的问题既不是贸易导致了投资还是投资导致了贸易，也不是投资替代贸易还是贸易替代投资，或者两者互为补充，而是国际贸易和国际直接投资的日益融合，即表现为贸易投资一体化。

3. 国际贸易与国际投资理论的融合趋势

自20世纪60年代开始，随着国际直接投资和要素跨国界流动的发展，国际贸易结构发生了巨大变化，国际经济学家开始重视对贸易和投资相互融合的探讨。他们研究认为，各国的国际贸易活动不是在世界市场限制生产要素流动状态下实现世界资源合理、有效配置的最佳途径；取而代之的是，在要素实现世界范围内自由流动时贸易与投资两种方式的有效时空结合。

早年分析国际贸易与国际直接投资关系的是弗龙的产品生命周期理论。巴克利从交易费用的角度对国际化途径的选择进行了研究，提出了内部化理论。后来，邓宁综合了以往各个学派的成就，提出了国际生产折衷理论，对跨国公司开展国际直接投资、商品出口和契约式技术转让活动进行综合分析。在理论发展过程中，是日本的小岛清首先尝试把投资理论建立在国际分工的基石之上，把国际贸易理论纳入国际直接投资分析，提出了国际贸易与国际投资互补关系理论。进入 20 世纪 90 年代，出现将纵向一体化国际直接投资理论和横向一体化国际投资理论纳入国际贸易理论分析框架的趋势，贸易、投资理论融合进一步加速。

虽然到目前为止，尚未出现具有重大影响而又被理论界广泛认可的国际直接投资和国际贸易一体化理论，但其发展进程是值得肯定的，并且随着全球经济的不断发展，理论研究的假定条件也会发生变化，两种理论的最后发展趋势必然是在统一的理论基础上融为一体。

二、“一带一路”是当今科技革命和生产力发展水平下的国际贸易实践发展的必然产物

人类历史上历次科技革命和产业变革发展表明，人类社会发展的重大需求和科学技术体系的内在矛盾是催生科技革命和产业变革的主要动力，科技革命与产业变革的加速发展和各领域深度交叉融合，许多颠覆性创新成果急速改变经济结构和社会形态。第一次工业革命诞生了工厂，产生了真正意义上的国际分工和国际贸易，促进了世界贸易发展。第二次工业革命是国际分工大形成、国际贸易大发展和世界市场形成阶段，国际贸易从过去局部的、片段的、不连贯的、一国或几国的运动过程，变成了全球范

围内的运动过程，形成了一个把世界各国都联系在一起的、统一的、无所不包的世界市场。第三次工业革命是国际分工的深化阶段，是国际贸易发展的成熟阶段，也是世界市场的迅速发展阶段，跨国公司成为经济全球化和国际贸易最有影响的力量，促使货物和资源跨国界流通日益增强，使服务等无形商品和资产的跨国界流通日益增强，也使不同国家的市场日益相互依存、相互融合。19 世纪，科技、政治上的各种变革，使全球各地经济体的结合达到前所未有的紧密程度，同时也使得富裕国家与贫穷国家在财富、政治权力上的差距前所未有地大。1800 年掌握全球约三成五土地的欧洲人及其后裔，到 1900 年掌控了全球约八成五的土地，全世界最发达的贸易路线大部分经过西欧的港口。但在其他一些地方，机械化工业和国际金融业开始发展，到 20 世纪末期，每年横越太平洋的贸易量远大于横越大西洋的贸易量①。

如今，人类社会正在经历一场深刻的技术革命——互联网革命，现代互联网革命是人类发展史上历次科技革命的发展和延续，但其作用范围远远超过前几次科技革命，它将触角延伸到世界各国以及全球的每一个角落。几百年前，世界贸易由少数几个国家控制，随后，世界贸易主要由发达国家控制，过去 50 年里，世界贸易主要由全球 6 万家左右的跨国公司控制着，如今，利用互联网可以把全球的企业、银行、基础设施乃至单个个体联系起来，全球每个消费者都有权利买到或者卖出全世界任何地方的商品，每个个体、每一家中小企业都可以通过国际贸易平台足不出户地直接参与世界贸易，成为世界贸易的主体，实现全球互联，凸显出全球性的特征，形成了一个真正意义上的全球化大市场。“一带一路”旨在通过软硬基础的互联互通，构建全方位、多层次、复合型的互联互通网络，促进经济要素有序自由流动、资源高效配置和市场深度融合，开展更大范围、更高水平、更深层次的全球区域合作，共同打造开放、包容、均衡、普惠的全球经济合作架构与发展平台，是适应当今科技革命和生产力发展水平的

① [美]彭慕兰，史蒂文·托皮克．贸易打造的世界——1400 年至今的社会、文化与世界经济[M]．上海：上海人民出版社，2018.

国际贸易实践发展。

（一）“一带一路”的提出是全球经济与贸易增长格局演变的客观要求

自20世纪90年代以来，新兴经济体和发展中国家的崛起已经成为当今世界的主要特征，南北关系发生重大变化。这突出表现为发达国家和发展中国家之间相互依赖程度不断提高，南北联系比以往任何时候更加紧密，世界经济越来越成为一个统一的整体，新兴经济体和发展中国家需要发达国家，发达国家也逐渐离不开新兴经济体和发展中国家。如今全球生产格局发生了显著变化，更多的产品被用于国际贸易，国际贸易量已占到世界总产出的近60%。而在这一过程中，发展中国家发挥了重要作用，WTO发布的《2014年世界贸易报告》显示，自2000年以来，发展中国家占全球贸易的份额从33%提高至48%，在世界总产出中所占的份额从33%提高到45%。此外，发展中国家之间的联系也日益紧密，1980—2011年，南南国家之间的贸易量在世界商品贸易总量中所占的份额从8%增加到26%以上①。

从世界经济增长周期和阶段看，依靠旧的科技进步、高投入与传统经济全球化资源配置机制推动的持续10多年的全球经济高速增长和持续大繁荣阶段已经结束，世界经济正处于新旧动能转换之际，世界经济增长新动能尚未形成势头，百年变局、俄乌冲突与世纪疫情加速影响世界政治经济格局，世界经济与世界贸易“低增长陷阱”风险增加。与此同时，以美国为首的发达国家掀起了新一轮贸易保护主义浪潮。自特朗普担任美国总统后，在“美国优先”的片面逻辑下大力推行贸易保护主义，中美贸易摩擦不断，拜登上任后，借助新冠肺炎疫情及俄乌冲突加紧对中国经贸的规锁、“脱钩”、“断链”，中美贸易和世界贸易阴霾依然笼罩。从未来重振全球经济与贸易发展看，要扭转世界经济持续性放缓甚至衰退的根本在于创新发展模式与发展平台。“一带一路”秉持和平合作、开放包容、互学互

① 联合国开发计划署《2013年人类发展报告》。

鉴、互利共赢的理念，以政策沟通、设施联通、贸易畅通、资金融通、民心相通为主要内容，共同打造开放、包容、均衡、普惠的区域经济合作架构与平台，将有助于突破贸易保护主义壁垒，为全球开辟了新的增长路径，成为创新和引领全球新一轮贸易增长繁荣的新引擎。

(二)"一带一路"的提出契合了国际贸易业态与方式发展新趋势

自国际贸易产生以来，贸易业态与方式一直都在随着科学技术的发展而不断改进和完善。互联网革命引发了贸易业态与贸易方式的颠覆性变化，产生了互联网时代下的互联网与国际贸易结合最具明丽的色彩——以跨境电子商务为代表的E国际贸易，这种贸易方式是基于互联网、物联网、云计算、云服务、人工智能等新一代信息技术的新贸易形态，亦即国际贸易的E化，是高度信息化、智能化、国际化、网络化的线下线上一体化的贸易方式，是当代数字经济、共享经济、平台经济、信息经济和知识经济的综合表现形态，是科技创新与贸易形态创新的交叉融合，解决了信息不对称、时空阻隔的障碍，打破传统的地理行政疆界，打破传统贸易的"不自由"和"不公平"，使无形网络链接成为国际经济与贸易联系的推进器，推动国际贸易规则和全球治理体系的重塑，推动传统国际贸易治理机制如WTO等的整体改造和提升，推动下一代国际贸易朝着普惠、公平、自由、便利、共享的方向发展。

"一带一路"也是如此。"一带一路"通过推进互联互通，包括软硬基础设施联通，连接那些被割断或阻隔的经济关系，为广大发展中国家平等参与国际贸易提供发展新机遇。E国际贸易方式在"一带一路"建设中的应用与发展，将大大快于其他国家和地区，大大快于传统贸易方式，而传统贸易方式或者渐次被融合，或者演化为下一代贸易方式。"一带一路"与E国际贸易的融合发展促使以往的国别关系、地区关系发展为多极关系和全球关系，并要求强化国际经济发展的协调性与经济政策的趋同性，导致一系列全球性新经济规则的产生，国际组织、区域组织经济的作用更加重要，"一带一路"将由于E国际贸易的发展，使这些复杂的经济关系简单化、趋同化和平台化。

（三）“一带一路”的提出是适应新型经济全球化的主动选择

进入 21 世纪，世界经济、政治格局蕴含深刻变化，2008 年全球金融危机对世界经济增长造成严重冲击，造成了“贸易大崩溃”，打破了过去几十年以来世界贸易增长率为 GDP 增长率 2 倍的趋势，世界贸易增长率连续多年低于全球 GDP 增长率，传统经济全球化和国际贸易受阻，世界各国面临共同的发展难题。在此背景下，中国政府提出的“一带一路”，为新型经济全球化和世界贸易、投资以及经济增长提供了可持续的发展力量。

当前全球正处于数字信息技术变革的新时代，互联网的不断发展可以把世界通过虚拟空间连接起来，把世界各个角落的人都变成地球村的居民，大家普遍认同现在是“全球化”时代，但对于“全球化”的含义依然存在各种争议。我们认为，全球化的过程并非一直由经济主导，政治、文化因素有时也扮演主导角色。古丝绸之路不仅仅是贸易通道，丝路通道上流动的传教士、战士、科学家以及其他不以取得物质利益为主要目的的人，加强了全球不同地区的贸易往来与人文交流。政治、经济一直是左右国际贸易的主要力量，构成今日世界基础的市场结构，并非完全自然形成的结果，而是社会力量所构建，社会力量牢牢植入。如为更好地参与经济全球化，共享合作利益，几乎所有国家都参与了双边或多边的贸易协定，以及各种区域合作组织。中国提出的“一带一路”倡议源于中国但属于世界，旨在通过各国共同努力，通过软硬基础设施的互联互通建设，将欧亚大陆广阔腹地上由于长期民族战争、民族隔离和政治地理边界之争造成的资源、生产、服务和消费的分散、割裂和断裂重新连接起来，加强各国与世界经济的进一步接轨，实现共同发展和共同繁荣。

三、“一带一路”是当前国际分工与全球价值链发展的必然趋势

国际贸易的发展史也是国际分工格局的变迁史。国际贸易发展的一切秘密和答案都能从国际分工中寻找。国际分工的发展推动了“一带一路”

的发展进程，同时，国际分工也使“一带一路”超越自然禀赋的制约，而服从于各国的发展需要。

15世纪末至16世纪初地理大发现以后，世界市场初露端倪，国际贸易迅速扩大，工场手工业替代传统家庭手工业，商业资本家在利润的驱使下为摆脱国内市场的束缚，开始开辟国外大市场，这种为满足国外市场需求所从事的专业化生产活动的出现，标志着国际分工进入萌芽阶段。国际分工从一开始便充满暴力与血腥。西班牙、葡萄牙、荷兰、法国、英国等早期殖民主义者用超经济手段在亚、非、拉等地开疆拓土，搜刮掠夺各种自然资源和原材料，反过来又将“价廉物美”的工业品出口到亚、非、拉等殖民地国家，形成了极具鲜明特色、剥削和不平等烙印的宗主国和殖民地之间的国际分工体系，这也是萌芽时期国际分工的具体表现形式。

18世纪60年代直到19世纪60年代完成的第一次产业革命标志着国际分工的形成。蒸汽动力从根本上改变了工业组织形式，使资本主义从工场手工业过渡到机器大工业时代，企业生产能力大幅度提升，开拓国际市场需求更加旺盛。于是，以英国为代表的殖民帝国的殖民战争瓦解了亚非拉国家的自然经济基础和经济结构，部分亚非拉国家沦为严重依附殖民帝国的农业国，被动卷入国际分工体系之中，殖民帝国与殖民地国家之间垂直型产业间分工是主要分工模式，国际分工的剥削性、掠夺性和不平等性较之萌芽时期更加明显。

以电的发明和应用为主要标志的第二次产业革命是国际分工体系的大发展时期。第二次产业革命推动了社会生产力的发展，全球生产规模空前扩大。从1870年到“一战”前夕的40多年时间里，全球工业总产值增长4倍，同期国际贸易额增长3.2倍。交通运输和通信革命使更多的国家和地区被纳入国际分工体系，国际分工的广度和深度不断拓展，传统的垂直式产业间分工模式向纵深发展的同时，水平式产业内分工已初露端倪。

“二战”后至20世纪80年代初是国际分工深化发展的阶段，市场主导的水平型产业内分工逐渐取代传统的垂直式产业间分工成为主要分工模式，产品差异化和规模经济成为国际分工的重要依据。分工主体开始出现多元化趋势，经济制度不同和经济发展阶段不同的国家（地区）共同参与到分工体系中，虽然民族国家在战后国际分工体系中的地位随其实力的增强有所提升，但发达国家与落后国家经济和技术实力悬殊，国际分工体系的南北矛盾依然突出。

自 20 世纪 80 年代以来，伴随着经济全球化、生产国际化以及生产要素跨国流动日益增强，国际分工发生了深刻变化：一方面，生产的国际化和生产要素的跨国流动使国际分工深入产品生产环节，各国参与国家分工不再以“产品”为界限，而是以要素为界限，一件最终产品的全部价值已不再完全由一个国家的本土要素所独自创造，而是由多国以“要素优势”共同参与的结果。另一方面，产品的价值链被分解，不同生产环节和流程按照不同的要素密集度特征，被配置到具有不同要素禀赋优势的国家和地区，形成了全球价值链。要素分工与全球价值链融合发展使国际分工从过去以垂直分工为主发展到以水平分工为主的一个新阶段。在这样的发展阶段，国际贸易与世界经济增长很大一部分是通过全球价值链和战略性网络来组织和实现的，而不是通过垂直整合不同国家的贸易实现的，全球贸易主要表现为中间产品贸易。

近年来，云计算、大数据技术的进步引爆了第二次信息革命，社会经济开始从服务经济向体验经济转型升级，互联网和新经济的主导分工是基于平台共享前提下的分工，分工形态主要体现为小微个体力量的崛起和产出的多样化。可以看出，国际分工的水平在当代已经发展到了一个新阶段，“一带一路”涉及的层次以及领域皆得到了提升和扩展，在世界范围内能够交换的产品不断增加，这也使“一带一路”能够实现与世界各国间的互利共赢。从交换形式上来看，“一带一路”下国际分工是极其广泛的，且与各国间的分工地位存在着紧密关联。就世界经济角度而言，国际分工位置是国家地位的决定性影响因素。“一带一路”以全方位软联通和硬联通为先手棋，将重构现代国际贸易的地域分布以及商品结构，优化跨境产业链、供应链、服务链和价值链布局。“一带一路”有利于世界各国和中小企业平等、普惠深入参与全球价值链，将加快商流、物流、信息流、资金流和人流跨区域和地区的便利化、自由化、国际化、高效化和共享化，将成为造福更多国家和人民的正确路径选择。因此，“一带一路”符合国际分工和全球价值链的演进特征，实际上是存在一定必然性特征的。

四、"一带一路"丰富和发展了国际贸易投资理论

投资贸易合作是"一带一路"建设的重点内容。着力研究解决投资贸易便利化问题，消除投资和贸易壁垒，构建区域内和各国良好的营商环境，积极同沿线国家和地区共同商建自由贸易区，激发释放合作潜力，做大做好合作"蛋糕"。可以看出，国际贸易投资理论为"一带一路"倡议提供了基本的思想理论来源，反过来，"一带一路"建设又丰富和发展了国际贸易投资理论。

（一）优势互补、互利共赢的创新合作模式

国际分工理论表明，国际分工与国际贸易地域分布以及商品结构具有一定的关联性，国际贸易是国际分工的具体表现形式，在世界市场中，各国的地位是与其在国际分工中的地位相互关联和影响的，国际分工位置的变动会带动国际贸易地位发生相应变化。

"一带一路"贯穿了东南亚经济圈以及欧洲经济圈，前者经济十分活跃，是当今世界经济与国际贸易的动力，后者是传统的西方经济发达国家，中间还连接着很多发展中国家，"一带一路"周边国家更是在资源等自然禀赋上具有多元化与多样性特征，经济上具有很强的互补性，有着巨大的合作空间与潜力。由于比较优势结构以及要素成本的不断变更，当前世界各国经济与产业结构均迫切需要调整，从"一带一路"周边国家和地区结合自身实际发展情况来看，也同样需要通过贸易与资本流动结合的方式来推动国家经济发展。"一带一路"致力于通过软硬基础设施互联互通建设以及跨境电子商务平台的搭建，形成"海、陆、空、网"丝绸之路，打破传统国家之间的行政藩篱，为广大发展中国家平等参与国际市场提供发展机遇，使得中国及合作伙伴国在特定行业、产业上下游间的贸易投资空间不断扩张，贸易投资便利化进程得以推进，贸易投资壁垒得以降低的同时，真正构建起新型优势互补、空间广阔、互利共赢的产业园区、集聚区贸易投资合作新模式和跨境电子商务平台等创新商业与合作模式。

（二）创新贸易业态，培育新的贸易增长点

20 世纪 80 年代以来，全球贸易流动呈现出全新的跨国界、多边化、多元化、多样化和网络化的链接状态，由于互联网、物联网、大数据、云服务、云计算和智能技术加快发展，开启了一个崭新的时代，全面引发了经济社会综合性、渗透性、泛在性的革命。这种渐进式演化累积到一定时点，便引发了消费方式与传统业态的深刻变革，使国际贸易方式正在产生颠覆性形态变化，形成新的下一代贸易方式——E 国际贸易。这种下一代贸易方式将依托 E 国际贸易平台抑或新的载体和渠道，将全球范围内分离的生产过程和环节，以及单一、分散的生产商、供应商、中间商和消费者汇聚在一起，形成了前所未有的市场集成力量，包括生产商集成、供应商集成、中间商集成和消费者集成，由此产生巨大的贸易规模、贸易流量，并不断改变着贸易方向，产生了更加便捷、快速和自由的下一代贸易方式，不同国家之间的经济联系和贸易往来变得比以往任何时候都更加紧密，这是以往任何时期的国际贸易方式都难以达到的，这是国际贸易方式颠覆式演化或变革。目前，中国已经形成了发展 E 国际贸易的先发优势，源于中国而属于世界的“一带一路”平台有望发挥先发优势和联通优势，积极支持和推动跨境电子商务、数字产品以及跨境物流、跨境支付、电子认证、在线交易、信用体系、数字贸易等向下一代普惠贸易——E 国际贸易发展，在“一带一路”共建国家率先实现向下一代贸易方式转型，使在传统国际分工体系下的弱势群体——发展中国家与广大中小企业能够平等参与下一代贸易，成为以跨境电子商务为代表的 E 国际贸易和数字贸易的重要参与者和推动者，从而培育形成新的贸易增长点。

（三）构建共同发展、共同繁荣的共赢之路

建设“一带一路”符合沿线及周边各国的内在要求，为世界经济增长提供新的增长引擎，也是实现全球共同发展、共同繁荣的共赢之路。

国际贸易是世界经济增长的重要引擎，在全球化的今天，任何一个国家的生产都是全球产业链、供应链、价值链和服务链在产业转移中的重新组合，国际贸易流量和流向发生了很大变化。与此同时，世界经济仍然处

于深度调整阶段，经济全球化进程受阻，贸易保护主义抬头。在此背景下，“一带一路”建设着力推行贸易自由化和便利化，就是要突破各种形式的贸易保护主义和贸易壁垒，拓展国际贸易的广度和深度，利用国际贸易实行服务、技术、商品以及生产要素间的优化配置，调整与优化各国产业结构。国际贸易凸显各国之间的优势互补动态发展进程，通过国际贸易利用资源在世界范围进行优化配置，各国输出本国较为丰富的资源与产品，换回本国相对稀缺的商品，这使得各国商品、产业结构以及总量平衡得到改善的同时，社会再生产规模有所扩张，贸易经济效益得以提升。在相当长的一段时期内，国际分工、政治经济格局造成了世界各国贸易利益分配上的不均，相对于发达国家而言，大部分发展中国家在国际分工、国际政治经济格局中处于不利地位，某种程度上存在“较为贫穷的国家受到富有国家的剥削”。中国提出的“一带一路”建设是要继续发扬光大中国改革开放40年来总结出来的一套行之有效的经济发展方式，通过国家间相互协作、努力，互利互惠，通过软硬基础设施互联互通、海陆空网通道建设、贸易投资便利化程度提升以及自由贸易区等的构建，与世界各国实现共同发展、共同繁荣。

五、国际贸易投资理论为“一带一路”实践提供指导原则

贸易畅通是“一带一路”建设的重要任务。自“一带一路”建设推进以来，“一带一路”国家与中国的贸易联系越来越紧密，区域贸易和投资增长迅猛，贸易投资壁垒有所降低，便利化问题有所缓解，区域内各国的营商环境有所改善，一批自由贸易区正在构建，合作潜力得以释放，但也还存在经济发展不平衡，软硬基础设施、贸易投资平台及机制建设滞后，政策和制度缺乏协调，合作有待深入，贸易投资风险防范较弱等问题。因此，需要着力推进基础设施互联互通，尤其是网络基础设施等“软”联通建设，创新贸易发展形态，大力推进新型贸易方式，培育贸易增长点，创造新的贸易增量，推动建立新型国际贸易规则体系；以国际贸易投资理论为指导，突破瓶颈，构建贸易投资畅通新格局。在当前经济全球化与互联

网革命新时代，世界各国应结合自身产业发展的实际情况，依托“一带一路”合作大平台，将单一产品的生产过程和相关服务分割为多个连续阶段，围绕资源开发与获取、产品研发与销售、服务外包与承接三条主线，深化供应链、价值链合作，从国内和国际布局全球生产贸易链条中的国家核心地位，打造跨越多国的新生产网络和贸易链，推动贸易规则朝着更加公平、公正、合理的方向发展。

第四节　共建“一带一路”经贸合作的发展趋向：构建开放型世界经济

纵观人类经济与社会发展实践史，人类社会与世界经济的形成和发展是一个不断从封闭走向开放的过程，因而其本质上就是开放型经济。当前，世界正处于大发展大变革大调整时期，经济全球化进程中出现了新的矛盾和问题，长期作为经济全球化推动者的美国等发达国家，“逆全球化”思潮涌动，单边主义、贸易保护主义、霸凌主义等不断抬头，而发展中新兴经济体特别是中国则成为新型经济全球化的推动者。在首届“一带一路”国际合作高峰论坛开幕式上，习近平主席指出，将“一带一路”建成开放之路，要打造开放型合作平台，维护和发展开放型世界经济。此后，习近平主席在许多重要国际场合，多次强调和呼吁要“构建开放型世界经济”，得到了国际社会的广泛响应和赞同。9 年来，在各方共同努力下，“一带一路”建设已基本形成了互联互通的架构，正在打通世界经济发展的“经脉”，推动全球治理变革，为实现共同发展繁荣奠定了坚实的基础，让世人看到唯有开放型世界经济才能给各国人民带来福祉，“一带一路”将为开放型世界经济创造新历史。正如习近平主席所指出的，共建“一带一路”，顺应经济全球化的历史潮流，顺应全球治理体系变革的时代要求，顺应各国人民过上更好日子的强烈愿望。

一、开放型世界经济理论内涵及演进特征

（一）开放型世界经济的理论内涵

开放型经济是经济形态的一个总体概念，是与封闭型经济相对立的概念，集中表现为一个地域内的经济与地域外的经济发生联系，注重利用外部资源，经济交往的范围从一国或地区内延伸至国外或区域外，经济交换的品种也随着交往范围的扩大而逐步增多。与封闭型经济相比，开放型经济下，随着商品交换和贸易交往的发展繁荣，以及与外界联系的增强，国内市场与国际市场逐渐融为一体形成世界市场，分工也逐渐从国内分工走向国际分工。在开放型经济中，要素、商品与服务可以较自由地跨国界流动，从而实现最优资源配置和最高经济效率。一般而言，一个国家或地区的经济发展水平越高，市场化程度越高，越接近于开放型经济。在经济全球化的趋势下，发展开放型经济已成为各国的主流选择。

开放型世界经济以开放型经济为基础，是世界经济发展到高级阶段的必然产物和经济全球化发展的必然趋势。它强调商品、要素与服务的自由流动，即商流、物流、信息流、资金流、人员等可以在世界范围内自由流动形成统一的世界市场；强调合理的国际规则、标准、治理体系与国际市场秩序；强调世界经济体系的开放协调、平衡包容、互利共赢。

（二）开放型世界经济的演进特征

开放型世界经济是随着国际贸易、国际分工、世界市场以及经济全球化的发展而不断发展演化的，随着国际分工与国际贸易交换范围的不断扩大，商品与服务品种的不断增加，以及世界市场的形成与经济全球化的纵深发展，世界经济内在的“开放”内涵在广度和深度上被赋予了新内容、新元素：开放的内容即开放的部门和领域不断扩大；开放的场所即开放的空间布局不断拓展；开放主体之间的关系逐渐多元化和多样化；开放的利益也逐渐从非均衡走向均衡。

一是开放的内容，即开放的部门和领域不断扩大，生产要素的流动日

益增强。在世界经济形成和发展的初期阶段，受商品交换的品种和国际分工所限，生产要素的流动主要体现为少量有形商品、货物和资本的跨国界流动，随着世界市场形成和国际分工的深入发展，除了有形商品外，越来越多的服务等无形商品、信息、资金和人员等要素跨国流动日益增强，特别是随着经济全球化的纵深发展，以对外直接投资为重要特征的生产要素跨国流动不断增强，出现了一批在全球范围内配置资源和生产要素的跨国公司，并成为经济全球化的重要特征与主要推动力。如今，伴随着科技革命与互联网革命带来的贸易业态变革，越来越多的中小企业、单一市场主体进入全球化大流通中，加速了各类有形要素与无形要素的跨国流动，开放型世界经济的内容主体不断丰富和多样化。

二是开放的内涵从“被动”开放逐渐向“主动”开放延伸，越来越多的国家逐渐“主动”融入国际分工体系。纵观世界经济发展历程，世界经济的形成和发展就是一个不断开放的过程。只是在世界经济形成和经济全球化发展早期，对于广大发展中国家而言，经济的开放是“被动”的而不是主动的，主动开放更多体现的是发达国家的利益诉求，他们凭借“坚船利炮”强迫广大的拉美、非洲和亚洲等发展中国家实行“门户开放”政策，并逐渐形成了垂直型国际分工体系。此后的相当一段时期内，发达国家提供市场、广大发展中国家提供廉价资源和劳动力的国际分工与生产消费体系不断得到强化。随着历次工业革命与国际分工体系的相互演进与融合发展，越来越多的国家和地区被卷入蕴含开放的世界市场和国际贸易流通中来，形成了门类比较齐全的国际分工体系。特别是“二战”以后，随着经济全球化与第三次产业革命的兴起，国际分工体系的深化发展使得国际分工由原来的产业间分工转变为产业内分工、产品内分工和跨国公司主导全球价值链国际分工，生产工序的分散化和工序中生产任务和生产活动的国际分工催生了开放、无国界的生产系统。越来越多的国家认识到“开放带来进步，封闭必然落后”的基本道理，一些发展中国家和地区通过对外开放，积极承接发达国家产业和技术的全球扩散，融入发达国家跨国公司主导的全球价值链分工体系。今天，“一带一路”更是给广大发展中国家平等参与国际分工、融入开放型世界经济的全球市场、实现国家或地区经济的跨越式发展提供了新机遇，对外开放成为越来越多国家和地区的主动选择。

三是开放的空间布局不断拓展，从局部的边境开放走向全方位开放新格局。长期以来，开放型世界经济发展主要表现为国际商品交换的极大发展，以及生产要素跨国流动的加速。从开放的领域看，伴随着国际分工发展、全球价值链以及新的生产力因素不断涌现等，世界经济开放的领域逐步从初级产品和工业制成品领域向服务业领域延伸，服务环节日益成为高附加值的主要来源，日益成为各国争夺和掌控全球价值链高端和制高点的必争之地。经济领域的开放逐步渗透到社会、文化领域以及思想和观念等无形领域。从开放的程度看，以往世界经济发展中所涉及的开放问题，主要是指边境开放，即让渡关税和降低非关税壁垒，使商品和生产要素尽可能地实现自由流动。如今，伴随着经济全球化与国际分工的深化发展、全球范围内开放和合作领域的日益延伸，尤其是全球价值链分工的深度演进，全球范围内各种生产要素跨境流动不断加强，一件最终产品的完成，是由许多具有不同历史、文化、风俗、习惯、法律、制度等国家和地区的生产要素共同参与的结果，这必然要求一个国家和地区的内部政策措施与制度设计一定程度上与国际经济政策和规则接轨，世界范围内各个国家和地区之间的经济实现了一定程度的渗透与融合，而这显然已经超越了传统意义上的"边境开放"，赋予了世界经济全方位开放的新内涵。

四是开放利益不断拓展，逐渐从非均衡走向包容、普惠和共赢。国际贸易理论认为，分工与合作会带来互利共赢的贸易利益，但是却并没有给出一个能够让所有国际分工和国际贸易的参与国都能获益的利益分配机制。从世界经济发展的实践情况看，利益分配从来就是不均衡的。经济全球化长期由发达国家主导，其已成为经济全球化的最大受益者，广大发展中国家受益有限，有的甚至长期成为经济全球化的受损者。当前经济全球化进程受阻，贸易保护主义、单边主义等逆全球化思想不断表现出新的形式，本质上是不断开放的世界经济发展过程中内外利益分配双重失衡所带来的必然结果。开放型世界经济的目标不是仅仅让部分国家和地区或者部分利益集团受益，而是要让经济全球化发展的成果能够惠及世界人民，这也是世界经济可持续发展的必要条件。因此，随着世界多极化和多样化的深入发展，新时代开放型世界经济要凸显经济发展的成果和利益更加具有“世界普惠”意义，即“开放”利益更加具有包容性、普惠性和均衡性，实现不同国家之间真正的互利共赢，实现国家内部不同利益集团之间的互利共赢。正如习近平主席指出的，“在经济全球化深入发展的今天，弱肉强食、赢者通吃是一条越走越窄的死胡同，包容普惠、互利共赢才是越走越宽的人间正道。各国应该超越差异和分歧，发挥各自优势，推动包容发展，携手应对全人类共同面临的风险和挑战，推动经济全球化朝着更加开放、包容、普惠、平衡、共赢的方向发展，让各国人民共享经济全球化和世界经济增长成果”。

（三）中国成为建设开放型世界经济的中坚力量

随着经济全球化和世界多极化的发展，以中国为代表的新兴经济体和发展中国家迅速崛起，特别是2008年国际金融危机以来，中国作为世界第二大经济体，为世界经济增长做出了重要贡献。与此同时，全球经济不确定性风险增加，贸易保护主义、单边主义抬头，面对逆全球化对世界经济发展的负面影响，世界经济到底应该继续开放还是走向封闭？在经济全球化发展的十字路口，习近平主席以人类命运共同体为理念，在2013年G20俄罗斯圣彼得堡峰会上，首次提出构建开放型世界经济的“中国方案”，此后，在G20全球经济治理平台、达沃斯世界经济论坛、亚太经合组织论坛、“一带一路”国际高峰论坛、与美欧等大国首脑会谈等多种场合，习近平主席多次强调要维护、发展和构建以创新、开放、联动、包容、为核心内容的开放型世界经济。这是习近平总书记根据世界经济深度调整的大背景提出的重要理论思想，也是对我国开放型经济发展实践的历史总结。中国通过改革开放40年，实现了从封闭半封闭到全方位开放的伟大历史转折，取得了举世瞩目的成就，未来中国将在更开放的条件下实现经济的高质量发展。习近平主席在博鳌亚洲论坛2018年年会开幕式上的主旨演讲强调指出，“中国40年改革开放给人们提供了许多弥足珍贵的启示，其中最重要的一条就是，一个国家、一个民族要振兴，就必须在历史前进的逻辑中前进、在时代发展的潮流中发展”。当今时代，任何国家和地区的发展和繁荣都不可能在闭关自守条件下和“逆全球化”潮流中实现。“中国开放的大门不会关闭，只会越开越大”。各国应坚持开放的政策取向，推动世界经济创新、开放、联动、包容、平等发展，共同确立创新驱动的世界经济增长模式、开放联动的国际经济合作模式、公平包容的世界经济发展模式和平等公正的全球经济治理模式，共同维护、发展和建设开放型世界经济，走共同发展、共同繁荣和共同富裕之路。2021 年 11 月，习近平主席在以视频方式出席第四届中国国际进口博览会开幕式时强调，“孤举者难起，众行者易趋”。新冠肺炎疫情阴霾未散，世界经济复苏前路坎坷，各国人民更需要同舟共济、共克时艰。中国愿同各国一道，共建开放型世界经济，让开放的春风温暖世界。2022 年 1 月，习近平主席在北京出席 2022 年世界经济论坛视频会议时指出，“世界各国要坚持真正的多边主义，坚持拆墙而不筑墙、开放而不隔绝、融合而不脱钩，推动构建开放型世界经济”。这既是中国分享的发展经验，也是中国为促进世界发展和繁荣而贡献的智慧和方案。

二、“一带一路”与构建开放型世界经济

（一）“一带一路”丰富和发展了开放型世界经济的理论内涵

世界经济本质上就是开放型经济，随着经济全球化纵深发展，世界经济发展无论是在广度还是在深度上都有了实质性变化，共建“一带一路”顺应经济全球化发展大势和历史潮流，不断打破僵局、突破瓶颈、创新发展，世界经济内在的“开放”内涵得到丰富和发展。

一是共建“一带一路”是广大共建国家全面主动开放并积极融入国际分工体系的主动选择。开放合作是科技进步和生产力发展的必然逻辑。蕴含“开放包容”丝路精神的“一带一路”倡议是当代中国为开放型世界经济贡献的中国智慧。共建“一带一路”以开放为导向全面盘活现有全球存量资源，依托基础设施互联互通，把分散、断裂和割裂的资源、生产、服务和消费连接起来，打造各国和地区平等、共享、开放的全球供应链和价值链国际分工体系，使现有资源和要素在商流、物流、信息流、资金流和

人员流动的全球化大流通中实现增值，顺应了经济全球化发展的历史潮流，也有利于解决经济增长和平衡发展问题，已经具有强大感召力和凝聚力，越来越多国家积极主动加入了“一带一路”的朋友圈。截至 2022 年 2 月底，中国政府已与 147 个国家和 30 多个国际组织签署 200 余份合作文件。共建“一带一路”国家已由亚欧延伸至非洲、拉美、南太等区域。共建“一带一路”倡议及其核心理念已被写入联合国、二十国集团、亚太经合组织以及其他区域组织等有关文件中。

二是“一带一路”正在引领世界经济走向全方位全领域开放新时代。共建“一带一路”倡议符合世界经济发展的客观规律，是全球性的开放合作的大平台，为参与国特别是广大发展中国家和贫困国家提供了新的发展思路和道路。中国倡导并积极参与共建的以基础设施互联互通为基础的“一带一路”，源于中国，属于世界，所有国家无论处于何种政治体制、地域环境、发展阶段、文化背景，都可以加入开放的“一带一路”朋友圈。美国学者帕拉格·康纳指出，互联互通决定命运，也是实现人类整体救赎之路。在过去，传统国界线表示国与国之间的隔离，强调本国主权，限制人员、资本、资源、技术的流动，而在如今的互联互通时代，通过基础设施的建设与联通，可以打造供应链，可以实现资源、生产、服务和消费的连接①。9 年来，共建“一带一路”已经启动了一大批连接欧亚大陆的基础设施投资，传统国家与国家之间边界线功能不断弱化，地理互联、经济互联与数字互联使得各个国家可以深度参与“一带一路”朋友圈内的资源、资本、人才和其他有价值的资产流动，在全方位开放中实现经济的增长和发展。特别地，共建“一带一路”坚持以开放为导向；不搞地缘政治联盟或军事同盟，而是通过开放促进包容发展进程；不是关起门来搞小圈子或“中国俱乐部”，而是各国响应和参与的“和鸣共振”；不以意识形态划界，不搞零和游戏，而是给各国经济共享发展提供新的思路与路径，将推动商品、服务、信息、资本、技术和人才在所有参与国家和地区之间的

① 帕拉格·康纳. 超级版图：全球供应链、超级城市与新商业文明的崛起[M]. 北京：中信出版集团，2016.

开放共享、流动和重新组合，将开启全方位全领域开放新时代，实现合作共赢与共同发展。

三是共建“一带一路”倡导的包容、普惠和共赢的开放利益符合世界人民的共同利益。众所周知，经济全球化的发展急剧促进了世界劳动分工的细化，世界各国与地区之间的联系日益紧密，各国之间的相互依赖已经不仅仅是产业的分工，而且还深入产业链和价值链的分工，越来越多的国家尤其是发展中国家意识到，必须主动参与到经济全球化过程中才能捍卫国家发展利益。中国、印度和其他发展中国家的开放标志着绝大多数人们更深地融入世界市场，分享经济全球化的机遇与利益，出现了全球化时代国家利益与全球利益的协调与调试问题。“人类社会要持续进步，各国就应该坚持要开放不要封闭，要合作不要对抗，要共赢不要独占”。共建“一带一路”倡议是开放包容、面向全球的，坚持共商共建共享原则，秉承融入了利益共生、情感共鸣、价值共识、责任共担、发展共赢等内涵的人类命运共同体理念，顺应了各国人民过上更好日子的强烈愿望。“一带一路”9年的实践证明，共建“一带一路”讲平等、重感情，坚持求同存异、包容互谅、沟通对话、平等交往，把别人的发展看成自己的机遇，推进中国同共建各国乃至世界发展机遇相结合，实现发展成果惠及合作双方、各方。在共建“一带一路”合作框架下，中国支持亚洲、非洲、拉丁美洲等地区广大发展中国家加大基础设施建设力度，世界经济发展的红利不断输送到这些发展中国家。世界银行研究组的量化贸易模型结果显示，共建“一带一路”将使“发展中的东亚及太平洋国家”的国内生产总值平均增加2.6%～3.9%①。中国与沿线国家签署了46个科技合作协定，先后启动了中国—东盟、中国—南亚等科技伙伴计划，与东盟、南亚、阿拉伯国家、中亚、中东欧共建了5个区域技术转移平台，发起成立了“一带一路”国际科学组织联盟，促进科技创新成果向沿线国家转移。共建“一带一路”倡议正在并将继续让各国人民共享经济全球化和世界经济增长成果，必将推动开放型世界经济利益走向包容、互惠和共赢。

---

① 摘自《共建“一带一路”倡议：进展、贡献与展望》报告。

（二）“一带一路”成为推动全球化的新动力源

人类历史发展告诉我们，经济全球化是社会生产力发展的客观要求和科技进步的必然结果，是一个不以人们的意志为转移的、不可逆转的客观进程。不同意识形态、不同发展程度的国家，不管是否愿意，都将或早或晚、或主动或被动地卷入其中，总体来看，经济全球化符合经济规律，符合世界各国利益，是大势所趋。过去数十年来，经济全球化为世界经济增长提供了强劲动力，促进了商品和资本流动、科技和文明进步、各国人民交往。当然，经济全球化是一把“双刃剑”。在世界经济格局深刻调整背景下，固有的经济增长与分配失衡，资本与劳动、效率与公平的矛盾更加凸显，地区冲突频繁发生，恐怖主义、难民潮等全球性挑战此起彼伏。从根本上说，这实际上是经济全球化由受传统零和博弈和二元对立思维理念影响的发达国家主导的必然结果。当前仍有很多国家秉持着“重商主义”的思维模式，错误地将贸易逆差简单地等同于利益损失，比如美国政府对中美贸易失衡问题的指责。理念是实践的先导，理念科学，发展才能蹄疾步稳。人类只有一个地球，各国共处一个世界。当今世界经济发展已经具备了“一荣俱荣，一损俱损”的本质特征，国家间利益和风险的共振、共生、共存必然要求摒弃传统的零和博弈的二元对立思维，否则，传统思维模式不仅难以进一步推动和引领世界经济发展，反而会严重阻碍和制约经济全球化的进程。

共建“一带一路”以人类命运共同体理念为引领，强调合作共赢、强调“共商共建共享”，突破了传统零和博弈和二元对立的思维模式，更加符合新时代世界经济发展的现实需要，更加契合世界经济发展新阶段开放的本质内涵，顺应了人类追求美好未来的共同愿望。9 年来，在各方的共同努力下，“一带一路”建设已基本形成了互联互通的架构，这其中包括面向亚欧的六大国际经济合作走廊，以及互联互通的铁路网、公路网、水路网、空路网、管（道）路网、信息高速路网等，一大批合作项目落地生根，140 多个国家和 30 多个国际组织同中国签署共建“一带一路”合作协议。共建“一带一路”作为一个开放包容的发展平台，已经并还将创造中国与各国、各地区的经济合作与经济关系新机遇，已经并还将使不同国家、不同阶层、不同人群在开放型世界经济发展中共享经济全球化的好处，并产生巨大的集聚效应；已经并还将继续为全球经济复苏和区域经济合作注入新的活力和动力，使全球经济增长更加包容，发展更加平衡，成为新时期下引领新全球化和世界发展的重要力量。正如莫桑比克总统纽西在第二届国际高峰论坛上指出的，单边主义、孤立主义等只会带来贫穷大海上的更多孤岛，而“一带一路”致力于融入民心相通的伟大历史洪流。在构建人类命运共同体的道路上，各国民众正通过“一带一路”携手创造美好生活。

（三）“一带一路”推动全球治理体系朝着更加公平合理的方向发展

从世界经济形成开始的相当长时期内，经济全球化的主导者和推动者都是发达国家，并由此建立了由发达国家主导并反映发达国家利益诉求的国际经济秩序、规则体系及治理体系。因此，在相当长时期内，世界经济在发展过程中的所谓的“开放”只不过是以发达国家制定的既有规则与治理体系为主导的开放，是局部的、有限的开放。随着生产力发展、科技进步与全球化相互促进，特别是全球价值链下国际分工的深度演进，世界经济越来越具有一体化特征。与此同时，世界格局的深刻调整变化，新兴经济体和广大发展中国家的群体性崛起使得世界经济重心出现转移，生态环境问题、资源能源安全问题、恐怖主义问题、网络安全问题、金融安全问题等全球性问题凸显，迫切要求新时代开放型世界经济的开放不仅体现在经济领域方面，同时还要体现在全球经济治理的规则体系制定的开放与协调方面。

开放合作是增强国际经贸活力的重要动力，是推动世界经济稳定复苏的现实要求，也是促进人类社会不断进步的时代要求。共建“一带一路”着眼于构建人类命运共同体，坚持共商共建共享原则，跨越不同地域、不同发展阶段、不同文明，是一个开放包容的平台，主张国家不论大小、强弱、贫富，都应该平等相待，这顺应了国际社会对全球治理体系公正性、平等性、开放性、包容性的追求，是中国为当今世界提供的重要公共产品。共建“一带一路”体现开放包容、共同发展的鲜明导向，超越社会制度和文化差异，尊重文明多样性，坚持多元文化共存，强调不同经济发展水平国家的优势互补和互利共赢，着力改善发展条件、创造发展机会、增强发展动力、共享发展成果，推动实现全球治理、全球安全、全球发展联动，致力于解决长期以来单一治理成效不彰的困扰，为推动全球治理体系变革和经济全球化做出了中国贡献。由中国发起的亚洲基础设施投资银行2016年开业以来，在国际多边开发体系中发挥越来越重要的作用，得到国际社会的广泛信任和认可。“一带一路”国际合作高峰论坛已经成为各参与国家和国际组织深化交往、增进互信、密切往来的重要平台，同时，中国充分利用二十国集团、亚太经合组织、上海合作组织、亚欧会议、亚洲合作对话、亚信会议、中国—东盟（10+1）、澜湄合作机制、大湄公河次区域经济合作、大图们倡议、中亚区域经济合作、中非合作论坛、中阿合作论坛、中拉论坛、中国—中东欧16+1合作机制、中国—太平洋岛国经济发展合作论坛、世界经济论坛、博鳌亚洲论坛等现有多边合作机制，在相互尊重、相互信任的基础上，积极同各国开展共建“一带一路”实质性对接与合作。可见，“一带一路”正在打通世界经济发展的“经脉”，推动全球经济治理体系朝着更加公平和有效的方向发展，为实现共同发展繁荣奠定了坚实的基础。

三、“一带一路”成为建设开放型世界经济的重要路径

“一带一路”推动开放型世界经济建设不仅要有先进的理念，还要有切实可行的推进路径。根据新时代开放型世界经济所具有的“开放”新内涵，共建“一带一路”推动开放型世界经济建设的路径是以开放融通为立足点、以创新引领为着力点、以包容普惠为落脚点、以多边主义为导向、以共商共建共享为基本原则、以互利共赢为目标。

（一）立足点：开放融通

开放带来进步，封闭必然落后。2013年以来，共建“一带一路”以开放为鲜明导向，以政策沟通、设施联通、贸易畅通、资金融通和民心相通为重点推进内容，致力于解决经济增长和平衡发展问题，已经从理念转化

为行动，从愿景转化为现实，从倡议转化为全球广受欢迎的公共产品，成效明显。当今时代，任何国家和地区的发展和繁荣都不可能在闭关自守条件下和“逆全球化”潮流中实现。只有各国坚持开放融通，才能拓展互利合作空间。为此，习近平主席在首届中国国际进口博览会开幕式上明确指出，“国际贸易和投资等经贸往来，植根于各国优势互补、互通有无的需要。纵观国际经贸发展史，深刻验证了‘相通则共进，相闭则各退’的规律”。“各国应该坚持开放的政策取向，旗帜鲜明反对保护主义、单边主义，提升多边和双边开放水平，推动各国经济联动融通，共同建设开放型世界经济”。

（二）着力点：创新引领

创新是第一动力。只有敢于创新、勇于变革，才能突破世界经济发展瓶颈。“一带一路”构建开放型世界经济需要以创新为引领，向创新要动力。21 世纪以来，全球科技创新进入空前密集活跃时期，新一轮科技革命和产业变革正在重构全球创新版图、重塑全球经济结构，新时代开放型世界经济的创新不是封闭创新，而是一种开放式的创新，是依托新一轮科技和产业革命机遇，利用新技术创造经济发展的新动能，培育符合世界经济发展趋势和潮流的新产业、新业态和新模式。9 年来，中国与共建国家优化创新环境，集聚创新资源，加强了科技创新合作，共签署了 84 个科技合作协定，先后启动了 5 个国家级技术转移平台，发起成立了“一带一路”国际科学组织联盟。共建“一带一路”坚持创新驱动发展，与各方加强在人工智能、纳米技术、量子计算机等前沿领域合作，推动大数据、云计算、智慧城市建设，连接成21 世纪的数字丝绸之路。如今，跨境电子商务等新业态、新模式正成为推动“一带一路”贸易畅通的重要新生力量。“丝路电商”合作蓬勃兴起，中国与 22 个国家建立双边电子商务合作机制，在金砖国家等多边机制下形成电子商务合作文件，加快了企业对接和品牌培育的实质性步伐。习近平主席指出，“各国应该坚持创新引领，加快新旧动能转换”。“造福人类是科技创新最强大的动力”。“各国应该把握新一轮科技革命和产业变革带来的机遇，加强数字经济、人工智能、纳米技术等前沿领域合作，共同打造新技术、新产业、新业态、新模式”。这是加快新旧动能转换、重塑世界经济动力的现实选择。

（三）落脚点：包容普惠

追求幸福生活是各国人民的共同愿望。构建开放型世界经济，需要坚持走包容普惠发展之路。在世界经济发展已经进入以全球价值链分工和要素跨境流动为主要内涵和特征的新阶段后，生产、分配、交换和消费等各经济领域产生的各种错综复杂的相互交织关系，决定了唯有坚持走包容性、普惠性增长的发展道路，才能确保整个全球生产网络的可持续健康发展，否则，任何一个环节的缺陷都会通过价值链而产生不断的扩散和放大效应，从而影响经济全球化最终利益的实现。从这个意义上说，各国应该超越差异和分歧，发挥各自优势，推动包容普惠发展，特别是发达国家应该秉持包容性增长的心态和理念，给予发展中国家更多的帮助和扶持，携手应对全人类共同面临的风险和挑战，切实走出一条包容性、普惠性的开放发展之路。然而，一些国家在经济全球化进程中固守“你输我赢、赢者通吃”的传统观念，依然不愿意接受让更多发展中国家以及最不发达国家与发达国家一样享受经济全球化发展成果，对中国等部分发展中国家的“崛起”产生了战略疑虑和很深的焦虑，这也是当前以美国为首的发达国家逆全球化思潮兴起和强化贸易保护主义的重要原因之一。习近平主席指出，各国应该“坚持包容普惠，推动共同发展”。在经济全球化深入发展的今天，弱肉强食、赢者通吃是一条越走越窄的死胡同，包容普惠、互利共赢才是越走越宽的人间正道。9 年来，以共商、共建、共享为核心的“一带一路”倡议，实现了参与经济体的普惠发展。共建“一带一路”把共建国家的前途和命运紧紧联系在一起，不搞“一家独大”或者“赢者通吃”，而是寻求利益共享，实现共赢目标。中国欢迎各国搭乘中国发展的快车和便车，共同分享中国改革开放的新机遇，携手应对全人类共同面临的风险和挑战，落实 2030 年可持续发展议程，减少全球发展不平衡，推动经济全球化朝着更加开放、包容、普惠、平衡、共赢的方向发展，让各国人民共享经济全球化和世界经济增长成果。

（四）目标：互利共赢

构建开放型世界经济，需要坚持走互利共赢之路。世界经济发展本质上是要求以互利共赢为基本目标，互利共赢是国际分工与国际贸易可持续发展的基础，也是世界经济可持续发展的基础。尽管在世界经济发展的早期阶段，发达国家凭借资本、技术和知识等方面的优势把广大发展中国家被动拉入了国际分工与世界经济体系之中，并通过不断强化的路径依赖成为经济全球化的强大推动力，但世界经济发展到今天，“走弱肉强食、赢者通吃”的旧道路使得经济全球化进程受阻，世界经济可持续发展面临难题。正如习近平主席指出的：“在经济全球化深入发展的今天，弱肉强食、赢者通吃是一条越走越窄的死胡同，包容普惠、互利共赢才是越走越宽的人间正道。”共建“一带一路”倡议提出9年来，中国与共建国家开启了互利共赢的新合作模式，激活了各种合作机制，创造了诸多合作纪录，促进了区域经济发展，为全球治理提出中国方案，顺应了各国人民过上更好日子的强烈愿望。俄罗斯总统普京在第二届国际高峰论坛上指出，共建“一带一路”倡议同国际和地区组织的发展合作规划对接，同各国发展战略对接，这符合欧亚经济联盟的计划，欧亚经济联盟成员国一致支持推动欧亚经济联盟与“一带一路”倡议对接，相信大欧亚伙伴关系与“一带一路”倡议的理念，将促进彼此的经济合作，推动交通、能源基础设施的共同发展以及促进数字技术的应用，从而造福所有欧亚国家和人民。只有让经济全球化和世界经济增长的成果惠及世界各国人民，世界经济的发展才是可持续的，只有让共建“一带一路”倡议的参与方获得实实在在的好处，“一带一路”才能走实走深走远，这恰恰也是落实联合国2030年可持续发展议程的重要组成部分和内容。联合国秘书长古特雷斯指出，在当前国际形势仍面临许多不确定、不稳定因素背景下，中国正在发挥国际合作和多边主义支柱的核心作用，“一带一路”倡议的五大支柱理念都非常符合可持续发展目标，能够为人类生活带来实实在在的好处，将帮助世界更快地实现可持续发展目标。在构建人类命运共同体和互利共赢的发展道路上，各国民众正通过“一带一路”携手创造美好生活。

第三章

共建“一带一路”经贸合作取得的进展

经贸合作是共建“一带一路”的重要内容，是释放共建国家发展潜力的重要途径，是推动构建开放型世界经济体系的重要支撑。自 2013 年“一带一路”倡议提出以来，在中国政府的积极推动下，在世界各国和各有关方面共同努力下，与经贸合作相关的基础设施互联互通水平大幅提升，经贸合作机制化建设取得明显成效，经贸与投资合作水平大幅提升，中欧班列成为共建“一带一路”经贸大通道，为国际经贸合作搭建了新平台，为世界经济增长开辟了新空间，为增进各国福祉做出了新贡献，成为共同发展的机遇之路和繁荣之路。

第一节　与经贸合作相关基础设施互联互通取得重大进展

共建“一带一路”，关键是互联互通。基础设施是互联互通的基石，是许多国家发展面临的瓶颈，也是共建“一带一路”的重点和优先领域。建设高质量、可持续、抗风险、价格合理、包容可及的基础设施，有利于各国充分发挥资源禀赋，更好融入全球供应链、产业链、价值链，实现联动发展。9 年来，在尊重相关国家主权和安全关切的基础上，以六大国际经济合作走廊为引领，以中欧班列、陆海新通道等大通道和信息高速公路为骨架，以铁路、公路、航运、航空、管网为依托的全方位、多层次、复合型基础设施网络正在加快形成，区域间商品、资金、信息、技术等交易成本大大降低，有效促进跨区域资源要素的有序流动和优化配置，实现了互利合作、共赢发展。

一、共建国际经济合作走廊取得重要进展

走廊是全方位深化与有关国家经贸合作的重要通道，也是联通亚欧经济圈的重要桥梁。

（一）新亚欧大陆桥经济走廊

新亚欧大陆桥经济走廊由中国东部沿海向西延伸，经中国西北地区和中亚、俄罗斯抵达中东欧。其中，中国国内部分途经山东、江苏、安徽、河南、陕西、甘肃、青海、新疆8个省、区，65个地、市、州的430多个县、市，出国境后可经3条线路抵达荷兰的鹿特丹港。中线与俄罗斯铁路友谊站接轨，进入俄罗斯铁路网，途经阿克斗亚、切利诺格勒、古比雪夫、斯摩棱斯克、布列斯特、华沙、柏林达荷兰的鹿特丹港，全长10900公里，是连接中国与欧洲经济圈的核心通道，比西伯利亚大陆桥缩短了陆上运距2000～5000公里，比海运距离缩短了上万公里，辐射世界30多个国家和地区。

9年来，以中欧班列等现代化国际物流体系为依托，新亚欧大陆桥经济走廊区域合作日益深入，多层次政策沟通机制逐步形成，将开放包容、互利共赢的伙伴关系提升到新的水平，有力推动了亚欧两大洲经济贸易交流。2017年《中国—中东欧国家合作布达佩斯纲要》发布；2018年《中国—中东欧国家合作索菲亚纲要》对外发布；2019年，中国—中东欧“17＋1”合作机制、《中国与欧亚经济联盟经贸合作协定》正式生效，中欧互联互通平台和欧洲投资计划框架下的务实合作有序推进。2018年7月丝路基金与欧洲投资基金共同投资的中欧共同投资基金开始实质性运作，有力推动了更多中国和欧洲的企业、金融机构在“一带一路”倡议和欧洲“容克计划”的框架下的具体对接，深化了中欧双方在产业和技术等方面的交流合作。基础设施方面，2015年11月24日，第四次中国—中东欧国家领导人会晤后，李克强总理和匈牙利、塞尔维亚两国总理共同见证16＋1合作“旗舰项目”匈塞铁路两个合作文件签署。2017年11月，塞境内贝尔格莱德—旧帕佐瓦段举行开工仪式。2020年10月21日，由中国铁

路国际公司和中交建集团联合体承建的匈塞铁路塞尔维亚贝尔格莱德至泽蒙段（简称贝—泽段）左线建成通车运营。2020 年 11 月 25 日，由中国铁路国际公司和中国交通建设集团有限公司联营体承建的匈塞铁路塞尔维亚泽蒙至巴塔吉尼卡段（简称泽—巴段）左线顺利转线通车运营。2021 年 3 月 22 日，中国铁路国际公司与中交股份联合体承建的匈塞铁路塞尔维亚巴塔吉尼卡至旧帕佐瓦段 17 公里左线克服疫情影响顺利建成通车。贝尔格莱德—旧帕佐瓦段是匈塞铁路首个开工路段，全长 34.5 公里，2018 年 6 月开工建设。匈塞铁路全长 302 公里，其中塞尔维亚段 142.6 公里，设计时速 200 公里。全线通车后贝尔格莱德至布达佩斯火车车程仅需不到 3 小时，将大大改善当地民众的交通便利水平，缩短塞尔维亚至欧洲腹地的时间。2022 年 2 月 19 日，随着贝旧段接触网 IC 部件的测试完成，中国通号参建“一带一路”重点项目——匈塞铁路贝诺段动态验收圆满完成，项目开通步入倒计时。

新亚欧大陆桥经济走廊最主要、最突出的建设成果当属中欧班列的开通和运营。中欧班列主要通过新亚欧大陆桥运行，拥有着其他交通方式无法比拟的先天优势，自 2011 年 3 月开通以来累计开行突破 4 万列。2021 年，面对新冠肺炎疫情的严重冲击，中欧班列“逆势而上”，开行量再次刷新历史纪录，达 15183 列，同比增长 22%，连续两年突破“万列”，是 2016 年统一品牌时的 9 倍，年均增长率达 55%。2021 年中欧班列运送防疫物资 423 万件、2.9 万吨，历年累计运送防疫物资 1362 万件、10.5 万吨，在中欧之间架起了一座“生命桥梁”。中欧班列成为“一带一路”的标志性工程。

（二）中蒙俄经济走廊

中蒙俄经济走廊作为全方位深化与俄罗斯、蒙古国合作的重要通道，连接着东亚经济圈与欧洲经济圈，具有重要的示范和带动作用。2014 年 9 月 11 日，习近平主席在出席中俄蒙三国元首会晤时提议，可以把丝绸之路经济带同俄罗斯跨欧亚大铁路、蒙古国草原之路倡议进行对接，打造中蒙俄经济走廊，获得俄方和蒙方积极响应。2016 年 6 月，中蒙俄签署《建设中蒙俄经济走廊规划纲要》，明确了三方合作的具体内容、资金来源和合作机制，商定了涵盖十大重点领域的一批重点合作项目，优先推进毗邻地区次区域合作。2018年，三国签署《关于建立中蒙俄经济走廊联合推进机制的谅解备忘录》，进一步完善了中蒙俄经济走廊工作机制。2020年11月，中蒙俄经济走廊建设三方工作组以视频方式召开第一次会议。

9年来，在三国的共同努力下，形成了以铁路、公路和边境口岸为主体的跨国基础设施互联互通网络。2016年，中蒙俄签署《关于沿亚洲公路网国际道路运输政府间协定》。交通基础设施、口岸建设、海关、产能与投资合作、经贸合作、人文交流、生态环保合作、地方及边境地区合作等领域，以及莫斯科至喀山高铁项目、策克口岸跨境铁路通道项目、中蒙“两山”铁路项目、中蒙二连浩特—扎门乌德经济合作区、满洲里综合保税区、乌力吉口岸、阿穆尔天然气处理厂等重点项目都在加快推进。

专栏3-1：莫斯科至喀山高铁项目

莫斯科至喀山高铁项目是中蒙俄经济走廊的重点项目，也是中俄共建“莫斯科—北京”欧亚高速运输走廊的重要组成部分。2014年10月，中俄同意优先实施莫斯科至喀山高铁项目。2016年4月，中国中铁国际集团同意提供4000亿卢布（合62亿美元）的贷款，用于在20年内建设莫斯科—喀山铁路线。此外，还与日本联合保险集团和亚洲基础设施投资银行签署了项目合作协议。莫斯科—喀山路线的建设于2018年开始，预计于2026年投入运营。莫斯科—喀山路线是欧洲与亚洲之间的高速铁路网络的俄罗斯段的第一阶段，莫斯科—喀山高铁开通后，从莫斯科到喀山的旅行时间将从14小时7分钟减少到3小时30分钟，将极大地促进俄罗斯地区的互联互通和经济增长，还将支持日益增长的货运需求和人口流动。项目建成后可经哈萨克斯坦贯通至北京，将有利于解决中国北京和俄罗斯莫斯科之间日益增长的货物运输问题。

（三）中国—中亚—西亚经济走廊

中国—中亚—西亚经济走廊由中国西北出境，向西经中亚至波斯湾、阿拉伯半岛和地中海沿岸，主要涉及中亚五国（哈萨克斯坦、吉尔吉斯斯坦、塔吉克斯坦、乌兹别克斯坦、土库曼斯坦）、阿富汗、沙特阿拉伯、伊朗、土耳其等国，是丝绸之路经济带的重要组成部分。2013 年以来中国同西亚国家高层互访频繁，“丝绸之路经济带”倡议即是 2013 年 9 月，习近平主席在哈萨克斯坦纳扎尔巴耶夫大学发表演讲时首次提出的。9 年来，中国积极推进同有关国家战略和规划对接，如同中亚国家的哈萨克斯坦（“光明之路新经济政策”）、土库曼斯坦（“复兴古丝绸之路”）、乌兹别克斯坦（“新乌兹别克斯坦规划”）、塔吉克斯坦（“2030 年前国家发展战略”）等充分对接，签署了多项框架协议、合作规划纲要等，政治互信不断提升。

9 年来，在能源合作、设施互联互通、经贸与产能合作等领域合作不断加深，初步形成了全方位、立体化、多层次的合作网络。中亚、西亚地区基础设施建设不断完善。中国与有关国家合作建设了“中（国）哈（萨克斯坦）原油管道”“中国—中亚天然气管道”等重大项目。目前我国从“中国—中亚天然气管道”进口天然气占全部进口量的 50%。面对新冠肺炎疫情冲击，中国与中亚、西亚国家建立了广泛合作。在上合组织、中阿合作论坛等框架下，与中亚、西亚国家开展抗疫研发工作，与阿拉伯国家共同发布抗击疫情联合声明，继续开展共建“一带一路”合作，加强宏观经济政策协调，统筹推进经济社会发展。

睦邻友好是中国同中亚国家关系的基础。疫情背景下，将逐步恢复客运航班，建立人畅其行的“快捷通道”，完善物畅其流的“绿色通道”，加快推进中吉乌铁路项目，推进中国—中亚交通走廊建设，让中国同中亚国家的互联互通更加安全高效。确保中国—中亚油气管道稳定运营，加快中国—中亚天然气管道 D 线建设，扩大能源全产业链合作，促进能源低碳转型。加强人工智能、大数据、云计算等高技术领域合作，让六国人民享受高技术带来的便利，建设高质量的合作带。

（四）中国—中南半岛经济走廊

中国—中南半岛经济走廊以中国西南为起点，以新加坡为终点，纵贯中南半岛的越南、老挝、柬埔寨、泰国、缅甸、马来西亚等国家，是中国连接中南半岛的大陆桥，也是中国与东盟合作的跨国经济走廊。2016 年 5 月 26 日，第九届泛北部湾经济合作论坛暨中国—中南半岛经济走廊发展论坛在广西南宁举行，会议发布《中国—中南半岛经济走廊倡议书》。在 2017 年“一带一路”国际合作高峰论坛期间，中国政府与新加坡、缅甸、马来西亚等东盟国家政府签署政府间“一带一路”合作谅解备忘录；与老挝、柬埔寨政府签署共建“一带一路”政府间双边合作规划。目前，中国政府已经与东盟所有（10 个）成员国政府签订了“一带一路”相关合作文件，中国—东盟（10 +1）合作机制、澜湄合作机制、大湄公河次区域经济合作（GMS）积极作用越发明显。《西部陆海新通道总体规划》颁布实施，成为走廊建设的重要支撑。

在各方共同努力下，走廊基础设施互联互通加速推进。中老铁路不仅是中老两国推进“一带一路”建设的旗舰项目，还是推进中国—东盟自由贸易区建设的重要基础，已于 2021 年 12 月 13 日开通。作为中泰两国共建“一带一路”的重点项目及泰国首条标准轨高速铁路，中泰铁路合作政府间框架协议签署，2020 年 11 月 26 日，中泰铁路一期项目（曼谷—呵叻段）举行承包商合同签署仪式。

专栏 3 -2：共建“一带一路”助力老挝“陆锁国变陆联国”

老挝重视基础设施建设，尤其关注连接东盟经济走廊的老挝南北经济走廊和东西经济走廊建设，在共建“一带一路”框架下，2019 年，双方决定进一步打造中老命运共同体，加速推动基础设施互联互通建设。铁路方面，中老共同投资建设的中老铁路北起玉溪，南至中老边境口岸磨憨，全长 1000 多公里，为电气化客货混运铁路。中老铁路已于 2021 年 12 月 13 日开通，截至 2022 年 2 月 13 日已发送旅客 124225

人次，运送157568吨商品，为当地的发展带来澎湃动力。公路方面，万象至磨丁（琅南塔）的高速公路正在加速建设，万象—万荣段已经竣工，二期工程万荣—琅勃拉邦段正在建设中。

中国经验助力老挝减贫。2017年9月，中国援助老挝减贫示范项目正式启动，项目在万象市版索村和琅勃拉邦市象龙村实施，项目组通过修建乡村道路，解决了两个村2800多名村民出行难的问题，还安装了太阳能路灯，为村民提供了方便。49岁的版索村副村长坎占·布维奈在中国援建的新桥落成时表示：“我们连做梦都不敢想有这样一天：能够有一座钢铁桥从村里的河面跨过，现在这个梦想实现了，感谢中国政府！”

（五）中巴经济走廊

中巴经济走廊起点在喀什，终点在巴基斯坦瓜达尔港，全长3000公里，北接“丝绸之路经济带”、南连“21世纪海上丝绸之路”，是贯通南北丝路的关键枢纽，是一条包括公路、铁路、油气和光缆通道在内的贸易走廊，是“一带一路”的旗舰项目。

按照习近平主席2015年访巴基斯坦确立的以中巴经济走廊建设为引领，以瓜达尔港、能源、交通基础设施、产业合作为重点的“1+4”合作布局和《中巴经济走廊远景规划（2017—2030年）》，走廊建设已收获了一大批阶段性成果，巴基斯坦及周边地区的互联互通水平正在不断提升。中巴经济走廊第一阶段的22个优先项目基本完成。瓜达尔港建设加快推进，面对新冠肺炎疫情带来的诸多挑战，瓜达尔港“逆势”取得重大进展，首次系统性开展阿富汗中转货物，为当地创造了近千个就业机会；首次开展液化石油气（LPG）业务；首次实现了商业化运营。能源合作是中巴经济走廊第一阶段合作的重点，22个项目中有11个能源项目，极大缓解了多年来一直困扰着巴基斯坦企业生产和民众生活的停电问题。2015年7月31日正式开工建设的萨希瓦尔燃煤电站，仅用22个月零8天的时间就投产发电，累计发电量已经突破300亿千瓦时。由中国电建与卡塔尔Al－Mirqab公司联合投资建设的卡西姆港燃煤电站，自2018年4月25日进入商业运营以来，发电量约占整个巴基斯坦国家电网供电量的10%。2021年12月，中国已在中巴经济走廊框架下启动了一系列电力工程，帮助巴基斯坦满足其国内民用及工业用电需求。交通基础设施方面，22个项目中的4个重大交通基础设施项目已全部竣工。2019年11月，巴基斯坦PKM高速公路项目（苏库尔—木尔坦段）落成；2020年，喀喇昆仑公路二期（赫韦利扬—塔科特）项目全线通车，拉合尔轨道交通橙线项目开通运营，中国红其拉甫至巴基斯坦伊斯兰堡的新的光缆线路已投入运营。

2020年，《中华人民共和国和巴基斯坦伊斯兰共和国关于深化中巴全天候战略合作伙伴关系的联合声明》对外发布，中巴经济走廊拓展至科技和农业两个领域，在中巴经济走廊联委会框架下的联合工作组将增至10个，走廊建设合作机制不断健全完善，走廊建设进入聚焦社会民生、产业和农业合作的高质量发展新阶段。至2021年1月，中国建筑PKM项目为沿线村落修建学校11所、“一带一路”图书室2个，捐赠医疗器械33套、运动器械100余套。2021年10月1日，举行援巴基斯坦瓜达尔职业技术学校竣工仪式。

走廊建设显著促进巴基斯坦经济社会发展，取得广泛共识。中国已经连续7年成为巴基斯坦最大贸易伙伴和最大外商直接投资来源国。巴基斯坦中巴经济走廊事务局主席阿西姆·巴杰瓦表示，中巴经济走廊项目填补了巴基斯坦在能源、通信等方面的空白，将通过工业化和扩大农业领域合作进一步推动巴基斯坦工农业发展，提振巴基斯坦经济，让中巴经济走廊惠及更多民众。巴基斯坦计划发展与改革部中巴经济走廊能力建设中心的研究显示，中巴经济走廊将创造120万个工作岗位。巴基斯坦国立科技大学中国研究中心主任赛义德·哈桑·贾韦德撰文表示，建设中巴经济走廊是巴基斯坦社会的普遍共识，巴基斯坦经济要想实现腾飞，就离不开中巴经济走廊建设。

（六）孟中印缅经济走廊

孟中印缅经济走廊连接东亚、南亚、东南亚三大次区域，沟通太平洋、印度洋两大海域。2013—2017 年孟中印缅联合工作组先后召开三次会议共同推进走廊建设，在机制和制度建设、基础设施互联互通、贸易和产业园区合作、国际金融开放合作、人文交流与民生合作等方面研究规划了一批重点项目。但从 2016 年下半年开始，印度对“一带一路”态度出现了较大转变，战略焦虑与疑虑加重，国内出现一片怀疑、反对甚至敌视的声音，认为中巴经济走廊、“21 世纪海上丝绸之路”、孟中印缅经济走廊、中尼印经济走廊将从西、南、东、北四个方向对印度进行全面围堵，且中巴经济走廊通过印巴两国主权争议地区克什米尔，忽视了印度对主权和领土的核心关切。目前，印度是唯一没有参与“一带一路”的沿线国家。

中缅经济走廊取得突破性进展，成为孟中印缅经济走廊的最大亮点。中缅双方共同签署《中缅经济走廊合作计划（2019—2030）谅解备忘录》《关于制定经贸合作五年发展计划》《缅甸与中国政府经济技术合作协定》。皎漂经济特区深水港项目协议正式签约交换，中缅经济走廊进入实质性规划建设阶段，中缅铁路昆明至大理段已开通运营，昆明开通了与仰光、内比都、曼德勒的航线，中缅油气管道项目正式开工建设。中孟经济合作稳步推进，2021 年 4 月，孟加拉国卡纳普里河底隧道项目连接线高架桥箱梁架设完成；孟加拉国帕德玛大桥桥梁合龙进入最终阶段。

（七）陆海新通道

西部陆海新通道位于我国西部地区腹地，北接“丝绸之路经济带”，南连“21 世纪海上丝绸之路”，协同衔接长江经济带，是近年来中国西部省份积极参与共建“一带一路”，加强与新加坡等东南亚地区国家互联互通与经贸合作实践中逐步发展形成的一条陆海贸易新通道。2019 年 8 月，中国发布《西部陆海新通道总体规划》。目前，西部陆海新通道铁海联运、跨境公路和跨境铁路三种物流组织形式均已实现常态化运行，目的地已覆盖新加坡、日本、德国等全球 106 个国家和地区的 304 个港口，已初步实现“丝绸之路经济带”和“21世纪海上丝绸之路”的有机衔接。

专栏3-3：西部陆海新通道

2017年4月，我国重庆、广西和新加坡共同推动开行“渝桂新”班列。随后，重庆、广西、贵州、甘肃四地政府签约共建中新互联互通南向通道，由此形成了“一干多支”的体系。

随着越来越多的西部货物汇聚到北部湾港，南向通道国际影响力进一步提升，通道又更名为“国际陆海贸易新通道”；到2019年8月，《西部陆海新通道总体规划》正式印发，国际陆海贸易新通道再次升级。这条由中国西部省份与新加坡合作打造的陆海贸易新通道，以重庆为运营中心，利用铁路、海运、公路等运输方式，使中国西部省份向南经广西北部湾通达世界各地。而以防城港、钦州港、北海港组成的北部湾港，则逐渐迈向国际门户港行列，成为撬动中国西部和中南部发展的战略支点，连接起了中国东盟双市场。

经过沿线省区市的共同努力，如今的西部陆海新通道已不仅仅是简单的一条物流通道，而是西部经济的大动脉。目前，新通道海铁联运班列累计突破10000列，比中欧班列突破10000列少用了4年时间。其中，2021年，西部陆海新通道海铁联运班列累计开行6117列，同比增长33%。班列已覆盖中国13省47市92站点，在通道沿线建设和运营了12个无水港。

通道促进了物流，而物流带动了贸易，贸易繁荣了产业，产业又拉动了经济。以重庆为例，2021年重庆方向班列开行1829列，对东盟进出口实现1292.3亿元人民币，带动了当地汽摩、轻工业、食品等产业发展。

二、基础设施互联互通水平大幅提升

“道路通，百业兴。”9年来，以铁路、公路、港口、航空运输、能源管道、信息基础设施为重点的设施联通，不仅促进了跨国运输网络的有机衔接，提升国际设施通达水平，也推动了区域经济、贸易及市场相融合，让更多国家共享“一带一路”的发展成果。

（一）陆路联通扎实推进

铁路合作项目取得重大进展。亚吉铁路、蒙内铁路、拉伊铁路、中俄同江铁路大桥建成通车，中老铁路、中泰铁路、匈塞铁路、雅万高铁等项目扎实推进。巴基斯坦1号铁路干线升级改造、中吉乌铁路等项目前期研究工作正在积极推进；中老铁路已于2021年12月开通运营；中泰铁路土建工程已开工10个标段，进入全面施工阶段；匈塞铁路匈牙利段项目EPC主承包合同正式生效，塞尔维亚贝尔格莱德至泽蒙段（简称贝—泽段）、泽蒙至巴塔吉尼卡段（简称泽—巴段）左线相继通车运营，中国通号承担匈塞铁路塞尔维亚境内全部通信、信号及信息专业工程建设，并已圆满完成塞尔维亚境内贝旧段左线的开通任务，匈塞铁路贝诺段动态验收圆满完成。雅万高铁是共建“一带一路”和中国、印尼两国务实合作的标志性项目，连接印度尼西亚首都雅加达和第四大城市万隆，全长142公里，最高设计时速350公里，是我国高铁首次全系统、全要素、全产业链在海外落地的典范工程。项目建成后，雅加达到万隆的出行时间将由现在的3个多小时缩短至40分钟左右，有助于促进当地经济发展，方便民众出行。目前，雅万高铁万隆段正式进入全面箱梁架设阶段，3号、5号、7号、1号隧道相继贯通，全线最长隧道——6号隧道也于2022年2月顺利实现全隧贯通。公路合作方面，我国加快推动与周边国家公路联通，昆曼公路、昆明—河内—海防高速公路、中巴经济走廊“两大”公路全线通车，中俄黑河公路大桥完工，“双西公路”（中国西部—欧洲西部）建设稳步推进。以共建“一带一路”为合作平台，与19个国家签署了22项双边、多边政府间国际道路运输便利化协定。中蒙俄、中吉乌、中塔乌、中俄（大连—新西伯利亚)、中越实现国际道路直达运输试运行，国际道路运输辐射范围进一步拓展。中国加入并全面实施了《国际公路运输公约》（TIR公约），已有10个国家TIR证持证人通过中国公路口岸开展了超过3000票运输业务，为推进国际道路运输便利化提供了有力支持。

（二）海上丝绸之路及港口合作不断深化

共建21世纪海上丝绸之路，重点依托海上合作，发展海上贸易、互联互通和海洋经济，打造一批海上合作支点港口，维护海上大通道的安全畅通。中国已与200多个国家、600多个主要港口建立了航线联系，与47个沿线国家签署了38个双边和区域海运协定，海运互联互通指数保持全球第一。巴基斯坦瓜达尔港建设加快推进，2020年首次系统性开展阿富汗中转货物，为当地创造了近千个就业机会。希腊比雷埃夫斯港成为中希合作典范项目，在“一带一路”倡议推动下，已成为全球发展最快的集装箱港口之一，集装箱吞吐量从2010年的88万标准箱增加到2020年的突破544万标准箱，成为欧洲第四大港口，在全球集装箱港口中的排名也由中国接手之初的第93位跃升至第25位。斯里兰卡科伦坡港2019年完成集装箱吞吐量287.52万标准箱，同比增加7.4%。意大利瓦多集装箱码头正式开港，成为意大利第一个半自动化码头，可接收并作业当前世界上最大的集装箱船舶。哈利法港二期集装箱码头成为支持“一带一路”倡议的重要航运点之一。

专栏3-4：希腊比雷埃夫斯港

比雷埃夫斯，希腊语意为“扼守通道之地”，是通过地中海前往大西洋、通过红海前往印度洋的重要中转港，是连接亚欧非地区的枢纽港，是希腊最大的港口。

2016年，中远海运集团中标比雷埃夫斯港港务局私有化项目，接手运营管理。短短几年，比雷埃夫斯港由地中海地区排名第七跃至第一，成为全球发展最快的集装箱码头之一，对希腊直接经济贡献超过6亿欧元，为当地创造1万余个就业岗位。2020年港口吞吐量突破544万标准箱，成为欧洲第四大港口，在全球集装箱港口中的排名也由中国接手之初的第93位跃升至第25位。

希腊发展与投资部部长安东尼斯·乔奇雅迪斯说，“比雷埃夫斯港历经发展，成为地中海最为重要的港口，归功于希腊与中国的精诚合作，这是中国对希腊投资的典范，也是希中两国共同的成功”。比雷埃夫斯大学校长安格鲁斯·郭迪奥斯表示，“对希腊和中国而言，这是一个双赢的结果。比雷埃夫斯港在中企帮助下走出低谷，不断发展。它的成功，体现了共建‘一带一路’对世界的非凡意义”。

（三）空中丝绸之路及航空运输建设进展较快

随着经济全球化深入发展，航空运输成为全球范围内配置高端生产要素、提升国家和区域竞争力的强大驱动力。9年来，中国国际航空航线网络加快拓展，国际航班持续加密，实现了共建“一带一路”海陆空多通道并进、多维度发展。截至2020年底，国内航空公司每周安排共建“一带一路”国家航班740班，境外航空公司每周安排共建“一带一路”国家航班931班。中国民航“一带一路”合作平台建立，成员单位达146家。机场建设方面，尼泊尔加德满都特里布万国际机场跑道及平滑道改建项目竣工，该机场为尼泊尔目前唯一的国际机场，对改善尼泊尔航空基础设施条件具有重要意义。多哥首都洛美纳辛贝·埃亚德马国际机场跑道滑行道及指廊扩建项目完工，有效提升了多哥航空安全水平和民航运营能力，助推机场成为西非地区重要航空枢纽之一。

（四）能源管网设施建设成效显著

中国与“一带一路”共建国家签署了一系列合作框架协议和谅解备忘录，在油气、电力、煤炭、新能源等领域开展了广泛合作，与相关国家共同维护油气管网安全运营，促进国家和地区之间的能源资源优化配置。中俄原油管道、中缅油气管道、亚马尔液化天然气项目、中俄东线天然气管道等相继投产通气。巴基斯坦卡西姆港燃煤电站、卡洛特水电站、胡布燃煤电站等投产运营，默蒂亚里—拉合尔±660千伏直流输电项目输电工程全线贯通，阿扎德帕坦水电站项目建设协议签署，有效缓解了电力供需矛盾，助力当地经济社会发展。缅甸北克钦邦230千伏主干网连通工程于2020年1月建成投运，为500万缅甸家庭提供了稳定的电能，助力缅甸实现2030年全国通电目标。巴西美丽山特高压直流送出二期工程项目于2019年3月全线贯通、10月投入运行，满足了里约热内卢和圣保罗等地区2200万人口用电需求。中欧能源技术创新合作办公室成立并召开首次论坛。《中国—中东欧能源合作报告》发布。

（五）信息通信设施建设加快

中国积极推进与有关国家在信息网络、跨境光缆、通信卫星等方面的合作，加速各国信息化进程。中缅、中巴、中吉跨境光缆信息通道建设取得明显进展，中俄、中尼（尼泊尔）等跨境陆缆新建扩容项目及非洲1号、亚洲直达等项目启动，中老跨境光缆项目初见成效。巴基斯坦及东非连接欧洲PEACE（Pakistan & East Africa Connecting Europe）海缆项目积极推进。中国—东盟信息港建设稳中提速，已初步建成广西面向海外的国际海缆、陆缆、北斗等海陆空全方位通信设施。与东盟智慧城市合作稳步开展。此外，北斗卫星导航系统兼容的卫星导航应用产品覆盖100多个国家，包括全部“一带一路”沿线国家，为各国提供先进、精准和全方位的时空信息服务。

三、积极探索搭建基础设施“软联通”合作框架

9年来，设施联通不仅着眼于交通、能源、通信、管道、口岸等的“硬联通”，也在不断加强政策、规划、标准、通关等的“软联通”。目前，中国已与“一带一路”沿线国家签署了130多个涉及铁路、公路、水运、民航、邮政等方面的双多边协定。在多个国际合作机制、双边多边交流平台下，积极与共建国家进行基础设施领域战略规划的对接，推动制定了《大湄公河次区域交通战略（2018—2030）》和《中国—东盟交通合作战略

规划行动计划》。与老挝、缅甸和泰国等三国共同编制《澜沧江—湄公河国际航运发展规划（2015—2025 年）》；与中亚推进《中亚区域运输与贸易便利化战略（2020）》运输走廊建设中期规划有序实施。

第二节　共建“一带一路”经贸合作机制成效明显

习近平主席在第二届国际高峰论坛开幕式上指出，“我们要促进贸易和投资自由化便利化，旗帜鲜明反对保护主义，推动经济全球化朝着更加开放、包容、普惠、平衡、共赢的方向发展。我们将同更多国家商签高标准自由贸易协定，加强海关、税收、审计监管等领域合作，建立共建‘一带一路’税收征管合作机制，加快推广‘经认证的经营者’国际互认合作”。总体看，9 年来，“一带一路”经贸合作机制取得了重大进展。

一、贸易合作机制建设进展显著，贸易便利化机制不断完善

9 年来，共建“一带一路”经贸合作初步建成了多边和双边贸易合作机制、次区域合作、经济走廊、产业园区、政策对接和博览会等多元合作机制，为“一带一路”贸易合作搭建了制度平台。

一是深入推进多边机制下的经贸合作。中国坚定维护多边贸易体制，切实履行世界贸易组织（WTO）《贸易便利化协定》。WTO 网站信息显示，在“一带一路”沿线 64 个国家中，有 51 个为世贸组织成员，表明中国与这 51 个国家的贸易合作已经处于世贸组织规制之下。2021 年是中国加入 WTO20 周年，20 年来，中国作为负责任的发展中大国，做出了与自身经济发展水平和能力相符的贡献，不断深化参与 WTO 改革工作，向 WTO 提交《中国关于世贸组织改革的建议文件》，全面阐述中方改革主张。为应对 WTO 上诉机构停摆危机，中国联合多方提出启动遴选进程提案，推动在 WTO 总理事会下启动特别磋商程序，2020 年，成功组建由 10 人组成的仲裁员库，并联合向 WTO 争端解决机构做出通报。多方临时上诉仲裁安排在上诉机构停摆期间，利用 WTO 程序规则，处理各参加方提起上诉的

争端案件。此外，中国建设性参与二十国集团（G20）框架、“金砖五国”合作机制、亚太经合组织（APEC）框架、《区域全面经济伙伴关系协定》（RCEP）框架等多个平台下的经贸合作，为贸易机制共通、政策共享创造条件。2021年，中国正式提出申请加入《全面与进步跨太平洋伙伴关系协定》，体现了进一步扩大高水平对外开放和深化国内改革的决心。作为负责任的发展中大国，中国一直坚持权利与义务平衡的原则，根据自身发展水平和能力积极做出贡献，推动WTO组织改革，维护发展中国家合法权益，捍卫多边贸易体制。

二是不断拓展区域次区域机制下的经贸合作。中国推动区域次区域下经贸合作取得新的突破。面对疫情冲击，中国和东盟发表了《中国—东盟经贸部长关于抗击新冠肺炎疫情加强自贸合作的联合声明》。中国与新加坡、老挝、缅甸、印度尼西亚等国建立了人员“快捷通道”和货物“绿色通道”，中国和东盟经贸合作逆势上扬，东盟成为中国最大的贸易伙伴。2020年，中国与东盟贸易额为6846.0亿美元，同比增长6.7%。其中，中国对东盟出口3837.2亿美元，同比增长6.7%；自东盟进口3008.8亿美元，同比增长6.6%。2020年，澜沧江—湄公河合作第三次领导人会议发布了《澜沧江—湄公河合作第三次领导人会议万象宣言》和《澜沧江—湄公河合作第三次领导人会议关于澜湄合作与“国际陆海贸易新通道”对接合作的共同主席声明》。上海合作组织成员国政府首脑（总理）理事会第十九次会议批准了《〈上海合作组织成员国多边经贸合作纲要〉落实行动计划2021—2025年》等纲领性文件，为逐步实现各成员国间货物、资本、服务和技术的自由流通创造了有利条件。

三是不断深化双边机制下的经贸合作。2020年7月，中国与墨西哥签署了《中国商务部和墨西哥经济部关于设立贸易畅通工作组的谅解备忘录》、与智利签署了《关于建立贸易畅通工作组的谅解备忘录》，累计建立8个贸易畅通工作组和40个投资合作工作组。中缅、中泰、中俄等贸易畅通工作组会议以视频方式举行，中国与韩国、巴布亚新几内亚、阿曼等国共同召开双边经贸联委会等机制性会议，全面梳理双边经贸合作情况和问题，共同深化合作路径。

四是各类贸易合作平台不断发展成为重要载体。近年来，中国国际进口博览会、中国国际消费品博览会、中国进出口商品交易会、国际服务贸易交易会、中国国际投资贸易洽谈会等国家级展会平台质量和影响力不断提升，对深化中国与“一带一路”相关国家经贸合作发挥着越来越重要的作用，已成为促进中国与相关国家贸易畅通的新平台。境外经贸合作区成为产业合作的重要依托。中国企业在“一带一路”沿线国家推进建设合作园区，对促进东道国经济社会发展、推动工业化进程和产业升级、深化经贸合作发挥积极作用。中国—白俄罗斯工业园、柬埔寨西哈努克港经济特区、泰国泰中罗勇工业园、越南龙江工业园、中阿（联酋）产能合作园区、中埃苏伊士经贸合作区、中匈宝思德经贸合作区等建设成效显著。边合区、跨合区平台作用提升。中国已建立17个边境经济合作区，中哈霍尔果斯国际边境合作中心和中老磨憨—磨丁经济合作区等跨境经济合作区，成为沿边地区积极参与“一带一路”建设及开展边境经济合作的重要平台。

专栏3-5：中国国际进口博览会

2017年5月，习近平主席在“一带一路”国际合作高峰论坛上宣布，中国将从2018年起举办中国国际进口博览会。中国国际进口博览会是世界上第一个以进口为主题的大型国家级展会，旨在坚定支持贸易自由化和经济全球化、主动向世界开放市场，有利于促进世界各国加强经贸交流合作，促进全球贸易和世界经济增长，推动开放型世界经济发展。

第一届	第二届	第三届	第四届
172个国家、地区和国际组织参会 3617家企业参展 超过40万名境内外专业采购商到会洽谈采购 展览总面积达30万平方米 意向成交总额超过578亿美元	181个国家、地区和国际组织参会 3800多家企业参展 超过50万名境内外专业采购商到会洽谈采购 展览总面积达36万平方米 意向成交总额为711.3亿美元	线上线下共有150多个国家和地区参会 3600多家企业参展 达成合作意向861项，意向成交总额达726.2亿美元	127个国家和地区 近3000家企业参展 共有来自55个国家的640家展商、766家采购商参会，达成合作意向273项 累计意向成交总额达707.2亿美元

二、快速通关机制正在形成，国际贸易便利化水平大幅度提升

中国与“一带一路”沿线国家扩大相互市场开放，推进海关大通关体系建设，推动工作制度对接、技术标准协调、检验结果互认、执法互助、电子证书联网，不断提高贸易便利化水平。

一是通关便利化机制不断发展。中国发起《推进“一带一路”贸易畅通合作倡议》，83个国家和国际组织积极参与。中国推进“一带一路”沿线国家“智慧海关、智能边境、智享联通”合作，建立国际贸易“单一窗口”试点，持续推动口岸互联互通。2019年，中国对外签署的海关检验检疫合作文件共198份，涉及“一带一路”沿线国家89份。2020年，中国海关与沿线30多个国家交流疫情口岸防控经验，并推进与俄罗斯、老挝、缅甸、新加坡等国家签署国境卫生检疫合作协议，与柬埔寨、新加坡、缅甸等国建立应对疫情紧急热线联系机制，还对“一带一路”沿线国家采购防疫物资实施了快速通关验放措施。推进农副产品快速通关，与哈萨克斯坦、塔吉克斯坦、吉尔吉斯斯坦、越南、蒙古国等邻国相继开通7条边境口岸农副产品快速通关“绿色通道”，通关时间缩短90%。在18个航空、陆路口岸设置89条“一带一路”人员便利通道。

二是推进“经认证的经营者”（AEO）国际互认合作。中国海关通过各种灵活方式，以“一带一路”沿线国家和重点贸易国家为重点，全力推进“经认证的经营者”（AEO）国际互认合作，截至目前已与欧盟、日本、韩国等15个经济体签署了互认安排，涵盖了42个国家（地区），占AEO制度国家（地区）的50%，其中包括19个“一带一路”沿线国家。

三是便利化税收环境逐步形成。中国深度参与国际税收规则制定，与经济合作与发展组织、国际货币基金组织、联合国国际税务专家合作委员会、税收征管论坛等主要国际组织建立紧密合作关系，与包括“一带一路”沿线国家在内的121个国家和地区税务主管当局建立双边税收合作机制，与111个国家和地区签订税收协定，包括80个“一带一路”建设参

与国（地区）。2019年，中国成功举办第一届“一带一路”税收征管合作论坛，与沿线国家共同签署《“一带一路”税收征管合作机制谅解备忘录》。作为国际税收领域第一个由中国主导建立的国际税收征管合作平台，截至2021年3月底，“一带一路”税收征管合作机制理事会成员已增加至36个，观察员增加至30个，并建立了一整套机制，在北京设立了“一带一路”税收征管合作机制秘书处，成立了“一带一路”税收征管能力促进联盟、“一带一路”税务学院、《“一带一路”税收》英文期刊，上线了“一带一路”税收征管合作机制官方网站。2020年，“一带一路”税收征管合作机制不仅没有因为疫情而中断，而且创新形式，组织召开13场线上会议，举办了20期国际税收征管业务培训，来自71个国家和地区的789名财税官员参加培训，切实促进“一带一路”国家和地区税收征管能力的共同提升，有效解决“一带一路”国家和地区的涉税争端，为跨境贸易投资者带来了便利。

三、中国加快实施自贸区战略，与部分“一带一路”沿线国家签署了自由贸易协定，初步形成中国与“一带一路”沿线国家之间的贸易自由化网络体系

一是中国与部分“一带一路”沿线国家和地区签署了自由贸易协定，双多边自贸网络体系逐步形成（见表3-1）。中国加强与沿线各国政策沟通协调，与东盟、新加坡、巴基斯坦、格鲁吉亚、智利等多个国家和地区签署或升级了自由贸易协定，与欧亚经济联盟签署经贸合作协定。目前，中国已与26个国家和地区签署了19个自由贸易协定，其中与“一带一路”沿线国家和地区签署了6个自由贸易协定，正在推动10个自贸协定的谈判，正在推动8个自贸协定的研究。中国多边区域合作取得积极进展，2020年11月，《区域全面经济伙伴关系协定》（RCEP）签署；中日韩自贸协定商谈稳步推进；《亚太贸易协定》启动第五轮关税减让谈判；《中华人民共和国与欧亚经济联盟经贸合作协定》生效实施。

表3-1　中国已签订的自由贸易协定

签订方	启动时间	签署时间	签订协定
中国内地—中国香港 中国内地—中国澳门	2002年1月	2003年6月 2003年10月	《内地与香港关于建立更紧密经贸关系的安排》《内地与澳门关于建立更紧密经贸关系的安排》
中国—智利	2004年11月	2005年11月	《中国—智利自由贸易协定》
中国—巴基斯坦	2005年4月	2006年11月	《中国—巴基斯坦自由贸易协定》
中国—新西兰	2004年11月	2008年4月	《中国—新西兰自由贸易协定》
中国—新加坡	2006年10月	2008年10月	《中国—新加坡自由贸易协定》
中国—秘鲁	2007年9月	2009年4月	《中国—秘鲁自由贸易协定》
中国—东盟	2002年12月	2009年8月	《中国—东盟自由贸易区投资协议》
中国—哥斯达黎加	2008年11月	2010年4月	《中国—哥斯达黎加自由贸易协定》
中国—冰岛	2006年12月	2013年4月	《中国—冰岛自由贸易协定》
中国—瑞士	2011年1月	2013年7月	《中国—瑞士自由贸易协定》
中国—韩国	2012年5月	2015年6月	《中国—韩国自由贸易协定》
中国—澳大利亚	2005年4月	2015年6月	《中国—澳大利亚自由贸易协定》
中国—东盟 （"10+1"升级）	2014年8月	2015年11月	《中华人民共和国与东南亚国家联盟关于修订〈中国—东盟全面经济合作框架协议〉及项下部分协议的议定书》

续表

签订方	启动时间	签署时间	签订协定
中国—格鲁吉亚	2015 年 12 月	2017 年 5 月	《中国—格鲁吉亚自由贸易协定》
中国—智利（升级）	2016 年 11 月	2017 年 11 月	《中华人民共和国政府与智利共和国政府关于修订〈自由贸易协定〉及〈自由贸易协定关于服务贸易的补充协定〉的议定书》
中国—马尔代夫	2015 年 9 月	2017 年 12 月	《中国—马尔代夫自由贸易协定》
中国—新加坡（升级）	2015 年 11 月	2018 年 11 月	《中华人民共和国政府与新加坡共和国政府关于升级〈自由贸易协定〉的议定书》
中国—毛里求斯	2017 年 12 月	2019 年 10 月	《中华人民共和国政府和毛里求斯共和国政府自由贸易协定》
区域全面经济伙伴关系协定（RCEP）	2012 年 11 月	2020 年 11 月	《区域全面经济伙伴关系协定》

资料来源：中国自由贸易区服务网。

二是国内自贸区自贸港建设提速。2013 年至今，中国分多批次批准设立了 21 个自由贸易试验区，形成东西南北中协调、陆海统筹的“1 +3 +7 +1 +6 +3”的自贸区雁行矩阵（见表 3 -2），为不断完善开放型经济新体制、探索高标准国际经贸规则提供了新的制度供给、经验方法和实践模式。2018 年 4 月，中国决定支持海南全岛建设自由贸易试验区，探索中国特色自由贸易港建设，2020 年 6 月 1 日，《海南自由贸易港建设总体方案》印发，海南自由贸易港建设开启新征程。2020 年 9 月 21 日，国务院印发北京、湖南、安徽自由贸易试验区总体方案及浙江自由贸易试验区扩展区域方案，中国境内自贸区、自贸港将制度创新与改革开放融为一体，将示范推动贸易投资便利化自由化，为“一带一路”贸易畅通打下坚实基础，助力中国更高水平开放型经济新体制建设。

表3-2　中国自由贸易试验区建设情况

成立时间	自贸区名称
2013年9月	中国（上海）自由贸易试验区
2015年4月	中国（天津）自由贸易试验区、中国（广东）自由贸易试验区、中国（福建）自由贸易试验区
2017年3月	中国（辽宁）自由贸易试验区、中国（浙江）自由贸易试验区、中国（河南）自由贸易试验区、中国（湖北）自由贸易试验区、中国（重庆）自由贸易试验区、中国（四川）自由贸易试验区、中国（陕西）自由贸易试验区
2018年10月	中国（海南）自由贸易试验区
2019年8月	中国（山东）自由贸易试验区、中国（江苏）自由贸易试验区、中国（河北）自由贸易试验区、中国（云南）自由贸易试验区、中国（广西）自由贸易试验区、中国（黑龙江）自由贸易试验区
2020年9月	中国（北京）自由贸易试验区、中国（湖南）自由贸易试验区、中国（安徽）自由贸易试验区

资料来源：商务部。

四、“丝路电商”机制下跨境电商成为“一带一路”贸易合作新亮点

2016年底，中国商务部与智利外交部签署了首个双边电子商务合作的谅解备忘录，标志着丝路电商的诞生。近年来，中国不断推进与“一带一路”相关国家电子商务领域的政策沟通和协调，打造国际合作新平台，完成了数十场政企对话会、企业对接会等多双边活动，开发录制了上百节电子商务视频课程，逐步建立并完善了“一带一路”电商合作机制。商务部数据显示，中国已经与五大洲22个国家和地区建立了双边电子商务合作机制，跨境电商贸易已经覆盖“一带一路”沿线所有国家和地区，为新时代的数字经贸合作做出了示范（见表3-3）。企查查数据显示，目前中国在业或存续的跨境电商企业2.6万个。2020年新注册量达5688个，其中“一带一路”参与省市的注册量达3130个。

表 3－3　与中国建立双边电子商务合作机制的国家

时间	国家
2016 年	智利
2017 年	匈牙利、爱沙尼亚、柬埔寨、澳大利亚、巴西、越南、新西兰
2018 年	奥地利、哈萨克斯坦、俄罗斯、科威特、阿联酋、卢旺达、冰岛、阿根廷、巴拿马
2019 年	意大利、哥伦比亚、乌兹别克斯坦、瓦努阿图、萨摩亚

资料来源：商务部。

丝路电商能够在短短四年多时间里以如此快的速度发展的根本原因在于中国在电商发展中积累的经验，以及与中国企业的合作让这些国家受益匪浅。截至目前，中国共设立 106 个跨境电子商务综合试验区，在 80 个“一带一路”沿线国家和地区建设超过 2000 个海外仓，成为服务“一带一路”建设的新载体。中国商品通过跨境电商销往俄罗斯、以色列、韩国、越南等 100 多个签署了共建“一带一路”合作文件的国家和地区，线上商贸范围拓展到欧洲、亚洲、非洲多国。

丝路电商不仅促进了“一带一路”各国之间的经贸往来，更是在抗击新冠肺炎疫情的过程中做出了不可磨灭的贡献。中国通过丝路电商支援海外各国，使世界各国得以开展抗疫合作，中国也全力推动与世界在特殊时期的互联互通，从而助力全球化发展。

未来，丝路电商将持续促进“一带一路”建设走深走实，推动“一带一路”相关国家电子商务领域的相关建设。同时，丝路电商也将带动“一带一路”商业模式创新，为世界经济发展增添新动能，使“一带一路”成为数字丝绸之路、创新丝绸之路，让世界人民享受数字经济带来的福利。

专栏3-6："丝路电商"变身国际合作新平台

"丝路电商"，是为了推进"一带一路"经贸合作打造的国际合作新平台。2016年以来，中国已与多个国家签署电子商务合作备忘录并建立双边电子商务合作机制，合作伙伴遍及五大洲，"丝路电商"成为经贸合作新渠道和新亮点。2021年5月10日举行的"丝路电商"国际合作（郑州）高峰论坛上，多位外国嘉宾通过视频发表了热情洋溢的致辞，并对"丝路电商"这种新的贸易生态寄予厚望。

"阿联酋是'一带一路'倡议的支持者，中国去年向我们出口了大量的口罩和医疗防护设备，而且协助我们在远程办公等领域实现了转变。我相信，跨境电子商务将成为双方新的合作领域。"阿联酋驻华大使阿里·扎西里通过视频表达了加强合作的愿望。

巴西驻华大使馆商务参赞苏亚雷斯说，虽然有新冠肺炎疫情的影响，但2020年巴中双方贸易额达到历史新高，电商成为一个有效的工具和新的途径。跨境电商在巴西发展势头一直都很好，在巴西最受欢迎的电商平台就是阿里巴巴的"速卖通"。

"俄罗斯是中国电商的重要合作伙伴，我们的线上订单有29%来自中国。"俄罗斯联邦驻华商务代表处专家达尼尔·佐洛托夫说，因为电商的发展，俄罗斯线上贸易额不断增长，在2020年实现了4.25亿个线上订单。

"有很多国家都希望学习中国的经验来发展自己的跨境电商。"连连跨境CEO大卫·梅辛杰说，跨境电商进入一个快速发展的新时期，它提供了大量的发展机遇，如果能够进一步简化程序，就会释放更大的潜力。

第三节　共建"一带一路"经贸合作水平大幅提升

2020年以来，百年未有之大变局与世纪疫情相互交织，世界经济经历了"二战"以来最严重的衰退，共建"一带一路"下经贸合作显示出了较强的韧性和生命力，促进了共建国家之间的贸易投资便利化水平，贸易规模和质量显著提高，产业合作效能进一步显现，有效稳固了全球产业链、供应链、服务链、价值链，为共建国家经济复苏与发展提供了动能。

一、共建“一带一路”贸易联系更加紧密

一是贸易规模持续增长。据海关总署统计，2013—2021 年，我国与“一带一路”沿线国家进出口总值从 6.46 万亿元增长至 11.6 万亿元，年均增长 7.5%，占同期我国外贸总值的比重从 25% 提升至 29.7%。2020 年以来，受新冠肺炎疫情影响，世界经济严重衰退，产业链、供应链循环受阻，国际贸易投资大幅萎缩，但中国与“一带一路”沿线国家贸易逆势增长。联合国贸易和发展会议（UNCTAD）数据显示，2020 年国际贸易萎缩 8%。2020 年，中国与“一带一路”沿线国家进出口额达 9.37 万亿元，增长 1%。2021 年，中国与沿线国家货物贸易额达 11.6 万亿元，创 8 年来新高，同比增长 23.6%。与此同时，“一带一路”内部贸易联系亦越发紧密。中国国际经济交流中心、对外经贸大学和路孚特联合课题组撰写的《2020 年“一带一路”贸易与投资指数报告》显示，自 2013 年“一带一路”倡议提出以来，区域内贸易关联不断增强。与欧盟、北美自由贸易区比较，“一带一路”内部贸易在全球总贸易中的占比提升明显，至 2019 年已达 15.8%，其规模已相当于欧盟内部贸易的 65% 以上。

二是贸易结构和质量不断提升。服务贸易成为共建“一带一路”贸易合作新亮点。据统计，2016—2020 年，服务贸易进出口总额累计超 7800 亿美元，其中进口约 5000 亿美元，使更多国家分享了中国市场红利。贸易方式创新加快，跨境电商等新业态蓬勃发展，成为推动贸易畅通的重要力量。海关统计数据显示，2021 年我国跨境电商进出口额达 1.98 万亿元，同比增长了 15%；其中出口额为 1.44 万亿元，同比增长了 24.5%。中国海外仓数量超过 2000 个，为“一带一路”贸易注入了活力。

三是共建“一带一路”为区域贸易发展带来新动力。亚洲是中国与共建“一带一路”国家开展货物贸易最集中的地区。2020 年，亚洲地区货物

贸易额占中国货物贸易总额比重高达67.7%，较上年上升0.3个百分点。中国国际经济交流中心、对外经贸大学和路孚特联合课题组撰写的《2020年"一带一路"贸易与投资指数报告》显示，在全球经贸低迷与中美经贸摩擦等因素的叠加影响下，除非洲地区外，2018年及2019年"一带一路"沿线其余各区块的贸易指数得分均有所下滑。但2020年亚洲区块的贸易指数出现了明显的上升趋势。欧洲地区经济发达，贸易市场成熟，贸易总指数均值较高。在疫情流行、经济衰退的困难时期，"一带一路"倡议为欧洲经济体复苏提供了巨大推力，中欧双边贸易逆势增长。2020年，中国成为欧盟最大的贸易伙伴。2021年中国与欧盟的进出口贸易总值达到8281.1亿美元，贸易额较2020年增长27.5%。非洲地区发展水平落后，基础设施水平不高。自"一带一路"倡议启动后，中非合作进一步深化，为非洲发展带来了新机遇，中国已经连续12年稳居非洲大陆的第一贸易伙伴地位。

四是共建"一带一路"国家贸易潜力明显上升。自2013年提出倡议以来，"一带一路"共建国家的贸易潜力得到有效释放。由于"一带一路"相关国家的政治体制、宗教文化、经济基础和基建条件差异较大，且在"逆全球化"思潮兴起和世纪疫情冲击下，全球贸易与经济增长面临巨大风险，各区域贸易潜力受到一定抑制。中国国际经济交流中心、对外经贸大学和路孚特联合课题组撰写的《2020年"一带一路"贸易与投资指数报告》显示，从地区层面整体来看，"一带一路"将中国优质产能、技术和价格优势与广大亚、欧、非、拉美国家的市场、劳动力等结合起来，促进现有市场经济规律下生产要素在亚、欧、非、拉美国家间的新的流动和分配，通过推动构建利益共享的全球价值链，使以上地区贸易潜力得到很大程度的释放。分地区看，相对欧洲地区，"一带一路"倡议下的亚非拉贸易潜力得到了更大程度释放。长期以来广大发展中国家基础设施发展滞后、综合发展环境发展缓慢、广义贸易成本居高不下，导致这些国家经济发展难以实现起飞。而以基础设施互联互通为引领的"一带一路"合作倡议正在将割裂的全球化带入一个互联互通的全新时代。"要想富、先修路"，随着"一带一路"互联互通的加速推进，一些内陆国家也具有进一步参与全球经济的便利条件。其中表现最为突出的是，“一带一路”大多数重点项目建在内陆国家，这些国家以前一直被锁在大陆腹地，无法享受全球化带来的福利，但在“一带一路”建设下，这些“内锁国”通过中老铁路、中欧班列等的建设发展，变成“陆联国”，从而有机会共享全球化红利。与此同时，随着新一代信息技术和数字经济的高速发展，广大发展中国家可通过发展数字贸易进而具备“弯道超车”的后发优势。

二、共建“一带一路”投资合作稳步推进

在全球对外直接投资下降的大趋势下，中国积极与共建国家和地区开展投资合作，与共建国家在互利共赢中走向共同繁荣。

一是对外直接投资持续增长。2013 年至 2020 年，中国对“一带一路”沿线国家累计直接投资 1360 亿美元，年均增长 5.7%，较同期全国平均水平高出 2.7 个百分点。2020 年，在新冠肺炎疫情席卷全球、全球对外直接投资同比缩水 35% 的背景下，中国境内投资者在“一带一路”沿线的 58 个国家实现直接投资 186.1 亿美元，占同期总额的 14%，较 2019 年提升 0.3 个百分点，主要投向新加坡、印度尼西亚、越南、老挝、马来西亚、柬埔寨、泰国、阿联酋、哈萨克斯坦和以色列等国，与 2019 年“一带一路”沿线对外投资流向基本保持一致。2021 年全年中国对沿线国家直接投资 1384.5 亿元，同比增长 7.9%，占对外投资总额的比重达 14.8%。沿线国家企业对中国直接投资首次超百亿美元，达 112.5 亿美元，折合人民币 742.8 亿元。

二是“一带一路”投资便利化水平上升。投资便利化与国家或地区的基础设施和经济发展水平直接相关。自“一带一路”建设推进以来，共建国家在电信、网络、能源等基础设施方面有长足进步，营商环境明显改善，推动共建国家投资便利化水平呈明显上升趋势。中国国际经济交流中心、对外经贸大学和路孚特联合课题组撰写的《2020 年“一带一路”贸易与投资指数报告》显示，从时间趋势来看，分区域的投资便利化自 2013 年至 2015 年各区域都有明显的下降趋势，但 2016—2020 年除 2018 年略

有下降外，在其余年份各区域的投资便利化得分有明显的上升趋势。特别地，投资便利化软环境指数整体不断提升。这主要是因为：第一，近年来，世界各国不断降低本国进口产品关税税率，持续推进贸易自由化，许多发展中国家也积极参与区域或多边贸易自由化协定，如 RCEP 生效后中国及周边国家大量商品都可以实现零关税待遇，这给跨国投资带来更大的便利；第二，由于新技术、新产业的出现，各国也开始在企业开办、对外开放方面做出努力，比如中国各主要城市开始实施服务业扩大开放的试点方案及自贸区试点开放工作，韩国、日本、新加坡等国也开始围绕自身打造跨国的自贸区及经济开放区域。

三是“一带一路”共建国家投资潜力持续增长。投资潜力大小与地理位置、经济实力、市场环境和投资密不可分，随着“一带一路”建设的推进，各地经济联通性增强，再加上经济发展、投资和环境改善的助力，共建国家投资增长潜力不断增长。中国国际经济交流中心、对外经贸大学和路孚特联合课题组撰写的《2020 年“一带一路”贸易与投资指数报告》显示，在“一带一路”建设推进过程中，“投资潜力”指标的增长速度明显快于另外三类指标（投资规模、便利化及风险）。尤其值得注意的是，在全球经贸持续低迷、贸易摩擦频发、新冠肺炎疫情肆虐的三重负面攻击下，投资潜力指标仍保持稳健的上升态势。中国和印度名列前茅，排名靠前的较多集中在东盟地区，排名靠后的多为经济相对落后、市场规模较小的国家，且较为集中在非洲国家。分区域来看，各区域 2013—2020 年投资潜力增速趋缓，负增长频现。尤其是受 2019 年底新冠肺炎疫情的影响，世界经济面临不确定性增强，2020 年所有样本所在区域投资潜力均呈现负的增长。不过，“一带一路”倡议使共建国家越发重视相对公平的市场竞争环境，多数国家政府将主要精力放到招商引资工作上，通过系列政策与制度的出台和落实，优化地区内部营商环境、激发市场主体活力，取得了一定成效。另外，疫情为数字经济发展提供了新机遇，为“一带一路”沿线的亚洲国家投资注入了新动力。数字经济是人口经济、转型经济、普惠经济、开放经济。“一带一路”沿线国家、亚太及非洲等地区的发展中经济体数字化转型和数字化基础设施需求的释放，使数字经济发展拥有广阔的市场空间，将形成强有力的投资潜力空间。

三、产业合作效能进一步显现

“一带一路”共建国家不断加强在新一代信息技术、生物、新能源、新材料等新兴产业领域的深入合作，开展了市场化、全方位的产业合作，为共建国家实现产业结构升级、产业发展层次提升提供新的动能。

一是国际产能合作蓬勃发展。2015 年，《国务院关于推进国际产能和装备制造合作的指导意见》出台，2016 年底《国际产能合作“十三五”规划》出台。中国已与 40 多个国家签署产能合作文件，建立产能合作机制，开展项目对接。合作领域从传统行业向高端产业发展，高铁、核电、电子信息等高端制造业逐步走出国门，加速带动装备、技术、服务、标准和品牌“走出去”，助力沿线国家产业结构转型升级。中国积极参与和引领区域、次区域合作，同东盟、非盟、拉美和加勒比国家共同体等区域组织进行合作对接，开展机制化产能合作，推动发表《中国—东盟产能合作联合声明》和《澜湄国家产能合作联合声明》等重要文件，与有关国家共同谋划产能合作的重点领域和重大项目，推动形成开放包容、多方共赢的合作格局。能源开发合作带动“一带一路”相关国家能源开发利用水平提升，有效缓解能源需求。中石油、中海油、俄罗斯诺瓦泰克和法国道达尔共同签署了北极 LNG2 项目，成为中、法、俄三国能源合作旗舰项目。中巴经济走廊的能源合作项目使巴基斯坦从电力短缺国变成电力富余国。巴基斯坦中巴经济走廊事务局网站公布的最新统计数据显示，截至 2021 年底，中巴经济走廊框架下已完成的能源项目总产能达到 532 万千瓦。这些电力产能提供了大量居民和工业用电，使巴基斯坦摆脱长时间停电的困境。

二是产业升级转型发展合作有序推动。中国加强与各国技术交流和共享，推动相关国家产业升级。2019 年，中车株洲电力机车有限公司在马来西亚首列本地化生产的“ETS2 米轨动车组”正式下线，成为马来西亚首个具有商务座舱的动车组。吉布提阿萨尔盐湖溴化钠项目成功生产吉布提第一批出口海外的工业产品，填补了吉布提化工企业空白，是该国产业延伸发展的新突破。恒逸石化文莱大摩拉岛综合炼化项目投入试运行，项目一期投资额约34.5亿美元，项目原油加工能力为每年800万吨，可有效提升当地油气炼化能力。冶炼开发技术方面，“一带一路”共建项目通过提供产业资金与技术补充，系统提升共建国家矿业发展水平。卢阿拉巴铜冶炼项目是刚果（金）首个规模型现代化火法铜冶炼项目，项目采用世界先进生产工艺，是刚果（金）境内产能规模最大、安全环保最优、社会贡献最佳的火法铜钴冶炼项目，为当地创造直接就业岗位1500个。沙尔贡煤矿现代化改造项目建成了乌兹别克斯坦第一个现代化矿井，不仅解决了该国煤炭资源短缺问题，而且为解决就业、推动当地经济发展做出贡献。一批“小而美”的减贫、卫生、教育、体育等民生领域援助项目落地见效，援非洲疾控中心等项目顺利实施。

三是境外经贸合作区成为产业合作重要平台载体。自“一带一路”倡议提出以来，中国境外经贸合作区建设发展迅速，日益成为中国与有关共建国家开展经贸合作的重要载体和中国企业“走出去”的重要平台，成为中国企业深度参与东道国经济社会发展、促进产业合作的重要模式和手段，并助推“一带一路”建设深度融入共建国家的经济社会发展与规划。据统计，截至2021年末，纳入商务部统计的境外经贸合作区分布在46个国家，累计投资507亿美元，上缴东道国税费66亿美元，为当地创造39.2万个就业岗位，有力促进了互利共赢、共同发展①。中国—白俄罗斯工业园、柬埔寨西哈努克港经济特区、泰国泰中罗勇工业园、越南龙江工业园、中阿（联酋）产能合作园区、中埃苏伊士经贸合作区、中匈宝思德经贸合作区等建设成效显著。合作区建设有力推动了东道国工业化进程和相关产业发展，推动了东道国产业转型升级，也促进了双边政治和经济关系，密切人民交往和友谊。

---

① 2021年中国对外投资超9300亿元[EB/OL]. 中国商务新闻网,https://baijiahao.baidu.com/s?id=1726169331982163237&wfr=spider&for=pc.

专栏3－7：中白工业园成效显著

中白工业园（great stone），全称中国—白俄罗斯工业园，坐落于丝绸之路经济带中贯通欧亚的重要枢纽——白俄罗斯明斯克州。中白工业园规划面积91.5平方公里，是中白合作共建丝绸之路经济带的标志性工程。

2015年5月10日，习近平主席在明斯克同白俄罗斯总统卢卡申科举行会谈。习近平主席建议，“推动两国发展战略对接，共建丝绸之路经济带”。“要把中白工业园建设作为合作重点，发挥政府间协调机制作用，谋划好园区未来发展，将园区（中白工业园）项目打造成丝绸之路经济带上的明珠和双方互利合作的典范”。2018年7月9日，白俄罗斯副总理加里宁在首都明斯克表示，白政府对“巨石”中白工业园的建设工作感到满意，对其发展前景充满期待。

2018年11月21日，中白工业园开工建设成套住宅楼，用于改善入园企业员工的居住生活条件。2019年2月，根据白俄罗斯共和国第490号“关于海关监管”总统令，中白工业园被批准为白俄罗斯境内首个区域经济特区。

在中白双方共同努力下，中白工业园成为丝绸之路标志性工程——高质量完成了园区一期8.5平方公里基础设施建设，正迈向高质量发展阶段，开发建设和招商引资均取得丰硕成果。截至2021年6月，有来自14个国家的70家企业在这里投资兴业，协议投资额超过12亿美元，其中近半数入驻企业已经投产，创造了1660多个工作岗位。中国援建白俄罗斯的中白工业园中白科技成果产业化创新中心交付白方并正式投入运营。工业园总体聚焦汽车零部件、电力运输、电气设备、医疗产品和设备、制药以及综合物流等领域。作为中白两国的重要合作项目，中白工业园经过七年建设，几乎已经成为一座独立的现代化城市，是白俄罗斯的一张新名片，也是“一带一路”上的一颗明珠。

四是第三方市场合作稳步推进。第三方市场合作是引导推动发达国家参与高质量共建“一带一路”的重要方式。截至目前，中国与法国、日本、意大利、英国等14个国家签署第三方市场合作文件。合作平台加快构建，中法第三方市场合作指导委员会、中国新加坡第三方市场合作工作组等机制相继设立运行，西门子股份公司与国家发展和改革委员会“一带一路”建设促进中心签署《在共建“一带一路”框架下加强合作的谅解备忘录》，中国—意大利、中国—奥地利等一系列第三方市场合作论坛成功举办，成为中外企业交换信息、洽谈合作、达成协议的重要平台。国家发展和改革委员会发布《第三方市场合作指南和案例》，涵盖铁路、化工、油气、电力、金融等领域的21个案例。中国人民银行与欧洲复兴开发银行签署加强第三方市场投融资合作谅解备忘录，中国进出口银行与瑞穗银行、渣打银行等签署“一带一路”项下第三方市场合作协议。一批早期成果陆续显现：中国中铁与意大利公司实施黎巴嫩大贝鲁特供水隧道项目，让黎巴嫩首都居民全部用上清洁廉价自来水，从此告别桶装水；中国铁建与韩国公司合作执行秘鲁地铁项目，便捷当地民众出行；中国能建与马来西亚、爱沙尼亚企业合作开发约旦油页岩电厂项目，大幅减少碳排放，并创造数千个工作岗位；中国电建与西班牙企业合作建设厄瓜多尔医院项目，有效缓解当地医疗资源紧缺状况；上海电气与沙特阿拉伯、美国企业合作建设迪拜太阳能发电项目，为当地27万家住户提供清洁电力。

五是对外工程承包和劳务合作不断深化。近年来，随着共建“一带一路”走深走实，中国对外工程承包发展也进入了新的高峰期。2013—2020年，中国在“一带一路”沿线国家承包工程新签合同额由715.7亿美元增至1414.6亿美元，年均增长10.2%；完成营业额由654亿美元增至911.2亿美元，年均增长4.9%。截至2021年12月，中国对外劳务合作业务累计派出各类人员1062.6万人。受疫情影响，2020年，我国对外劳务合作派出各类劳务人员30.1万人，较上年同期减少18.6万人；其中承包工程项下派出13.9万人，劳务合作项下派出16.2万人。2020年末在外各类劳务人员62.3万人。2021年，我国对外劳务合作派出各类劳务人员32.3万人，较上年同期增加2.2万人；其中承包工程项下派出13.3万人，劳务合作项下派出 19 万人。2021 年末在外各类劳务人员 59. 2 万人。

四、共建“一带一路”下产业链供应链合作更加密切

共建“一带一路”推动共建国家之间贸易投资规模的扩大，共建国家之间的产业链供应链布局优化，以及上下游产业链和关联产业协同发展。据统计，2013—2021 年，中间产品占我国对“一带一路”沿线国家的出口比重由 2013 年的 49. 8% 提升至 2021 年的 56. 2%，2021 年出口汽车零配件、纺织品、锂电子蓄电池分别增长 26. 7%、14. 1% 和 50. 4%①。由中国国际经济交流中心、对外经贸大学和路孚特联合编制的《“一带一路”贸易投资指数报告（2019）》显示，“一带一路”共建国家之间的内部贸易占比超过 30%、中间品贸易占比超过 60%，增加了产业链和供应链的稳定性。

中国东盟合作成为“一带一路”经贸合作样板，对维护全球产业链供应链稳定发挥了积极作用。2021 年是中国—东盟建立对话关系 30 周年。30 年来，中国—东盟贸易规模不断扩大，从 1991 年的不足 80 亿美元增长到 2020 年的 6846 亿美元。自 2009 年起，中国连续 12 年保持东盟第一大贸易伙伴地位；2020 年，东盟首次成为中国最大的贸易伙伴，双方贸易额超过中国对外贸易总额的 1/7。中国—东盟贸易结构不断优化，产业链供应链高度联结、相互协作。双方贸易由传统农副产品、初加工产品和低附加值工业品不断向工业制成品、高附加值机电产品、机械器具和数字化机械设备转型升级。2020 年，中国—东盟加工贸易项下进出口额达 1410 亿美元，占双方贸易总额的 20. 6%，其他各类原材料和中间产品也占有较大比重。中国与东盟在国际产业链供应链分工中充分发挥各自比较优势，为双方经济增长和产业合作注入持久动力。2021 年中国—东盟贸易额再创历史新高，达到 8782 亿美元，占中国对外贸易总额的 14. 5%。东盟连续两年是中国第一大贸易伙伴，贸易结构持续优化，产业链供应链联系更加紧

---

①　海关总署. 我国与“一带一路”沿线国家贸易往来呈现出这些特点[EB/OL]. https://baijiahao. baidu. com/s? id = 1721906176506780318&wfr = spider&for = pc.

密。投资方面，2020年东盟国家的整体外来投资下降，而中国对东盟全行业直接投资143.6亿美元，同比增长52.1%，充分体现了中国—东盟经贸互补性、韧性、活力强，体现了面对新冠肺炎疫情和复杂多变国际形势双方共克时艰、命运与共。2021年，中国对东盟全行业直接投资143.5亿美元，此外，双方合力推进铁路、公路、港口、机场等基础设施硬联通，促进区域规则标准软联通，提升东盟共同体建设以及东盟与区域国家互联互通合作水平，为密切供应链合作奠定基础。

中国成为全球产业链供应链稳定的重要力量。中国开放的大门越开越大，搭建了中国进口博览会等平台，进口需求迅速扩大，中国货物和服务贸易年进口额占全球10%以上。2021年，中国货物贸易进口17.37万亿元，同比增长21.5%，服务贸易进口27547.7亿元，同比增长4.8%。世界贸易组织2021年3月31日发布的《全球贸易数据与展望》显示，2020年中国作为全球第二大进口国地位进一步巩固，进口贸易量占全球总量比重上升至11.5%，是全球唯一实现货物贸易正增长的主要经济体。2021年，以美元计价，我国进出口规模达到6.05万亿美元，增长超过20%，达到历史高点。2021年前三季度，我国出口国际性市场占有率为14.9%，同比提高了0.6个百分点，与2012年对比提高了3.8个百分点，进口国际市场份额12.1%，再创历史新高。

第四节　中欧班列成为共建“一带一路”经贸大通道

在共建“一带一路”框架下，昔日“丝路驼队”承载的古代文明，如今已被有“钢铁驼队”之称的中欧班列赋予了新内涵，成为国际贸易新通道、深化与沿线国家经贸合作的重要载体，成为“一带一路”标志性工程。

一、中欧班列发展突飞猛进

中欧班列是指按照固定车次、线路等开行，往来于中国与欧洲及“一带一路”沿线各国的集装箱国际铁路联运班列，是为解决中国与欧洲沿线国家日益增长的贸易需求应运而生的。2011 年 3 月 19 日，第一列中欧（渝新欧）班列从重庆铁路西站出发，全程 11179 公里，耗时 16 天，由阿拉山口出境最终到达德国杜伊斯堡，实现了中欧班列国际铁路集装箱的全线开行，此后，郑州、成都、长沙等地也相继开通了直达欧洲的国际铁路集装箱班列，但一直未有大规模发展。2013 年“一带一路”倡议提出后，中欧班列被纳入“一带一路”框架。自那时起，中欧班列进入快速发展轨道。为适应中欧班列与沿线国家的国际货物运输的需要，打造国际物流品牌，2016 年 6 月 8 日，中欧班列正式统一品牌。

作为“一带一路”建设的运输合作平台，中欧班列的开行解决了中国与欧洲长期以来存在的距离时间长、运输成本偏高、物流周期过长等问题。在这之前，中国与欧洲之间的国际贸易都是以海洋运输为主导，中欧班列相比海运缩短了 9000 公里，节省了一半时间；疫情冲击下其更显战略通道作用，增加安全可靠性。经过多年的市场培育，中欧班列已实现常态化开行、规模化运营，特别是 2016 年中欧班列统一品牌以来，通过不断完善班列运行保障机制、提高口岸站运输能力、加强班列集结中心建设等途径，推动了班列开行数量逐年递增、货物品类不断丰富、运输货值成倍增长。中欧班列已经成为“丝绸之路”沿线国家之间贸易往来的铁路运输的骨干，也是国家之间运输合作的重要典范。截至 2021 年底，中欧班列累计开行突破 5 万列、运送货物超 455 万标准箱、货值达 2400 亿美元，通达欧洲 23 个国家 180 个城市，为保障国际产业链供应链稳定、推动共建“一带一路”高质量发展做出积极贡献。2016—2021 年，中欧班列年开行数量由 1702 列增长到 15183 列，年均增长 55%（见图 3－1）；运输货物品类从最初的手机、笔记本电脑等 IT 产品，扩大到汽车配件及整车、化工、机电、粮食、酒类、木材等 5 万余种产品；年运输货值由 80 亿美元提升至 749 亿美元，增长了 8 倍多，在中欧贸易总额中的占比从 1.5% 提高到 8%。

面对新冠肺炎疫情的严重冲击，中欧班列“逆势而上”。2021 年，开行量再次刷新历史纪录，达 15183 列，同比增长 22%，首次突破 1.5 万列大关，连续两年突破“万列”，是 2016 年统一品牌时的 9 倍多，年均增长

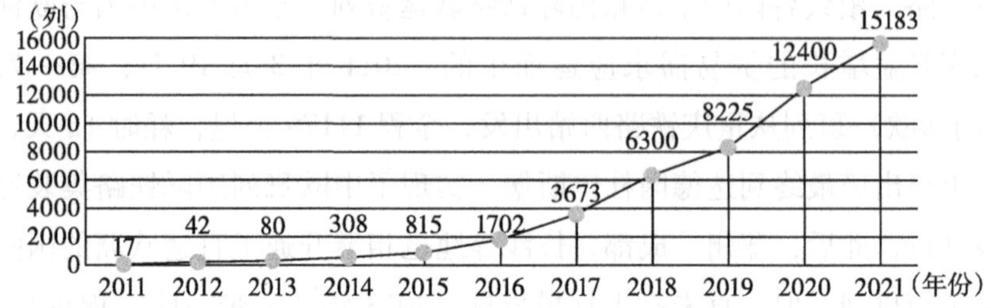

图3-1 2011—2021年中欧班列开行列数

资料来源：国铁集团发布，中新网、新华社及地方媒体公开报道。

率达55%，运送货物146万标准箱，货值749亿美元，以稳定、可靠、高效的物流服务有力畅通亚欧供应链。特别是受疫情频频反弹、海运价格高企、空运运力不足、公路口岸不畅等因素影响，海运、空运和公路运输货物持续向铁路转移，大量货物"涌向"中欧班列。2021年，中欧班列运送货物和货值同比分别增长29%、36%。长三角、粤港澳大湾区、京津冀等区域的中欧班列市场快速发展。在此大背景下，目前中欧班列运输市场订单大幅增长，市场份额持续扩大。

二、中欧班列运行质量显著提升

随着"一带一路"建设推进，中欧班列运行质量显著提升。主要表现在以下方面：

一是中欧班列开行范围不断扩大，我国铁路部门不断加强国际铁路合作，积极发挥中欧班列运输协调委员会和中欧班列运输联合工作组织这两个重要平台的作用。不断扩大黑海、波罗的海和东欧等领域的合作范围，开辟新的中欧班列国际运输通道。截至2022年1月，中欧班列已经铺画出78条运行线路，通达欧洲23个国家的180个城市，站点的不断增加，极大地便利了中国与"一带一路"沿线国家在贸易领域的互联互通。

二是运行效率稳步提高。从重箱率看，中欧班列重箱率实现稳步增长，综合重箱率由2016年的77.2%提升至2021年的98.1%；通过加强回程货源开发，班列往返开行数量更加均衡，回程班列与去程班列的比例由

2016 年的 50.6% 提升至 2021 年的 81.5%，去回程不平衡的问题得到进一步改善。在满洲里、霍尔果斯口岸站常态化组织“三列并两列”集并运输，推动协调解决宽轨段运输组织等问题，全程运行时间从 24 天压缩至最短 12 天，班列运输效率大幅提高。疫情条件下中欧班列平均运行时间20～25 天，较海运具有更强的竞争力。

三是中欧班列运输商品品类日益丰富。更多的品类开始由海运转向中欧班列运输。欧亚铁路物流股份公司数据显示，中国 3 年前发往欧洲的货物主要为电子产品、机械制品和汽车零部件，占比达 80%。就 2021 年上半年来看，这三类商品约占货物总运输量的 40%，而塑料、橡胶和玻璃等化工制品运输量占比迅速增长，医疗卫生产品运输量也呈现增长势头，商品种类更加多元。

四是数字化水平不断提升。铁路部门完善 95306 国际联运信息平台，能够实现与欧洲等国家在国际联运单、跟进追踪信息等方面进行 EDI 信息交换；能够提供境外追踪、统计分析、电子制单等相关信息服务。研发投用 95306 数字口岸系统，实施“铁路快通”模式，铁路部门按照规定可提前向海关传输铁路舱单电子数据，海关只需通过对铁路舱单电子数据进行审核、放行、核销，实现对铁路列车所载进出口货物转关运输监管，无须企业另行申报并办理转关手续，极大地压缩了班列在口岸站的停留时间，助推物流大通道更快、更畅、更安全，切实提高了班列在口岸站的运输效率及通关效率。

五是“中欧班列 +”新形态蓬勃发展。2020 年 9 月 1 日，中欧班列（渝新欧）跨境电商 B2B 出口专列驶出，发往欧洲国家，标志着全国首班中欧班列跨境电商 B2B 出口专列成功开行，为外贸货物出口开辟了新路径。海关统计数据显示，2021 年我国跨境电商进出口 1.98 万亿元，增长 15%，其中出口 1.44 万亿元，增长 24.5%。与此同时，“上合示范区—明斯克”“义新欧”“苏新欧”及合肥至德国汉堡、威廉港等跨境电商专列的先后开通，也让中欧班列与跨境电商模式融合成为现实。如今，一批批有海外仓需求的跨境电商、物流配套服务供应商以及数字化初创企业逐渐在中欧班列节点城市聚集。通过“跨境电商 B2B + 中欧班列（渝新欧）+ 境外企业/海外仓”的模式，外贸企业将更容易、更有效地进入全球市场。在海外仓遍布的背景下，依托着高性价比的中欧班列运输方式，更多的欧洲民众得以在疫情之下体验到中国的电商服务。有数据统计，近两年来，在波兰使用跨境电商购物的人数就增加了13%，另外，还有超过1/4的波兰民众成为中国跨境电商平台的用户。作为跨大洲、跨国别、长距离、大运量的运输方式，中欧班列已成为沿线国家广泛认同的国际公共产品和国际合作平台，随着中欧班列与跨境电商平台、物流平台、保税平台、自贸试验区等融合发展加速，中欧班列开辟出更多新的形态，进一步促进其整体的高质量发展。未来“中欧班列+”的形式将会更加多样，如“人文班列”“旅游班列”等，引领中欧班列参与国际贸易、双向投资、人文交流等更广泛领域的合作。

三、中欧班列内外物流通道网络体系加快拓展

中欧班列从国内的阿拉山口、霍尔果斯、二连浩特、满洲里、绥芬河五个口岸出境，以亚欧大陆桥和新亚欧大陆桥为依托，形成了西线、中线、东线三条运输通道。西线通道从新疆的阿拉山口（霍尔果斯）口岸，途经哈萨克斯坦等中亚国家，最终到达欧洲各国，中线通道从内蒙古的二连浩特口岸出境，途经蒙古国等国家，最终到达欧洲各国，东线通道从内蒙古的满洲里（绥芬河）口岸出境，途经俄罗斯等国家，最终到达欧洲其他各国。其中，西部通道出境后又有三条通路，分别为北通路（到达俄罗斯、西北欧）、中通路（到达高加索、黑海、中东欧）和南通路（到达伊朗、土耳其、南欧）。10年来，中欧班列经由不同通道实现常态化或试运营，国际市场网络加快拓展。2021年，中欧班列铺画78条运行线，穿越亚欧腹地主要区域，通达欧洲23个国家的180个城市，较上年增加2个国家和88个城市，通达城市数量增长了96%，物流配送网络覆盖欧洲全境，形成了贯通欧洲大陆的国际贸易大动脉。与俄罗斯、波兰、德国、白俄罗斯、荷兰之间的中欧班列开行量分列前5位，五国已深度参与中欧班列建设运营。其中，中俄之间开行6929列，中波、中德之间开行量均超过

2000列。匈牙利、土耳其等10余个新参与国也表达了深化合作、共享发展的强烈愿望，中欧班列成为沿线国家共同建设、共同维护的国际战略通道。中欧班列的快速成长带动了亚欧海铁、公铁、空铁等多式联运加快发展，以铁路为支撑的综合交通网络加快形成，“安智贸”“关铁通”等新型通关模式获得国际社会广泛认可，国际运输规则加速调整，铁路运单“一单制”快速应用发展，为国际运输体系变革注入了新活力。中欧班列境外通道基本情况见表3－4。

表3－4 中欧班列境外通道基本情况

通道名称	国家及开行线路	路径
中欧班列西部通道北通路	中国—哈萨克斯坦—俄罗斯—白俄罗斯—波兰—德国、重庆—杜伊斯堡、郑州—汉堡、武汉—梅林克帕尔杜比采、成都—罗兹等重点班列均经由此线路开行	路径一：通过莫斯科向北连接北欧的芬兰、瑞典、挪威三国，如郑州开行至芬兰科沃拉的中欧班列
		路径二：通过莫斯科连接波罗的海的立陶宛、拉脱维亚、爱沙尼亚三国，并铁海联运至德国杜伊斯堡港或汉堡港，如新疆库尔勒至杜伊斯堡间开行的1.4丁二醇液态罐式集装箱
		路径三：通过乌克兰连接匈牙利、斯洛伐克、捷克、塞尔维亚等中东欧国家，如营口港至斯洛伐克的切尔纳班列
中欧班列西部通道中通路（欧洲—高加索—亚洲走廊）		路径一：从中国阿拉山口（霍尔果斯）出境后，从哈萨克斯坦阿克套港经里海轮渡运输后，再从阿塞拜疆巴库港经格鲁吉亚波季或巴统港通过黑海轮渡，到达黑海沿线国家，如新疆奎屯至土耳其的梅尔辛和伊斯坦布尔班列
		路径二：从中国阿拉山口（霍尔果斯）出境后，经哈萨克斯坦谢米格拉维马尔、俄罗斯奥津基、阿塞拜疆巴库、格鲁吉亚第比利斯通过黑海轮渡，到达黑海沿线国家，如新疆奎屯至第比利斯班列
		路径三：从中国阿拉山口（霍尔果斯）出境后，经哈萨克斯坦阿克套港、里海轮渡、阿塞拜疆巴库港、格鲁吉亚第比利斯、土耳其伊斯坦布尔，到达南欧、西欧国家，如新疆库尔勒至土耳其梅尔辛的纺织品班列

续表

通道名称	国家及开行线路	路径
中欧班列西部通道南通路		路径一：从中国阿拉山口（霍尔果斯）出境后，经哈萨克斯坦阿拉木图、乌兹别克斯坦塔什干、土库曼斯坦谢拉赫斯、伊朗萨拉赫斯、土耳其伊斯坦布尔，到达南欧、西欧国家，如义乌至德黑兰开行的试运行班列
		路径二：从中国阿拉山口（霍尔果斯）出境后，经哈萨克斯坦阿拉木图和乌津、土库曼斯坦阿吉亚依拉、伊朗德黑兰，到达南欧、西欧国家，如长沙至德黑兰的试运行班列
中欧班列中部通道		从中国二连浩特出境后，经蒙古国、俄罗斯、白俄罗斯，通过布列斯特/马拉舍维奇，进入波兰、德国，如郑欧、湘欧班列
中欧班列东部通道		从中国满洲里（绥芬河）出境后，经俄罗斯、白俄罗斯，通过布列斯特/马拉舍维奇，进入波兰、德国，如苏满欧、辽满欧、营满欧、哈欧班列

中欧班列畅通了亚欧大陆的经济联系，完善了班列沿线基础设施网络，欧洲多个几近废弃的货运站场实现了改造升级，多年沉寂的物流市场焕发生机和繁荣，中欧班列迅速发展成为沿线国家开放合作、互利共赢的重要载体。

国内方面，国内枢纽设施不断完善，重点口岸和重点城市集结效应日益明显，网络体系初步形成。2021年，国内开行中欧班列的城市共68个。其中，西安、重庆、成都、郑州、乌鲁木齐5大中欧班列集结中心的开行量稳步增长，2021年达到8469列，运送货物80.3万标准箱，分别占全国的55.8%、54.8%，物流集聚效果充分彰显。除5大中欧班列集结中心外，长沙、义乌、济南、沈阳、苏州、武汉6市2021年实现日均开行超1列。中欧班列（成渝）通达欧洲百城，规模效应显现。据重庆市政府口岸物流办信息，2021年全年中欧班列（成渝）共计开行超4800列，开行量占全国比例超过30%，运输超40万标准箱，回程班列占比超50%，开行线路已可通达欧洲超百个城市。2021年，成都中欧班列累计新增俄罗斯圣彼得堡、荷兰阿姆斯特丹、英国费利克斯托、波兰格但斯克、德国罗斯托克、英国伊明汉姆等11个站点，有效扩大了中欧班列海外布局范围。自开行至今，成渝两地累计开行中欧班列超1.8万列，实现进出口贸易额超7000亿元，已成为全国开行量最多、开行最均衡、运输货值最高、货源结构最优、区域合作最广泛、运输最稳定的中欧班列，成渝两地正在携手将中欧班列（成渝）打造成为全国中欧班列第一品牌。依托中欧班列运输通道优势和品牌效应，成渝两地的经贸、产业取得了长足发展，2021年，成渝两地铁路口岸周边引进各类项目总投资近1500亿元。中欧班列主要线路基本情况见表3-5。

表3-5 中欧班列主要线路基本情况

线路	出境口岸	目的站	全程距离	时间
重庆—杜伊斯堡	阿拉山口	德国杜伊斯堡	约11000公里	约15天
成都—罗兹	阿拉山口	波兰罗兹	9965公里	约14天
成都—维也纳	阿拉山口	奥地利维也纳	约9800公里	约13天
西安—华沙	阿拉山口	波兰华沙	9048公里	约12天
西安—斯瓦夫库夫	阿拉山口	波兰斯瓦夫库夫	9478公里	约10天
西安—安卡拉	霍尔果斯	土耳其安卡拉	约12000公里	约12天
郑州—汉堡	阿拉山口	德国汉堡	10245公里	约15天
郑州—列日	阿拉山口	比利时列日	约1.1万公里	约15天
苏州—华沙	满洲里	波兰华沙	约11200公里	约15天
武汉—捷克、波兰	阿拉山口	波兰、捷克	约10700公里	约15天
长沙—杜伊斯堡	阿拉山口	德国杜伊斯堡	11808公里	约18天
义乌—马德里	阿拉山口	西班牙马德里	13052公里	约21天
哈尔滨—汉堡	满洲里	德国汉堡	9820公里	约17天
兰州—汉堡	阿拉山口	德国汉堡	8027公里	15天
保定—明斯克	满洲里	白俄罗斯明斯克	约9500公里	12~14天
西安—安特卫普	阿拉山口	比利时安特卫普	9838公里	约12天
广州—沃尔西诺	满洲里	俄罗斯卡卢加州	11500公里	15天
青岛—莫斯科	满洲里	俄罗斯莫斯科	7900公里	约22天
长春—汉堡	满洲里	德国汉堡	近万公里	约12~15天
南昌——莫斯科	二连浩特	俄罗斯莫斯科	约1万公里	15天
唐山—安特卫普	阿拉山口	比利时安特卫普	11000公里	约16天
内蒙古—巴姆	阿拉山口	伊朗巴姆	9000公里	约15天

续表

线路	出境口岸	目的站	全程距离	时间
乌鲁木齐—杜伊斯堡	阿拉山口	德国杜伊斯堡	8000 公里	约 10 天
合肥—汉堡	阿拉山口	德国汉堡	11000 公里	15 天
合肥—阿拉木图	阿拉山口	哈萨克斯坦阿拉木图	4954 公里	9 天
临沂—莫斯科	满洲里	俄罗斯莫斯科	9922 公里	16 天
东莞—杜伊斯堡	阿拉山口	德国杜伊斯堡、汉堡	13650 公里	约 15 天
深圳—杜伊斯堡	满洲里	德国杜伊斯堡、汉堡	13438 公里	约 16 天

四、中欧班列战略通道作用显现

在共建“一带一路”框架下，中欧班列在巩固和稳定既有入欧主要通道基础上，探索开辟了跨里海、波罗的海以及经乌克兰、芬兰等国家的新通道、新路径，推动形成“畅通高效、多向延伸、海陆互联”的中欧班列境外通道网络格局。特别是2020年以来，新冠肺炎疫情席卷全球，严重影响人们生活的方方面面，也给全球供应链带来较大影响。面对世界疫情对国际物流供应链的冲击，尤其是疫情导致海运、空运受阻，中欧班列起到了畅通国际运输新动脉的作用。中欧班列优先保障国际合作防疫物资运输，实行优先承运、优先装车、优先挂运，做到快装快运、应运尽运，架起中欧“生命桥梁”。截至2021年11月底，中欧班列累计运送防疫物资1343万件，共计10.3万吨。此外，中欧班列义乌平台还根据客户需求，开通了防疫物资专列，彰显出其便利、稳定的服务能力。2021年，新冠肺炎疫情频频反弹，中欧班列保持安全稳定运行，将我国生产的防疫物资源源不断地运抵欧洲国家。据统计，2021年中欧班列运送防疫物资423万件、2.9万吨，成为各国携手抗疫的“生命通道”和“命运纽带”。

五、中欧班列辐射带动效应日益凸显

如今，中欧班列对外贸易沟通的重要性已得到公认。自2011年开始，在欧亚大陆上，从来没有一条铁路能够连接如此众多且广袤的国家与区域，为中国的贸易商品开辟了一条贸易新通道，在远离海洋和贸易口岸的中亚地区，也第一次拥有了国际通商口岸，首次把亚洲地区和欧洲地区用铁路连接起来。随着中欧班列的不断畅通与发展，越来越多的内陆地区参与到中国与中亚、欧洲等地区的贸易往来中，大量的中部、西部地区也开始直接“参与”到国际贸易中来，包括“远离”海洋港口的西安、兰州、成渝甚至郑州、合肥等地区都快速加入了中欧班列“序列”，并由此获得了巨大收益。成都中欧班列最初每年只开行 40 多列，如今每年开行 2000 列以上，许多本地中小企业利用这条国际通道开拓海外市场。据统计，2020 年四川省对“一带一路”沿线国家和地区进出口额达 2454.9 亿元，同比增长 24%。成都市实现进出口总额 7154.2 亿元，同比增长 22.4%，这样一个不靠海不沿江的内陆城市，因中欧班列成为对外开放高地。如今，作为全国中欧班列集结中心示范工程建设城市之一，四川成都不断完善“干支结合、枢纽集散”的高效集疏运体系，以通道促进贸易、集聚产业、深化合作，有效带动区域经济社会发展。从国内区域发展来看，中欧班列极大地促进了重庆 IT、汽车、跨境电子商务产业发展和转口贸易的快速增长，为成都进出口商品交易中心、郑州现代化国际物流中心建设提供了有力支撑，助推义乌实现了从“全球最大的小商品批发市场”向“全球小商品贸易中心”成功转型升级。

中欧班列源源不断为沿线国家运去中国优质商品的同时，还催生了许多新的物流、工业、商贸中心、产业园区，欧洲多个几近废弃的货运站场实现了改造升级，多年沉寂的物流市场焕发生机和繁荣，为当地民众提供成千上万的就业机会。德国杜伊斯堡港因中欧班列的开通吸引了上百家物流企业落户，创造了 2 万多个就业机会。中欧班列的开行还让波兰马拉舍维奇口岸站业务量成倍增长，极大地促进了当地的经济社会发展。

专栏 3-8：一座被中欧班列带活的老城——杜伊斯堡

地处鲁尔工业区西端、莱茵河东岸的杜伊斯堡，南达瑞士，北通荷兰鹿特丹和北海，是德国主要的铁路枢纽，也是全球最大的内河航运港和西欧物流中心。

杜伊斯堡曾是德国钢铁、煤炭和化学工业中心，然而重工业的衰退给这座城市造成了巨大冲击，钢铁厂关闭，境内煤矿全部关停，失业率高企，旧的发展模式不再有效，杜伊斯堡经历了将近 20 年的停滞期。

如今，这里成为中欧班列在西欧的主要站点。“自从中国领导人 2014 年到访这里后，我们的业务迅速增长，1/3 都跟中国相关。”德国杜伊斯堡 DIT 货运场站的工作人员阿梅莉·埃克斯莱表示。2017 年，杜伊斯堡港吞吐量增长了 30%，在德国港口中增长最快，其中一个重要支撑就是中欧班列。中欧班列仅在物流领域就给杜伊斯堡创造了 6000 多个就业岗位。“我们是中欧班列的受益者。”德国议会中德议员友好小组前主席、杜伊斯堡市中国事务专员约翰内斯·普夫卢格说。如今，中欧班列从 2014 年的每周 3 班发展到了现在的每周近 50 班，推动了该市港口行业的迅猛发展。

杜伊斯堡市常务副市长沃尔克·莫斯布莱希表示：“我们的经济转型很早就开始了，与中国的发展计划相结合更促进了这种转型。我们已成为中国通向欧洲的一扇大门。”

这座城市，正因中欧班列而改变。

第四章

共建“一带一路”经贸合作面临的风险与挑战

随着共建“一带一路”倡议被越来越多国家和国际组织认可，“一带一路”共建国家经济、金融、社会和政策等方面发展不断利好，经济得以更好增长，贸易投资环境得以改善。中国国际经济交流中心与对外经贸大学合作撰写的《贸投指数报告》显示，尽管受全球经济、贸易保护主义抬头等影响，经济风险、政策风险整体下行，但社会及金融风险相对稳定或波动下行。投资方面，从 2017 年开始，除了拉丁美洲在 2019 年投资风险指数有所回落、风险有所提高以外，其他区域的投资风险指数在这四年内都在不断提高，表明这四年里其他区域的投资风险一直呈现下降的趋势。尤其是非洲区域，虽然区域投资风险指数均值仍然处在末位，但是其投资风险指数绝对值在不断提高，表明投资风险有所降低，呈现良性发展的趋势。可见，“一带一路”贸易投资长期向好的基本面没有改变，但也面临许多新的更加复杂的内外挑战和深层次矛盾。全球经济复苏不均衡、全球化遭遇逆流、贸易保护主义抬头、大国关系深度调整、地缘政治竞争博弈加剧、非传统安全与传统安全风险高企，特别是新冠肺炎疫情全球扩散常态化、长期化态势，一些国家对“一带一路”的质疑、抵触甚至破坏，共建国家发展阶段、经济风险、社会风险、金融风险和政策风险的差异，给“一带一路”贸易投资发展带来严峻挑战。

应该清醒地看到，“一带一路”是一项需要持续努力推动的系统工程，是一项中长期的跨国行动，绝不可能一蹴而就，“十四五”时期，是世界百年未有之大变局深度演化和我国开启全面建设社会主义现代化国家新征程、向第二个百年奋斗目标进军的历史交汇期，也是推动“一带一路”高质量发展的关键时期。必须在正视和不断解决风险挑战中取得新的进展。

第一节 共建“一带一路”面临的外部政治风险挑战加大

“一带一路”倡议提出以来，国际环境总体对我有利，包括美、英在内的130多个国家曾派代表出席第一届“一带一路”国际合作高峰论坛。截至2022年1月，中国已与147个国家和32个国际组织签署了200余份合作文本，共建“一带一路”伙伴已遍及亚洲、欧洲、非洲、美洲、大洋洲。同时，世界正经历百年未有之大变局，世界政治格局大发展大变革大调整态势更加明显，特别是随着中美关系的重大变化，“一带一路”建设面临的外部环境日益复杂，风险增加，需要高度重视，分类施策化解风险挑战。

一、“一带一路”成为中美博弈的焦点

伴随着“一带一路”建设深入推进和亮点效应的显现，美国战略界对“一带一路”倡议的疑虑和负面认知等持续加深，“一带一路”被看成是两国战略竞争的关键领域，是中国与美国争夺全球霸权、开展中美“百年竞争”的重要手段。近年来，美国提出了若干与“一带一路”相竞争的战略，采取各种手段全方位打压遏制抹黑“一带一路”建设。突出表现在以下方面：

政治上，联合盟友体系成为美国对抗“一带一路”倡议的主要抓手。特朗普时期，美国主要联合亚太盟友搭建双边、三边、四边等盟友关系与“一带一路”抗衡，比如推出并不断强化“印太战略”，在“印太战略”框架下开展美日“印太高质量基础设施”投融资合作关系、美日澳“‘印太’基础设施投资伙伴关系”、美日澳印“四边机制”等，加强与日本、澳大利亚、印度等盟友和伙伴之间战略互动与合作，试图“构建中国最为恐惧的海上围堵”。拜登上任后，加快升级美日澳印四边机制，该机制在2021年3月首次线上峰会设立疫苗专家、气候、关键和新兴技术领域三个工作组，在同年9月首次线下峰会后启动新的基础设施伙伴关系。美国还

在跨大西洋方向推动共同应对“一带一路”，2021 年 3 月，拜登在与英国首相约翰逊通话中提出，“民主国家”应制定一项基础设施计划以抗衡“一带一路”。2021 年 6 月，拜登在七国集团会议上提出“重建更好世界”倡议，七国在共同应对“一带一路”上达成 B3W 共识。同时提出将与盟友伙伴探索推动“新印太经济框架”，试图联合“两洋盟友联动”应对中国和“一带一路”。

经济上，美国整合各种资源提升对相关国家和地区发展融资的实际支持能力，拉拢亚太盟友和非洲国家抗衡“一带一路”建设。近年来，为遏制中国“一带一路”建设，美国整合各种资源，出台法案，支持并加大了对亚太和非洲的投资力度。为抑制“中国日益增长的地缘政治和经济影响力”，2018 年 10 月 5 日，特朗普签署了《更好利用投资促进发展法案》，整合成立了国际发展金融公司（IDFC），有望使美国的年发展融资能力从 290 亿美元提升至 600 亿美元。2019 年 6 月，美国宣布启动“繁荣非洲倡议”，2019 年 11 月，美国宣布启动“蓝点网络”计划，2020 年 2 月，美国公布《美国中亚战略 2019—2025：促进主权和经济繁荣》，构建全覆盖的遏华区域网络。疫情冲击下，2020 年 7 月，美国牵头，联合日本、澳大利亚、新西兰、印度、韩国和越南等所谓“值得信赖的伙伴”提出了“经济繁荣网络计划”，搅局、抗衡“一带一路”，“去中国化”明显（见表 4 - 1）。

表 4 - 1　美国提出的与“一带一路”竞争的主要战略或倡议

时间	名称	主要内容
2017 年 11 月	“印太”战略	2017 年 11 月，美国总统特朗普在 APEC 领导人会议上发表主旨演讲，公开提出“印太”战略，此战略为“亚太再平衡”战略的升级版，在“亚太”的基础上，进一步将印度拉拢进来，“印太”包围遏制中国、抗衡“一带一路”意味明显
2019 年 6 月	繁荣非洲倡议	2019 年 6 月，由美国国务院、财政部、农业部、商务部和国防部等 15 个政府部门共同协作推动实施，2020—2022 年初始预算为 5000 万美元，主要目标是：畅通政府与企业的沟通渠道，为美国企业走进非洲提供支持；做好同非洲国家的政策对接，逐步消除双边市场准入壁垒

续表

时间	名称	主要内容
2019年11月	“蓝点网络”计划	“蓝点网络”是由美国主导，美国国际开发金融公司、日本国际协力银行、澳大利亚外交与贸易部三家机构负责具体实施的一项经济计划。该计划宣称将按照“市场驱动、开放透明、环保、人权、财务可持续”等原则对印太乃至全球的交通、能源、通信等基础设施项目进行评估和认证，形成基础设施“高质量”的国际标准。美国白宫、国务院、商务部等部门高官多次公开将“蓝点网络”与“一带一路”对比，表示“蓝点网络”项目标准将比“一带一路”更高
2019年12月	美洲增长倡议	倡议的主要内容包括发挥私营部门作用、与拉美国家建立伙伴关系、美国政府机构整体参与实施倡议等。目标是推动私营部门对拉丁美洲和加勒比地区能源和基础设施投资，创造就业和促进经济增长。美洲开发银行还提出了“美洲增长”倡议的主要行动计划和42项政策建议
2020年2月	中亚战略	美国公布的《美国中亚战略2019—2025：促进主权和经济繁荣》，分为前言、政策目标和愿景三大部分。提出了未来美国中亚战略的六大目标，包括支持和加强中亚国家的主权和独立、减少中亚地区的恐怖主义威胁、维持对阿富汗稳定的支持、鼓励中亚同阿富汗之间的联系、促进中亚国家的法治改革和尊重人权以及促进美国对中亚国家投资
2020年7月	“经济繁荣网络”计划	“经济繁荣网络”是由美国发起建立的一个由“值得信赖的伙伴”组成的联盟。该联盟主要由美国、日本、澳大利亚、印度、韩国和越南等国组成，成员包含企业及民间社会团体，联盟成员将遵循同一套标准，通过协调规划减少对中国的依赖。涉及商贸、投资、能源、数字经济、基础设施、医疗卫生、教育研发等领域，覆盖范围极为广泛，并与美国对我国在贸易、科技、金融等领域的打压和其他战略相结合。“经济繁荣网络”专门提到要与合作伙伴开展基础设施合作，明显体现出与“一带一路”相竞争的意图
2021年6月	“重建更好世界”倡议（B3W）	美国、英国等七国集团（G7）首脑峰会发表联合公报，将建立以价值为驱动、密切协作、市场主导、高标准、多边金融机构支持的“重建更好世界”（Build Back Better World，B3W）伙伴关系，计划投入40多万亿美元，满足发展中国家基础设施建设需求。拜登称该倡议“比中国‘一带一路’更公平，可更好地满足各国基建需求”，对抗“一带一路”意图明显

续表

时间	名称	主要内容
2021 年 9 月	美英澳安全倡议	美国总统拜登与英国首相约翰逊、澳大利亚总理莫里森共同宣布，成立一个结合军事与外交，名为 AUKUS 的新三方安全倡议，并将支持澳大利亚核能潜艇巡航印太地区。美国在亚洲的传统盟友，包括日本、韩国、泰国、菲律宾等，同时加上新盟友如印度、印度尼西亚、越南等，还有四方安全对话机制 QUAD，现在再加上这个新的三方安全倡议，将形成更宽广的战略，应对 21 世纪最大的挑战（中国）
2021 年 12 月	印太经济框架	美国总统拜登 2021 年 10 月 27 日提出将与盟友伙伴探索推动“新印太经济框架”。12 月 2 日，美国与欧盟举行关于中国的第二次高级别磋商，双方就打造“印太经济框架”达成共识。美欧计划构建一个吸纳公私投资的透明、可持续和公平的监管及政策框架，美国的“重建更好世界”计划和欧盟的“全球门户”计划都将被纳入其中。2022 年 5 月，印太经济框架启动

舆论上，持续污名化“一带一路”建设，企图破除国际共识。美国一些政客和学者罔顾事实发表“中国输出债务风险论”“中国掠夺资源、破坏环境”“转移过剩产能”等负面舆论。据了解，美国还派出记者团，花钱四处搜集情报，专门报道负面消息，对“一带一路”的污名化是有组织的，部分甚至是美国政府主导之下的集体攻击抹黑。近年来西方流行的所谓“新马歇尔计划”“经济侵略”“新帝国主义”“地缘政治控制”“债务陷阱”“地缘扩张论”“环境破坏”等不实言论背后都可以看到美国的身影（见表 4－2）。

表 4－2　近年来西方舆论抹黑“一带一路”建设的主要论调

名称	主要论调
“霸权争夺论”	认为中国提出的“一带一路”倡议并非如中国宣称的那样是为了沿线国家共同的经济发展和共享经济成果，而是为了与美国争夺国际领导权和地区霸权
“战略竞争论”	认为“一带一路”是与美国“新丝绸之路”、TPP、“亚太再平衡”、“印太战略”、日本亚非增长走廊、印度“季风之路”、俄罗斯欧亚联盟等相竞争的战略
“新马歇尔计划”（“市场扩张论”）	认为“一带一路”是中国版的“马歇尔计划”，服务于中国在国际市场的扩张，通过“一带一路”将中国的商品、资金、产能、标准、规则等推销出去

续表

名称	主要论调
“资源掠夺论”	认为中国将与“一带一路”沿线国家开展大规模能源资源贸易，这些国家将沦为中国的“能源附庸”“资源附庸”，从而陷入“资源诅咒”陷阱
“朝贡体系论”	认为中国将通过“一带一路”重建古代中国的“朝贡体系”，中国所倡导并努力实现的“伟大复兴”实质是复兴历史上的“中华帝国”，要建立起以中国为核心、周边各国为其政治附属国的“朝贡体系”
“地缘围堵论”	比如印度就认为，“一带一路”是针对印度设计的地缘围堵战略，认为中巴经济走廊、“21 世纪海上丝绸之路”、孟中印缅经济走廊、中尼印经济走廊将从西、南、东、北四个方向对印度进行全面围堵
“债务陷阱论”	认为中国“一带一路”对发展中国家设置债务陷阱以迫使他国臣服，用债务手段控制他国主权来实现自身“帝国主义野心”

表4－2中所列观点都是不正确的，很多是以美国为首的西方国家的有意曲解，故意抹黑和污名化；“一带一路”是国际社会前所未有的新生事物，一些国家不能从互利共赢的全新思维去看待“一带一路”，而是套用国际政治、地缘政治的理论狭隘理解；另外，西方世界担忧中国快速崛起将改变目前西方国家主导的国际政治经济格局，“一带一路”可能会影响其既有利益。但绝大多数国家特别是发展中国家对“一带一路”报以欢迎态度，认为“一带一路”是其重要发展机遇，中国不断扩大的消费市场将为各国提供重要的出口机会，中国推动的国际产能合作将有助于各国承接新一轮国际产能转移，基础设施的互联互通将使各国更加紧密广泛地与全球市场相连接，对“一带一路”的接受、认可、支持是国际舆论的主流。

二、日本、印度等周边地区大国对“一带一路”倡议存在战略疑虑

在美“印太战略”拉拢和舆论影响下，日本、印度等周边国家对“一带一路”倡议疑虑加深，干扰甚至阻碍“一带一路”建设。

日本是美国战略盟友，认为“一带一路”将进一步削弱其亚太影响力，并与其中亚“丝绸之路外交”存在利益冲突，也提出“高质量基础设施伙伴计划”等若干与“一带一路”相竞争的计划，努力推动将中国排除

在外的 CPTPP，倡导基于意识形态的“价值观外交”，与印度共同提出“亚非增长走廊”，积极加入美国“蓝点网络”计划等与“一带一路”相抗衡的计划。拜登上任后，美日升级美日澳印四边机制，签订澳日防务互惠准入协定。同时，日本与欧盟共同发布了欧盟—日本互联互通计划（EAC）。未来，日本还可能伺机介入南海争端，拉拢周边国家反华遏华，对“21 世纪海上丝绸之路”形成牵制干扰；同时，利用经济援助、项目合作等方式，与我国展开针锋相对的经济竞争，降低我国对相关国家的影响力。

印度对“一带一路”始终保持高度警惕，阻碍甚至干扰“一带一路”中巴经济走廊建设。目前，印度是“一带一路”沿线国家中唯一没有以正式文件方式表达对“一带一路”的支持的国家。出于维护和强化其在南亚—印度洋地区主导地位的地缘战略考虑，以及中印边境领土争端等现实障碍，印度一直以来对“一带一路”保持高度警惕，认为中巴经济走廊“侵犯”了印“主权”，在美日支持下，对“一带一路”采取抗衡和竞争态度，提出“季风计划”“向东行动”“印度—太平洋倡议”等，对冲“一带一路”意图明显。

专栏 4 -1：印度—太平洋倡议（IPOI）

印度总理莫迪在 2019 年东亚峰会上发起了印度—太平洋倡议（IPOI），并宣称 IPOI 是一项开放的、非基于条约的倡议，旨在让各国共同努力，以合作和协作的方式解决该地区的共同挑战，确保区域海域的安全和稳定。2020 年 10 月，印度外长苏杰生在推特上表示，进一步扩大印日在第三国的合作，重点关注发展项目，这也是第 13 次印日外长战略对话的议题。印度和日本敲定了一项雄心勃勃的协议，将在 5G 技术、人工智能和其他一系列关键领域开展合作。随后印度外长苏杰生和日本外务大臣茂木敏充在东京举行会议后宣布，日本同意成为“印太倡议”互联互通支柱的主要合作伙伴。2021 年 4 月法国外交部长正式宣布法国加入印度总理莫迪发起的“印度洋—太平洋倡议”。

三、欧盟对“一带一路”倡议疑虑上升

受美国战略与舆论抹黑影响，欧盟一些国家对“一带一路”存在战略误判和错误认知。一些人过度政治化解读“一带一路”，认为“一带一路”不是纯粹的经济建设项目，而是中国政府进行政治渗透的措施，中国与中东欧国家的合作会使欧洲更为分裂。部分国家对中国海外投资的稳定性及“一带一路”相关项目和政策的持久性存在担忧，部分国家认为“一带一路”框架下，贸易、投资环境的公平性、透明性存在很大不确定性。总体看，尤其是近几年来，欧盟对“一带一路”疑虑在不断上升，提出很多与“一带一路”竞争的战略。

一是欧洲全球门户伙伴关系战略。2021 年 12 月 1 日，欧洲联盟（EU）公布“全球门户”（global gateway）计划，以对抗中国的“一带一路”倡议。这个计划也被外界认为是欧盟与中国进行系统性竞争的一项关键举措，相较中国“一带一路”倡议被国际诋毁助长环境破坏、侵犯人权以及让参与国陷入高负债陷阱等，欧盟则主打所谓民主透明、高品质及国际标准与参与国合作，要将“全球门户”计划打造成比中国更值得信赖的品牌。“全球门户”计划将自 2021 年至 2027 年间筹资 3000 亿欧元，将欧盟成员国、欧洲金融机构和国家发展金融机构的资源整合成一个欧盟团队品牌展开投资，以应对中国在全球的“一带一路”倡议基础设施支出。“全球门户”计划的资金主要用于推动新兴和发展中国家的基础设施建设，改善数码科技、气候与能源、电网、光纤和运输铁路等项目。

二是欧盟—印度互联互通伙伴关系协议。2021 年 5 月 8 日，欧盟成员国领导人与印度总理莫迪举行视频会议，双方签署欧印互联互通伙伴关系协议，这是欧盟、印度共同推动“透明、可行、包容、可持续、全面和基于规则的新型互联互通模式”的计划。欧印在倡议下促进对数字、运输、能源和人文等领域高标准基础设施的监管与支持，联合推出基建项目。合作不仅关注项目开发，还将在财务可持续性和法治等领域制定标准，并增强研究与创新方面的合作。欧印均希望借此制衡中国日益增长的地缘影响力。

三是西巴尔干地区经济与投资计划。2020 年 10 月，欧盟委员会公布总额最高可达 90 亿欧元的西巴尔干地区经济与投资计划。欧盟将从 2021 年至 2027 年长期预算中划拨资金，支持西巴尔干地区交通、能源等领域建设，以增加就业，促进该地区经济增长。该计划还将助力当地应对气候变化，发展循环经济，保护生物多样性，实现农业可持续发展等。计划的实施有助于提升该地区基础设施建设，扩大同欧盟的经济联系。

四是欧盟—日本互联互通计划。2019 年 9 月，欧盟提出欧盟—日本互联互通计划，旨在强化欧亚大陆运输、通信、电力、数据和宇宙空间基础设施，打造从印太地区到西巴尔干和非洲可持续、基于规则的互联互通。该计划预计将受到价值 600 亿欧元，包括欧盟担保基金、发展银行和私人领域投资的支持。欧盟和日本将在上述地区开展包括数字、能源等领域在内的合作，表明将“充分考虑（对象国的）需求，最大限度留意财政能力和债务可持续性”，环境也被写入其中。此外，该计划提出三年内每年选择 10 个非洲国家，向其官员提供公共债务和风险管理培训。

五是欧盟新中亚战略。2019 年 6 月 17 日，欧盟在《欧盟与中亚：更坚实伙伴关系的新机遇》中提出新中亚战略，阐述与中亚五国进一步加强伙伴关系的新愿景。欧盟将在两方面与中亚加强合作：第一，推动中亚改革，提高中亚地区应对内外部冲击的弹性；第二，支持经济现代化，提高可持续互联互通并加大对青年投资。欧盟新中亚战略以“复原”和“繁荣”作为两大支柱，以“连通性”为核心概念聚焦诸多合作领域，通过协调区域方案和双边方案，实现提升欧盟与中亚区域合作水平的总体战略目标。欧盟新中亚战略将对欧亚大陆地缘格局的塑造、大国在中亚地区的竞合关系、中亚地区的社会治理以及共建“一带一路”倡议的推进等产生深远的影响。欧盟宣称在介入中亚事务的过程中的重要使命之一是促进中亚国家的民主化。

六是投资欧洲计划。投资欧洲计划（Invest EU）是欧盟 2021—2027 年财政预算框架内促进欧盟范围内公私投资的计划，该计划将汇集“欧洲战略投资基金”（EFSI）和其他 13 项金融工具，以使融资更易获得。投资欧洲计划是欧盟推进可持续、有弹性和竞争力经济发展的旗舰计划，促进人工智能、循环经济、气候行动以及社会包容和技能等关键领域的投资。

此外，受美国主导舆论污名化“一带一路”的影响，部分参与共建的发展中国家内部也存在对“一带一路”倡议的战略意图的错误认知，怀疑中国借此实施扩张，对于合作共建基础设施网络存有疑虑，不太愿意让中国参与大通道的建设，把经济的问题政治化，一些非政府组织受到其他力量的鼓动，散布一些抵制中国参与的舆论，也有一些国家担忧“一带一路”贸易投资“侵害本国中小企业利益”等。

四、全面分类考虑我国与周边国家及相关大国的均衡问题

在与美国的长周期大国博弈中，通过“一带一路”合作建立以周边国家为重点根据地的跨国合作网络对我国未来取得对美战略性胜利意义重大。目前看，东北亚地区，日本对“一带一路”从抵制到认识，自2017年以来，尽管日本国内仍对“一带一路”有一些负面论调，不过总体态度出现了积极转变，前首相安倍晋三多次公开表示日本愿与“一带一路”建设合作，并于2018年就在“一带一路”框架下开展第三方市场合作达成重要共识，但有关表态均是口头上的，尚未形成“一带一路”合作框架，特别是在美日安全合作框架下，中日“一带一路”合作进展缓慢。韩国方面，中韩经济合作取得重大进展，韩国提出面向欧亚地区的“新北方政策”和面向东南亚的“新南方政策”，与“一带一路”对接空间大，但双方也未形成“一带一路”合作框架。俄罗斯对“一带一路”持欢迎态度，通过与欧亚经济联盟对接签署了“一带一路”合作文本，但尚未真正形成“一带一路”框架下的常态化合作机制、市场化运作机制，重大项目发展、跟踪和评估机制等也有待建立。印度对“一带一路”采取战略竞争姿态，在美国提出“印太战略”后积极向美靠拢，提出“季风计划”与“一带一路”竞争，高度警惕、反对甚至阻挠、破坏中巴走廊建设。孟中印缅经济走廊方面，中缅经济走廊形成两国认可的规划，但有待继续推进；中老经济走廊进展较快，中老铁路已于2021年12月开通，但沿铁路经济带真正形成也还需更多投资和谋划；中泰铁路虽然已启动部分路段建设，但泰

老衔接、早日建成泛亚铁路中线及实现陆路连通泰国湾和直达新加坡的陆海大通道尚需做大量工作。

第二节　共建“一带一路”部分国家潜在风险较大

在“一带一路”“互联互通”政策框架指引下，共建“一带一路”国家贸易投资得以更好发展，经济得以更快增长。但由于参与共建“一带一路”国家多是发展中国家，经济发展相对落后，自身经济风险、社会风险、金融风险和政策风险长期处于较高水平，部分地区受制于大国博弈和民族宗教矛盾，局部地区有冲突升级迹象，非传统安全与传统安全风险同步高企。

一、共建“一带一路”部分国家经济风险长期存在

共建“一带一路”国家经济发展不平衡，市场开放难度大，营商环境短期难以有大的改善，经济风险长期存在。共建“一带一路”包含了老牌欧洲发达国家和新兴发展中经济体，不同国家的经济发展水平和市场发育程度极为不同。有些国家法律法规比较健全，市场发育程度较高，经济环境相对稳定，为贸易投资创造了较为便利的条件；也有一些国家市场封闭，进入难度大，贸易投资风险较大。特别是部分共建国家营商环境长期得不到明显改善，投资安全性存在较高风险。

中国国际经济交流中心、对外经贸大学和路孚特联合课题组撰写的《2020年“一带一路”贸易与投资指数报告》显示，2020年欧洲地区贸易总指数均值为0.15，排在第二，卢森堡和奥地利常年稳居第一，主要是因为两国经济发达、贸易市场成熟、国内政治和社会形势稳定、营商环境优异等。位于榜单第三的新西兰，国内政局稳定，法制健全，市场机制发育完全，营商环境友好。在世界银行发布的《2020年营商环境报告》中，新西兰常年蝉联第一。作为以贸易立国的发达经济体，自由贸易是促进新西兰经济发展与繁荣的关键因素。近年来，新西兰分别与中

国内地、中国香港、韩国、泰国、马来西亚、新加坡等签订了双边自贸协定，与东盟签订了自贸协定，同时是《全面与进步跨太平洋伙伴关系协定》（CPTPP）的成员国之一。而排名靠后的主要位于非洲地区，在经济发展水平和营商环境等方面均存在明显短板。"一带一路"贸易风险得分排名见表4-3。

表4-3　"一带一路"贸易风险得分排名（2020年）

排名	国家	得分	排名	国家	得分
1	中国	0.864	47	埃及	0.105
2	韩国	0.425	48	摩尔多瓦	0.104
3	新加坡	0.342	49	越南	0.102
4	俄罗斯	0.310	50	哥斯达黎加	0.100
5	印度	0.296	51	菲律宾	0.094
6	新西兰	0.281	52	科威特	0.094
7	乌克兰	0.267	53	亚美尼亚	0.093
8	奥地利	0.252	54	希腊	0.092
9	卢森堡	0.245	55	塞浦路斯	0.086
10	匈牙利	0.243	56	黑山	0.086
11	沙特阿拉伯	0.228	57	波黑	0.085
12	斯洛伐克	0.206	58	乌拉圭	0.075
13	土耳其	0.206	59	突尼斯	0.075
14	意大利	0.195	60	文莱	0.074
15	阿联酋	0.187	61	巴基斯坦	0.065
16	智利	0.187	62	巴林	0.061
17	马来西亚	0.179	63	白俄罗斯	0.061
18	阿尔及利亚	0.176	64	纳米比亚	0.056
19	波兰	0.173	65	土库曼斯坦	0.056
20	捷克共和国	0.167	66	卢旺达	0.056
21	泰国	0.166	67	孟加拉国	0.056
22	马尔代夫	0.165	68	坦桑尼亚	0.054
23	爱沙尼亚	0.161	69	阿塞拜疆	0.054
24	巴巴多斯	0.160	70	老挝	0.053

续表

排名	国家	得分	排名	国家	得分
25	尼泊尔	0. 160	71	尼日利亚	0. 051
26	以色列	0. 157	72	加纳	0. 049
27	斯洛文尼亚	0. 156	73	厄瓜多尔	0. 049
28	保加利亚	0. 155	74	乌兹别克斯坦	0. 048
29	乌干达	0. 151	75	斯里兰卡	0. 047
30	拉脱维亚	0. 147	76	黎巴嫩	0. 042
31	印度尼西亚	0. 146	77	喀麦隆	0. 042
32	阿曼	0. 139	78	肯尼亚	0. 040
33	秘鲁	0. 136	79	吉尔吉斯斯坦	0. 039
34	乍得	0. 134	80	蒙古国	0. 038
35	罗马尼亚	0. 133	81	塞舌尔	0. 038
36	巴拿马	0. 128	82	牙买加	0. 038
37	南非	0. 125	83	萨尔瓦多	0. 036
38	克罗地亚	0. 125	84	玻利维亚	0. 031
39	卡塔尔	0. 119	85	柬埔寨	0. 030
40	哈萨克斯坦	0. 116	86	赞比亚	0. 028
41	塞尔维亚	0. 113	87	莫桑比克	0. 028
42	葡萄牙	0. 110	88	毛里塔尼亚	0. 026
43	北马其顿	0. 108	89	塞拉利昂	0. 025
44	摩洛哥	0. 108	90	安哥拉	0. 021
45	马耳他	0. 107	91	津巴布韦	0. 006
46	格鲁吉亚	0. 105			

资料来源：中国国际经济交流中心、对外经贸大学和路孚特联合课题组撰写的《2020 年“一带一路”贸易与投资指数报告》。

共建“一带一路”以基础设施“硬联通”为优先方向。过去几年，“一带一路”的标志性项目多是基础设施建设，资金投入大、周期长，很容易受到经济波动影响。在全球经济增长低迷和新冠肺炎疫情冲击的大背景下，部分沿线国家出现较大经济波动，经济下滑趋势明显，多国还出现货币大幅贬值。这些国家宏观经济的颓势对中国海外投资的可持续性构成挑战，同时也加重了中国面临的融资压力。特别是部分沿线国家营商环境长期得不到明显改善，投资安全性存在较高风险。部分共建国家法律体系不完善，在这类国家投资存在较高的税务核算、专利保护、违约解约风险。由于经济增速放缓，民生水平下降，各种形式的民粹主义和贸易保护主义抬头，某些国家打着“劳工保护”“环境保护”等旗号，助长排外主义，抬升了对外投资成本。

二、共建“一带一路”部分国家金融风险处于较高水平

共建“一带一路”大部分国家债务负担较重，主权信用评级较低，金融风险处于较高水平。总体看，新冠肺炎疫情冲击带来的经济下行压力使共建国家财政收入受创，公共卫生和经济救助支出压力上升，共建国家各级政府赤字率和负债率普遍上升，特别是部分深受政治风险和经济结构失衡困扰的国家，因债务负担沉重、缓冲能力薄弱，国家财政体系和金融体系系统性风险显著上升。金融风险主要表现为以下两方面：第一，汇率剧烈贬值，导致贸易投资收入无法顺利汇出和结算；第二，东道国经济衰退导致贸易下降，对外投资收益减少。当一国的外债产出比例过高时，即面临着国际资本大幅流出，以上两方面的汇率贬值和经济衰退风险骤升，意味着该国具有重大的不利国际金融风险。图 4－1 为 2012—2020 年“一带一路”投资风险趋势变化。

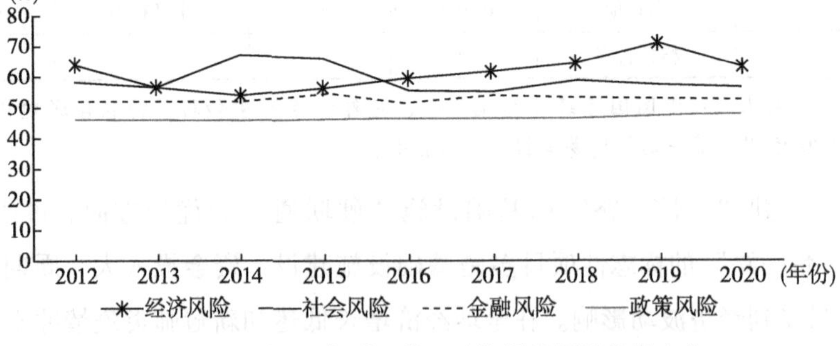

图 4－1　2012—2020 年“一带一路”投资风险趋势变化

中国国际经济交流中心、对外经贸大学和路孚特联合课题组撰写的《2020 年“一带一路”贸易与投资指数报告》显示，自共建“一带一路”

推进以来，我国对共建各国进行了大规模的中长期投资，多集中于支持可贸易品部门发展、基础设施建设和能源开采等项目，这显著降低了这些国家的金融风险，因而投资金融风险指数有所下降，但 2017 年以后，受经济“全球化”进程受阻、发达国家流动性紧缩势头显露以及新兴市场国家偿债机制不完善等因素影响，投资金融风险上升，特别是自 2018 年起，美国针对别国挑起多轮贸易争端，导致国际金融市场对新兴经济体的信心出现了大幅削弱，广大共建国家金融风险和脆弱性显著增加，不利于“一带一路”贸易投资推进。同时，沿线发展中国家的偿债机制并不完善，国际金融市场的风险分担机制严重不足，一旦外国资本流入减少，东道国的债务违约和国际收支危机发生的概率显著上升。这些因素使新兴国家货币相对于美元持续贬值，显著增加了其经济衰退风险和金融风险。以中亚地区为例，中亚地区国内金融市场建设不完善，金融市场结构单一，且仍坚持以美元为主体的结算方式，阻碍了外汇结算的顺利实现，导致国内外汇储备短缺、国际收支平衡难以维系；另外，受国际原油价格震荡、全球流动性收紧等因素影响，国内汇率波动明显，经济下行压力增大，金融风险不断加剧。

三、共建“一带一路”部分国家政策风险不容乐观

部分共建国家政权更迭频繁，政治不稳定、政府效率低下，法制程度较低，腐败严重，给贸易投资带来了巨大挑战。

“一带一路”沿线大多数国家是发展中国家，政体差异很大，政党、社会组织众多，政治立场各异，国与国之间存在差异，一国内部不同政党和社会组织之间的观点也千差万别。许多国家是所谓“转型国家”，正处于新旧体制转轨期、“民主改造”探索期和社会局势转型期。一些国家由于“民主”体制不健全、移植西方民主“水土不服”、旧体制惯性强大等问题突出，国内政治形势复杂，民族矛盾、宗教矛盾、党派矛盾等社会矛盾突出，经济社会发展极不平衡，政权更替频繁化、政局动荡常态化，甚至内战冲突不断，导致对外政策反复调整，政局动荡蕴藏的潜在风险很

大。执政党与反对党、中央与地方、族群与族群之间关系复杂，新政权“清算”旧政权的情况时有发生，这时就会出现殃及池鱼的现象。典型的案例是科伦坡港口城。2015 年 3 月，斯里兰卡大选后，新政府明知项目对斯非常有利，但仍以“缺乏相关审批手续”“重新环境评估”为由暂停了项目建设。后经双方多次沟通磋商，在停工近一年半后重签协议，港口城更名为“科伦坡国际金融城”而重启。缅甸国内政局不稳，加上美国煽动破坏，导致中缅密松大坝工程和中缅合资的莱比塘铜矿项目叫停，2021 年缅甸政局变动也为中缅经济走廊建设增添了更多不确定性因素。此外，中亚、中东、南亚部分国家政局不稳定因素持续积累，一些国家政治精英因权力内斗而无暇顾及经济可持续发展，严重制约国际经贸合作的深入推进。近年来，中国在利比亚、伊拉克、乌克兰、叙利亚等国家遭遇的投资困境和风险损失都值得高度重视。

中国国际经济交流中心、对外经贸大学和路孚特联合课题组撰写的《2020 年“一带一路”贸易与投资指数报告》也印证了这一点。以非洲为例，一方面，由于非洲多数国家仍存在内部冲突和战乱，局部地区仍然动荡不安，政治危机和政权更迭时有发生；另一方面，即便在一些政局较为稳定的国家，通常也存在政府执政效率低下、部门协调能力较差、腐败寻租行为不断等因素，影响投资效益，甚至危及投资安全，非洲的投资便利化得分就比较低。非洲地区投资风险指数得分排名最低，南亚地区排名次低，主要是因为这些地区经常面临政权动荡、社会矛盾激化等危机，因此面临着严峻的投资政策风险挑战。此外，共建国家政权中的腐败和政府工作效率等也是影响贸易投资风险的重要因素。以东盟地区投资风险指数为例，在“中国—东盟”各国政府的推动下，区域合作不断升级，投资项目的深度和广度均步入新的阶段，持续释放利好信息。新加坡因素来拥有制度健全和法规完善的优势，在衡量投资风险的社会治安等外围环境要素层面排首位。东盟地区排名后三位的国家分别为老挝、柬埔寨和越南。越南的城市基建比较落后，运输道路欠开发，道路狭窄，居民密集，堵塞严重；行政体制效率低下，而且腐败现象严重；金融市场发展较为落后，融资、投资效率低下，工人技术水平参差不齐，罢工现象时有发生。柬埔寨行政效率极为低下，官僚体系仍有待改善，政府效率低已造成厂商许多无法估计之隐性成本，贫富不均，治安问题渐趋严重，公共基础建设不足，都是投资风险得分较低的可能因素。世界银行数据显示，中亚五国政府在进出口贸易管理上的效率严重落后，五国出口项目平均需要 79 天才能清关，进口项目平均需要 67 天才能清关。

四、恐怖主义威胁等传统安全风险长期存在

共建“一带一路”大多数沿线国家民族众多，基督教、佛教、伊斯兰教、印度教等多元宗教信仰并存，一些宗教内部还存在不同教派，各民族宗教之间的历史纷争复杂，增加了沿线各国合作的难度。中东、中亚、东南亚等地区的国际恐怖主义、宗教极端主义、民族分裂主义势力和跨国有组织犯罪活动猖獗，地区局势长期动荡不安。这些非传统不安全因素的凸显，既恶化了当地投资环境，威胁企业人员和设备安全，也可能借“一带一路”建设开放之机扩散和渗透到中国国内，甚至与国内不法分子内外勾连、相互借重，破坏中国安定的国内社会环境，对“一带一路”倡议及沿线工程建设构成严峻挑战。近年来，对中国企业与中国公民生命财产安全造成威胁和损失的事件频频发生，以中国公民和中企资产为目标的劫持、袭击事件时有发生。部分国家国内治安形势恶化，严重威胁中国海外项目和人员安全。

“一带一路”沿线长期以来就是恐怖主义势力活动频繁的区域。中东、中亚、南亚、东南亚、北非等地区都长期存在着大量的恐怖主义势力，每年发生大量的暴力袭击事件，不少国家位列世界上“最不安全的国家”行列。例如，澳大利亚智库经济与和平研究所（IEP）近年发布的《全球恐怖主义指数报告》显示，恐怖主义指数排名靠前的国家大多数是“一带一路”沿线国家，如伊拉克、阿富汗、巴基斯坦以及邻近国家等。从中亚到地中海、从高加索到萨赫勒地区的广袤大地，已沦为恐怖分子和极端分子的庇护所。这对我国推进“一带一路”倡议的影响不可小视。

以中巴经济走廊为例，走廊建设面临的安全风险不降反增。巴基斯坦

西北部与阿富汗接壤，境内本身存在塔利班武装、虔诚军、俾路支解放阵线等地方武装，加上一些地方武装与逃窜至巴境内的“伊斯兰国”等恐怖组织存在模糊不清的关联，2017 年，“伊斯兰国”恐怖活动逐渐向分离势力猖獗的俾路支省和信德省北部地区蔓延，并与当地恐怖组织形成网络，与阿富汗的呼罗珊省形成遥相呼应态势，巴国内安全形势十分复杂严峻。近年来，巴基斯坦政府与军方对国内的恐怖主义实施严厉打击和“联合清剿”，巴整体安全形势逐年好转，恐怖活动呈下降趋势，但中巴经济走廊建设项目主要分布的旁遮普省、信德省、开普省、俾路支省等恐怖活动频繁，尤其俾路支省安全形势持续恶化，中巴经济走廊许多施工地区成为恐怖袭击发生频率较高的区域，恐怖活动不降反增，甚为猖獗，连续多年居巴国之首。资料显示，2015 年，20 名工人在瓜达尔港附近的工地上被枪杀；同年，俾路支分裂主义者以瓜达尔港机场为目标，制造了炸弹袭击。2014 年，俾路支解放阵线袭击并摧毁瓜达尔附近的一座中资移动通信公司的信号塔。2018 年，俾路支省恐怖袭击活动频发，针对中巴经济走廊的恐怖袭击活动就有近 40 次，且目标直指中方及负责警卫的巴方安全保卫人员。2019 年 5 月 11 日，恐怖分子持枪和手榴弹对瓜达尔港珍珠洲际酒店发动攻击，3 名安保人员死亡，这也是一起针对中巴经济走廊项目的破坏行动。虽然巴基斯坦军方成立了一支中巴经济走廊安保部队，部署多达 1.5 万名安全人员专职保护相关项目，但绑架、抢劫、汽车炸弹等各类安全事件仍层出不穷，给中巴经济走廊项目建设和工程人员心理健康造成严重伤害。瓜达尔港位于分离主义严重的俾路支省，俾路支分离主义乱局往往被域外势力作为钳制中巴经济走廊建设的工具，中方人员多次在俾路支遭袭有较深的政治背景。俾路支省的主体民族为俾路支人，广泛分布于巴基斯坦、伊朗、阿富汗交界地区。英国势力撤出南亚次大陆时，人为将俾路支人生活地区划归三国，以使其相互制衡。巴俾路支人实行部落制，一些部落头领为维护自身政治利益，呈较强的分离主义倾向，一直希望联络伊朗和阿富汗俾路支人，共同独立成立“俾路支斯坦”。经济走廊项目启动后，一部分俾路支人特别是少数部落高层担心俾路支省会和巴其他省份经济联系更加紧密，而使其独立变为泡影，公开对民众宣传中国正在和巴联邦政府一同图谋俾路支省的自然资源，对走廊采取敌视态度。俾路支一些部落长期与巴中央政府激烈抗衡，进而以部落力量为基础，形成俾路支解放军、俾路支解放阵线等暴力分离组织，其背后有美、印等国的武器和资金支持。美国一直拒不同意将俾路支解放军列入国际恐怖组织名单。俾路支省在走廊中地位重要，瓜达尔港正位于此，其分离主义是一个长期的历史遗留问题，再加上美、印的暗中支持，未来俾路支恐怖主义有可能成为走廊建设尤其是瓜达尔港的最大安全威胁，严重拖累走廊建设。

疫情冲击下，受自身伊斯兰极端主义长期存在和阿富汗局势动荡等因素的影响，巴基斯坦在2021年仍是恐怖袭击高发国家，其中信德省、俾路支省、开伯尔—普什图省成为巴基斯坦塔利班等恐怖组织盘踞的重要根据地，导致恐怖袭击频发。有资料显示，2021年5月、6月，巴基斯坦各发生恐怖袭击27起和29起，分别造成47人和45人死亡，其中多起恐怖袭击为针对安全人员的报复性袭击。在巴基斯坦，中国目标也成为恐怖袭击重要对象。2021年7月14日，中国企业承建开伯尔—普什图省达苏水电站项目出勤班车在赴施工现场途中遭遇爆炸袭击，造成9名中方工程技术人员遇难，30多人受伤。走廊建设安全风险值得高度关注。

习近平总书记2021年11月19日在北京出席第三次“一带一路”建设座谈会时强调，“我们要保持战略定力，抓住战略机遇，统筹发展和安全、统筹国内和国际、统筹合作和斗争、统筹存量和增量、统筹整体和重点，积极应对挑战，趋利避害，奋勇前进”。从长远发展来看，“一带一路”取得的重大成果，与沿线各国能在多大程度上有效应对恐怖主义威胁有着直接联系，随着“一带一路”建设的推进，反恐方面的合作也应提上各方的议事日程。

五、俄乌冲突给“一带一路”带来不利影响

俄乌冲突的爆发和欧洲大形势的变化，会给我国“一带一路”倡议带来不利影响。主要表现在以下方面：

一是“一带一路”框架下中乌合作受到巨大冲击。乌克兰是丝绸之路

经济带的重要参与国，也是中国企业“一带一路”建设联通欧洲市场的重要门户。近年来我国企业不断加大在乌投资。在乌克兰开展业务的大型中国公司包括国有食品集团中粮集团、国有建筑商中国太平洋建设集团和中国港湾工程有限责任公司，以及电信设备巨头华为技术。根据中国数据，截至 2019 年底，中国企业在乌克兰的直接投资总额为 1.5 亿美元。据乌克兰驻华大使馆称，2020 年前三季度，中国企业在乌克兰的项目投资达 7570 万美元。2016 年，中粮集团在乌克兰南部尼古拉耶夫海港启动了投资 7500 万美元建设的粮食码头。2019 年，中国港湾工程有限责任公司完成了切尔诺莫斯克港的疏浚工程。2017 年，中国太平洋建设集团签署了在首都基辅建设地铁线路的协议。2021 年，全国最大的风电生产商中国龙源电力集团公司在尤日内市建成大型风电场并投入运营。中国电建还与顿涅茨克的当地合作伙伴签署了一项价值 10 亿美元的 800 兆瓦风电场建设协议，该项目将成为欧洲最大的陆上风电场。但是不断发酵的俄乌冲突将使得我国企业在乌克兰的投资项目因为冲突而陷入停滞，损失严重。

二是中俄合作不确定因素增加。俄罗斯也是新亚欧大陆桥的必经之路，承载着中欧班列的主要运输线路，是陆路连接中国与欧洲的必经之路。俄乌冲突下西方国家对俄罗斯发起的经济制裁、金融制裁和入境限制都必然会提高交通成本，冲击中欧陆上交通运输。目前美国和英国已经开始对俄罗斯实行能源禁运，把部分从事俄罗斯能源贸易的银行纳入制裁对象名单，对俄能源制裁必将导致全球能源供需混乱，推高能源价格，提高我国企业的生产和运营成本。对俄罗斯采取的金融制裁，给我国与俄罗斯之间的贸易，特别是能源贸易带来了结算风险，虽然未来可以通过人民币、卢布直接结算，但西方可能出台的次级制裁措施，很可能把直接从事对俄贸易结算的中国金融机构纳入制裁对象，威胁到我国金融企业国际业务的正常运行。

三是对中欧班列产生了不利影响。鉴于新冠肺炎疫情对海运和空运的影响，中欧班列在过去两年大受欢迎，发展逆势大幅上涨。根据国家发展改革委数据，2021 年，面对新冠肺炎疫情的严重冲击，中欧班列延续良好发展态势，全年开行 1.5 万列，运送货物 146 万标准箱，货值 749 亿美元，实现逆势大幅增长，以稳定、可靠、高效的物流服务有力畅通亚欧供应链。俄乌冲突爆发之后，一些铁路运营者为了避开乌克兰宣布临时改道或者暂停了中欧之间的铁路业务。另外，尽管当下通过俄罗斯运输货物还不在制裁之列，但由于俄罗斯铁路公司被列入了美国的制裁名单，一些托运人担心俄罗斯受到制裁可能会导致中欧班列无法过境俄罗斯，取消了中欧班列预订。美国宣布对俄罗斯制裁后，Flexport（飞协博）公司就立即停止了跨西伯利亚铁路服务的预订，俄罗斯铁路线路的拥趸马士基，也宣布其往返俄罗斯的洲际线路暂时停运。

第三节　“一带一路”国际经贸规则面临挑战

当前，我国正处于中华民族伟大复兴战略全局与世界百年未有之大变局、世纪疫情同步交织、相互激荡的关键时期，国际经贸规则面临调整重构，“一带一路”国际贸易规则面临诸多挑战与问题。

一、WTO 多边框架下国际贸易规则重构受阻，中国与广大沿线发展中国家面临的国际贸易壁垒明显增加

“二战”结束后，在美国主导的布雷顿森林体系框架下，各国通过协调在贸易领域签订了关税与贸易总协定（GATT），确定了“二战”后以美国等为核心、以削减关税壁垒为主要目标的国际经贸规则，初步搭建了以规则为基础的国际贸易治理体系。20 世纪 70 年代，随着欧日重新崛起和国际贸易发展变化，国际贸易规则的目标重心从减少关税向削减非关税壁垒转变，在战后相当长时期内，GATT 为以主权国家边境为边际、以货物贸易为主体的国际贸易提供了促进贸易投资自由化、便利化的全球治理方案，将成员间竞争性博弈转化为制度性合作。1995 年，GATT 升级为正式的世界贸易组织（WTO），在货物贸易、服务贸易、与贸易有关的知识产权、争端解决机制等领域完善了已有的国际贸易规则。但自 2001 年底多哈回合启动以来，近 20 年间仅在《信息技术协定》产品扩围谈判和《贸易

便利化协定》等少数领域推动贸易投资自由化、便利化取得了实质性成果，“多哈回合”谈判陷入僵局。尤其2008年国际金融危机爆发以来，以发达国家主导的全球贸易保护主义倾向明显上升，甚至大打贸易战，更是严重侵蚀了多边贸易体制赖以生存的合作基础，特别是在美国政府阻碍下，WTO争端上诉机构停摆，面临成立以来最大的困境。

随着世界由货物贸易主导阶段进入生产要素跨境贸易阶段，各成员从货物贸易转向服务贸易和数字贸易，从以最终产品贸易为主转向中间产品贸易为主，从一般贸易转向加工贸易，从产业之间、产业内贸易转向产品内贸易、国际工序分工贸易，大幅改变了国际贸易进行的基础，WTO已有规则体系已经无法适应发展变化了的国际贸易新现实。特别是随着以中国为代表的广大发展中经济体经济实力上升并全面融入全球贸易价值链体系之中，各国经济和政治主权被要求进一步让渡与现有多边贸易规则体系治理结构之间的深刻矛盾就充分暴露出来，贸易不平衡加剧导致发达经济体和发展中经济体矛盾上升，WTO改革重构困难重重，进展缓慢。与此同时，区域经济一体化快速发展，美日欧等发达经济体脱离多边贸易体系开展区域经贸规则的重构，分流了各成员方通过WTO治理解决所面临问题的动力。以中国为代表的广大发展中国家通过WTO多边贸易体制体现利益诉求、解决贸易争端路径受阻，所受负面影响增加。

二、以美国为首的西方国家国际贸易规则重构向高标准区域贸易规则先行态势明显，中国与广大沿线发展中国家在国际贸易规则制定发展中的劣势更加凸显

与国际货币基金组织或世界银行等国际组织不同，WTO的程序或规则更新需经全体成员协商一致完成决策过程，表现为明显的成员驱动特征。WTO重视发展中国家开放国内市场的实际困难、允许适度保护的贸易规则有利于新兴发展中国家，使美欧等的高标准贸易规则难以在全球加速推行，因此，在WTO规则制定停滞不前的情势下，以美国为首的主要发达经济体通过自由贸易协定和区域性制度安排确立国际新规则的实践，并利

用这些规则来拓展其国际市场空间，提升自身在国际制度建构领域的掌控权，进而对全球贸易体制的形成产生影响。

在 WTO 多边贸易体制和多哈回合受阻的情况下，双边/区域贸易协定快速发展，成为 WTO 多边贸易体制规则的重要补充。自 WTO 成立至 2017 年，成员方共向 WTO 通报生效实施的 RTA 数量就达到 220 个，平均每年新增约 13 个协定。区域贸易一体化所涉及的议题条款已不再仅聚焦于关税、非关税、便利化等边境措施，而是广泛扩展至服务、投资、竞争政策、国有企业、知识产权、技术转让等边境后措施，并深入涉及各国国内政策协调，呈现深层次区域经贸一体化趋势。如 2008 年国际金融危机爆发以来，美国推动 TPP、TTIP、TISA 等超大规模跨两洋自贸协定，试图重构全球贸易规则体系，在美国主导的北美自由贸易区谈判中，要求加拿大和墨西哥遵守高标准贸易规则承诺，以修正贸易投资自由化规则。美国也力求通过双边贸易协定方式推行其高标准规则，提升各国在投资和服务领域的准入水平。此外，美国还通过国内的 232 条款调查、301 调查等推动对等开放和公平贸易规则，以美国为首的发达经济体将规则重塑向高标准和高质量上偏离的行为，不仅使原有的 WTO 多边贸易规则逐步被区域经贸协议“腐蚀”，而且使广大发展中经济体国家面临的内向型经贸壁垒增加，因承受规则能力低而在新一轮国际贸易规则重塑中被“边缘化”，逐步被排除在全球经济治理框架之外，致使实际利益受损。

三、“一带一路”国际经贸规则体系还不稳定

9 年来，“一带一路”倡议从理念转化为行动，从愿景转化为现实，从倡议转化为受到欢迎的公共产品，得到全球 2/3 以上国家和几十个国际组织响应，签署了 200 余份合作文件，取得了举世瞩目的成就。同时，应该清醒地认识到，由倡议转变为行动的“一带一路”本身并不是一种机制性制度安排，也不是一种紧密型的区域贸易协定，中国与沿线国家的贸易仍然以遵从 WTO 多边贸易规则、双边贸易协定为主。而在“一带一路”沿线国家中，目前仍有 14 个国家尚未正式加入 WTO，其外贸政策将会对商

品与服务贸易的自由流通产生一定负面效应。自由贸易协定是WTO最惠国待遇原则的一项例外合法机制，这种优惠的贸易和投资待遇为自由贸易区域内协定方享有，域外国家不享有此种优惠，与WTO多边贸易体制相比，自由贸易协定机制一体化程度更高，内容也更广泛，除了对货物贸易关税进行削减，以及对非关税壁垒进行禁止或限制外，还扩展到服务贸易、投资规则和劳工标准等领域。作为政府间的国际协定，具有固化缔约方对外贸易政策与规则的作用，但中国目前只与少数沿线国家签订了自由贸易协定，总体而言，“一带一路”尚未形成统一、稳定的国际贸易规则与治理体系，还有待进一步加强。

四、“一带一路”国家关税壁垒与非关税壁垒普遍较高，为贸易自由化、便利化带来挑战

当前，经济全球化遭遇逆流，单边主义、保护主义对全球贸易稳定发展构成威胁，“一带一路”国家经济贸易交往正面临全球贸易保护主义抬头、国际贸易摩擦加剧以及贸易安全问题等严峻挑战。特别地，当前全球贸易保护的手段已从传统关税壁垒转向技术标准、绿色标准、劳工标准等为主要形式的非关税壁垒，国际贸易规则中的“边境”规则向“边境内”规则转移。一般而言，经济越发达的国家，关税和非关税壁垒才会越低。发展水平较低的国家关税壁垒和非关税壁垒比经济发达国家高，技术性贸易措施透明度差，贸易自由化、便利化水平低。“一带一路”沿线国家以发展中国家、最不发达国家为主，其关税壁垒均处于较高水平。国内外不少学者和机构测算过“一带一路”沿线国家的贸易便利化水平，这些国家绝大部分可以归为贸易“不便利”，且便利化水平差距较大，对相互间贸易构成一定阻碍。中国对沿线国家贸易顺差不断扩大，产业存在一定的同质竞争，易引起贸易摩擦。此外，贸易便利化软件水平普遍不高，海关清关效率、过境管理的透明度、通关手续的规则不统一均对贸易畅通起到了阻碍作用。

五、“一带一路”国际经贸规则协调机制尚未建立

沿线各国经济发展差异明显，与中国的贸易紧密度不尽相同，文化的多元化、地区冲突不断、地缘政治不稳定使贸易合作存在一定风险。“一带一路”沿线国家的经济和贸易发展水平存在显著差异，沿线国家中既包括少数发达国家，也包括最不发达国家和大量发展中国家。随着“一带一路”建设的深入推进，我国与沿线国家间的经贸、投资等商事交往日益密切，相关国际贸易及商事争端也在增加，但目前在“一带一路”沿线国家间尚未建立起统一、高效的国际贸易规则协调机制和商事争端解决机制，特别地，沿线国家在政治、经济、法律制度等方面存在较大差异，致使在解决国际贸易和商事争端时，面临着诸多问题，迫切需要建立统一、常态化的贸易协调机制和争端解决机制，以随时解决有关问题，化解有关风险。

第四节　世纪疫情带来巨大冲击

贸易与投资是推动世界经济发展的两大动力，是释放共建国家发展潜力的重要途径，是推动构建开放型世界经济体系的重要支撑和基石。然而，自 2020 年初以来，几乎所有国家都遭受了新冠肺炎疫情冲击，世界卫生组织 2022 年 3 月 17 日公布的数据显示，全球累计新冠肺炎确诊病例达 462758117 例。截至欧洲中部时间 17 日 16 时 14 分（北京时间 23 时 14 分），全球确诊病例较前一日增加 2096519 例，达到 462758117 例；死亡病例增加 6243 例，达到 6056725 例。新冠肺炎疫情是人类有史以来遭遇的最为严重的全球突发公共卫生事件之一，不仅对“一带一路”经贸合作产生了深远影响，还强烈冲击了“一带一路”经贸合作的国际环境，增添了许多不确定性风险。

一、新冠肺炎疫情的全球流行影响全球经贸活动的开展

一是新冠肺炎疫情全球流行阻碍了贸易以及贸易便利化。与2018年全球货物贸易高达10.3%的增速相比，自2019年起，全球货物贸易总额出现了连续的负增长，2019年降幅约为2.8%，2020年的降幅进一步扩大至7.6%。据统计，2020年，新冠肺炎疫情导致的供应链中断，使全球贸易收缩约25%，各区域贸易潜力再次受到抑制，呈负增长趋势。疫情冲击下各种防控措施的实施，限制了人流、物流、贸易流的流动，一些国家贸易和经济受到重创，尤其是一些以旅游服务贸易为主的国家遭受冲击较大。以柬埔寨为例，受疫情影响，上游原材料短缺，下游市场需求下降，国内建筑业、制造业等支柱产业受到较大冲击，经济发展速度下降3.14%。马尔代夫也是如此，疫情导致马尔代夫旅游业等服务贸易遭受重创，进而使其国内的GDP增速下降31.98个百分点，贸易潜力出现大幅缩小。疫情控制是否得利成为影响贸易便利化、贸易风险和贸易发展潜力的重要因素。中国国际经济交流中心、对外经贸大学和路孚特联合课题组撰写的《2020年“一带一路”贸易与投资指数报告》显示，2020年，亚洲地区由于有效控制疫情，贸易情况转好，而深陷疫情困境中的拉丁美洲及欧洲的贸易风险指数得分则依旧处于下降通道中。在贸易便利化指数排名前10的国家中，略有上升的国家受疫情影响程度相对较弱，如韩国、新加坡等得益于民众的自律与重视程度、政府和相关机构采用先进医疗技术及高度认真的“隔离+检测”，使得疫情得到较好控制，贸易便利化排名得以上升。总体来看，“一带一路”将中国优质产能、技术和价格优势与广大亚、欧、非、拉美国家的市场和劳动力等结合起来，促进生产要素在亚、欧、非、拉美国家间的流动和分配，通过推动构建利益共享的全球价值链，使以上地区贸易潜力得到很大程度的释放。以欧洲为例，面对新冠肺炎疫情肆虐全球、世界经济陷入严重衰退，全球生产链、供应链中断，中欧班列凭借分段运输、不涉及人员检疫的独特优势，实现运量逆势增长，中欧经贸关系逆势前行，中国成为欧盟第一大贸易伙伴。

二是新冠肺炎疫情全球蔓延所带来的投资挑战主要体现在全球投资需求减少。在新冠肺炎疫情冲击下，外资流入面临较大的危机，而“一带一路”国家中大部分经济体抵御外来冲击的能力相对有限，投资风险的加剧对外资流入带来巨大的冲击，共建“一带一路”各地区投资规模得分总体偏低，投资增长率出现负增长，尤其是依赖旅游业等服务业外资流入的国家，其投资规模得分出现了断崖式下跌。贸投指数报告显示，2020 年，除欧洲之外，各区域投资规模得分均呈下降趋势，东盟区域作为外资流入活跃的区域，有超过 2/3 的国家得分排名下降。同时，疫情的负面影响大大提高了投资风险。以非洲为例，疫情冲击加之疫苗接种缓慢，导致非洲区域的投资风险进一步增加。2020 年，流向非洲的外资同比下降了 19%。从投资风险 2020 年排名前 10 位的国家变化可以看出，与 2019 年相比，卢森堡排名上升幅度较大，相比于上一年上升 11 个位次，主要原因在于其较低的金融风险和政策风险。葡萄牙、波兰的位次上升均为 1，意大利和智利的位次上升了 2，而以色列的位次下降了 6。除卢森堡和以色列，总体来说排名前十位的国家变动不大。如图 4 - 2、图 4 - 3 所示。此外，这一结果也源于中美贸易摩擦等对外环境不佳所产生的投资观望心理。未来，“一带一路”共建国家应继续严控疫情，积极寻求市场复苏措施，促进贸易投资可持续发展。

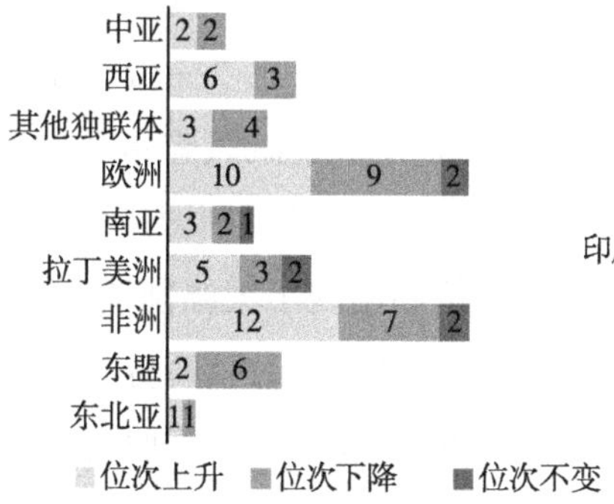

图 4 - 2　2020 年分区域投资风险对比

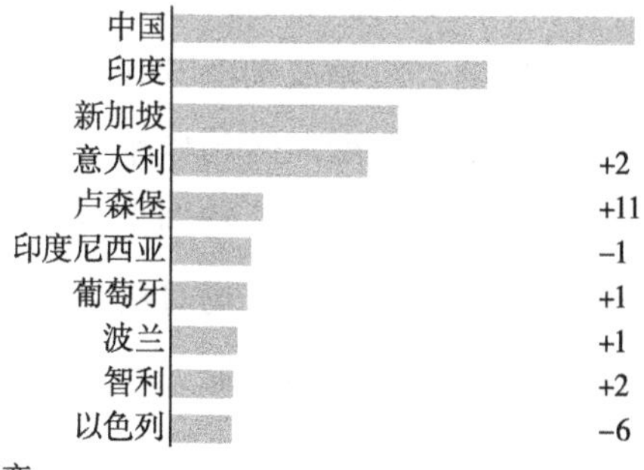

图 4 - 3　投资风险 2020 年排名前 10 国家位次变化

二、共建“一带一路”面临更复杂的国际经济环境

“一带一路”贸易投资规模、便利化程度、风险和潜力与全球宏观经济情况密切相关。近两年来，受全球经济低迷叠加贸易摩擦和新冠肺炎疫情等因素影响，“一带一路”投资总指数整体呈缓慢下降趋势，投资便利化程度有所下降；尽管共建“一带一路”国家在较为有力的疫情防控措施下，贸易总指数表现较为稳定，但贸易风险指数下降，表明贸易风险增加。从贸投指数报告可以看出，贸易方面，随着 2012 年以来全球经济陷入停滞，各区域的贸易风险指数得分均总体呈下降趋势，贸易风险指数则从 2012 年的 0.394 下降至 2020 年的 0.285，其中 2016 年的下滑尤为明显。其后，指数得分的下行虽在 2017 年有所减缓，但其后的 2018 年、2019 年、2020 年，在相继出现的中美贸易摩擦、新冠肺炎疫情等冲击因素的影响下，贸易风险得分的下滑再度加速（见图 4－4）。从 4 类细项指标来看，经济风险、政策风险整体下行，这与全球经济的下行趋势、贸易保护主义抬头的宏观特征相一致。投资方面，得益于共建“一带一路”建设，共建国家经济得以更好增长，投资风险总指数（见图 4－5）近年来一直在缓慢下降，投资经济风险整体也呈下降态势。但从细项指标来看，受经济全球化进程受阻、发达国家流动性泛滥以及新兴市场国家偿债机制不完善影响，汇率波动上升和资本流出加大，增加了“一带一路”国家面临不利国际金融风险的概率。2017 年之后投资金融风险指数有所回落，表明风险有所增加。特别是自 2018 年起，美国针对别国挑起多轮贸易争端，导致国际金融市场对新兴经济体的信心出现了大幅削弱，同时，沿线发展中国家的偿债机制并不完善，国际金融市场的风险分担机制严重不足，一旦外国资本流入减少，东道国的债务违约和国际收支危机发生的概率将显著上升。这些因素使新兴国家货币相对于美元持续贬值，显著增加了其经济衰退的风险。因此，投资金融风险在此之后呈现出上升的势头。

总体看，在逆全球化趋势逐渐加剧、全球贸易保护主义抬头的同时，

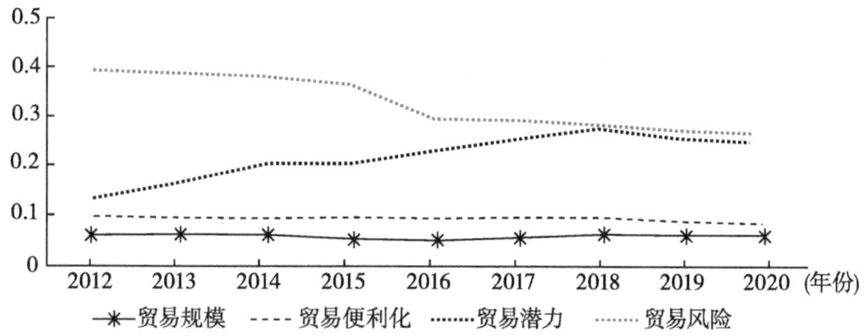

图 4－4　2012—2020 年贸易风险指数分指标趋势变化图

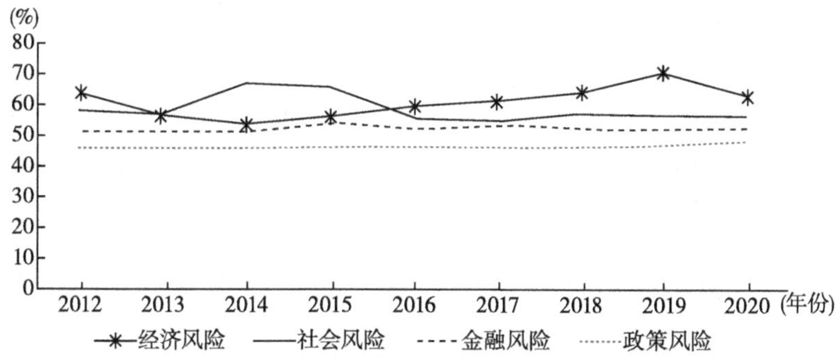

图 4－5　2012—2020 年投资风险指数分指标趋势变化图

新冠肺炎疫情常态化和长期化趋势导致世界经济增长不均衡，产业链供应链循环受阻，贸易投资大幅萎缩，大宗商品和金融市场动荡，共建“一带一路”建设面临国际经济环境更趋复杂。贸投指数报告显示，2018—2020年各区域的贸易便利化得分几乎都呈现微弱的下降趋势，其原因主要包括三个方面：第一，近年来的国际贸易保护主义抬头，中美贸易摩擦持续升级，从贸易领域延伸到产业领域和科技领域，大国之间的博弈和较量对全球贸易便利化得分降低有一定的负面影响；第二，自 2018 年以来，国际经济形势有明显的下行趋势，拉动全球经济增长的国际贸易逐渐失去应有的作用，到 2019 年全球出口增长率仅 1.8%，贸易活跃度有所下降，这可能也是各区域贸易便利化得分下降的原因；第三，受新冠肺炎疫情在全球范围内大流行的影响，各国采取严密的隔离措施，工厂的大范围停工关闭，极大程度上影响了以较为复杂的供应链为主的行业，特别是在电子产品和汽车制造等方面，全球贸易增长陷入停滞和整顿期。

共建“一带一路”国家大多为发展中国家，经济外部性特征明显。因国内资本积累不足、技术实力薄弱，外国直接投资对部分共建国家经济发展至关重要，大部分国家对外贸和外国资本依赖度较高，受全球贸易保护政策影响较大。与此同时，全球主要经济体持续推动量化宽松政策，但是因避险情绪强烈，外部流动性收紧，共建国家面临较大的货币贬值压力，政策空间受限，部分国家金融体系处于脆弱状态。另外，外部需求萎缩、大宗商品价格大幅波动以及全球资本流动减缓，成为共建国家经济增长的主要影响因素。疫情显著拖累全球经济增长，并从需求端、生产链、供应链、资金链等环节冲击共建国家对外贸易和利用外资，部分国家面临较强资本外流风险。同时，在外需大幅萎缩的情形下，国际能源价格带动大部分大宗商品价格震荡，对中东、中亚等主要能源出口国造成不利影响。

三、疫情冲击下共建“一带一路”经贸合作环境面临挑战

一是疫情直接冲击了“一带一路”合作的国际环境。面对疫情大流行，全球救治体系、信息沟通体系和应急物资保障体系出现失灵，致使全球公共卫生治理效能低下，人类陷入了一场异常严重的全球性卫生危机。为应对疫情，世界各国普遍采取了海关限制、停航、停运、拒收以及关税上调等措施，导致大量物流通道硬管控，剩余的国际物流网络资源相当有限。供应链中采购、生产、库存、分销等多个环节的节点受到影响，物流、资金流等流通陷入停顿，产能利用率下降；需求端出现萎缩，产品销售与进出口订单缩减，对世界经济造成沉重打击。人员自由流动受到限制，服务需求日益减少，生产、投资与出口中断，失业人口增加。全球旅游、餐饮、航空、酒店和实体零售等服务性行业遭受重创，汽车、电子、机械、家电、服装等离散型制造产业遭受严重冲击。企业陷入资金窘境，出现资金周转缓慢、预期收入降低、现金流吃紧、外部融资困难以及债务风险攀升等问题。商品、人员和服务等要素的跨国流动受阻，强烈冲击了全球供应链、产业链、服务链和价值链，在客观上助长了全球贸易保护主

义，推动了世界经济硬脱钩，破坏了“一带一路”合作。

二是疫情衍生出更多针对“一带一路”合作的挑战。新冠肺炎疫情暴发后，个别国家有意将疫情政治化，渲染中国是病毒的源头，恶意诋毁中国政治制度和抗疫政策，否定中国政府和中国人民在抗疫中做出的巨大贡献，曲解中国对外援助的善意和善行，企图转移民众情绪、转嫁国内矛盾。针对中国的负面论调在国际舆论场不断发酵，不仅损害了中国的国家形象，而且加剧了中外民众之间的矛盾、猜忌和隔阂，破坏了“一带一路”的合作氛围。同时，全球化被指责是疫情扩散的罪魁祸首，经济脱钩、制造业重返西方、粮食禁止出口等反全球化论调和行为有所增加。世界各国内向化倾向加剧，推动全球化向地方化、区域化转向，地缘政治冲突增多，政治体制和意识形态的竞争日趋激烈，针对“一带一路”合作的角力明显增加。个别国家政客、媒体和学者无端将疫情全球大流行与“一带一路”相联系，试图借此抹黑污蔑中国，离间中国与沿线国家的关系，破坏“一带一路”合作。此外，各国政府应对政策和措施的不确定性和缺乏协同，导致全球治理失序、挑战日益严峻，“一带一路”沿线地区发生冲突甚至战争的可能性大增，从而增加了“一带一路”合作的风险因素。

“一带一路”合作的域内环境遭受冲击。疫情大流行致使“一带一路”合作难以正常开展。为减少疫情的跨国传播，“一带一路”沿线国家采取了人员入境限制、交通管制、签证停发、航班停飞和检疫隔离等一系列防控措施，限制了沿线国家的人员和物资流动，严重影响了“一带一路”项目建设的进度。相关国家的生产和运输无法进行以及全球产业链和供应链受到极大冲击，加剧了“一带一路”项目建设的原材料、重要机械设备和主要零部件的短缺，导致印度尼西亚、马来西亚、柬埔寨等国的多个基建项目都出现了不同程度的延误。同时，交通管制和人员交流限制严重冲击了“一带一路”框架下的劳务、金融、技术、旅游和餐饮等服务业合作。多种限制措施与贸易保护主义形成叠加之势，强烈冲击了“一带一路”沿线产业链、供应链和价值链的安全稳定，影响了项目的正常建设。此外，疫情削弱了沿线国家合作的能力和意愿。在疫情强烈冲击下，沿线国家正常的经济秩序受到沉重打击。“一带一路”沿线国家由于停工停产，或者采取贸易限制措施，出现了原材料供应紧张和抗疫物资严重紧缺的问题，加剧了沿线疫情防控形势的恶化。运输量和用电量的减少，使“一带一路”沿线铁路、电站、公路、港口等项目的投资收益下降、风险增加。大宗商品出口的价格下跌、旅游业受损、国外直接投资锐减和资本外逃等，使沿线国家的失业率不断提升，财政压力不断增大。西方国家的资本市场动荡，一些沿线国家汇率大幅波动、资金流转和企业现金流逐渐趋紧，导致“一带一路”第三方项目融资与贸易结算的实施和汇率风险增加。一些沿线国家的债务率提高，国际收支失衡，支持“一带一路”项目建设的配套资金和其他资源可能无法得到落实，项目开展更加困难。在全球疫情加剧、治理赤字扩大和经济衰退叠加的大背景下，社会不满情绪累积，一些国家爆发大规模抗议示威活动甚至武装冲突，有些国家恐怖袭击增加，导致这些国家对外合作能力和意愿大幅下降，“一带一路”合作不确定性增加。

第五章

“一带一路”经贸合作高质量发展的思路与举措

经贸合作是“一带一路”建设的重点，基础好、见效快、共识多，是新时期我国推动新一轮对外开放、构建经济发展新动能的重要举措，也契合广大共建国家的发展需求，推动“一带一路”经贸合作高质量发展有利于释放共建国家发展潜力，进一步提升各国参与经济全球化的广度和深度，化解各种质疑，打造“一带一路”高质量发展的先行示范。在共建“一带一路”倡议下，我国与共建国家之间的经贸合作取得重大进展，但也面临一些问题和挑战，为了在新时期更好服务“一带一路”经贸合作实践，推动“一带一路”经贸合作高质量发展，我们提出未来一段时期“一带一路”经贸合作的思路、目标、路径和建议，以期为“一带一路”经贸合作实践提供行动指引。

第一节　“一带一路”经贸合作高质量发展的主要思路与路径

一、“一带一路”经贸合作的主要思路

经贸合作是“一带一路”建设的重要内容。习近平总书记有关推动“一带一路”高质量发展的一系列重要论述，尤其是第三次“一带一路”建设座谈会上的讲话精神，是推动“一带一路”经贸合作高质量发展的根本遵循。要正确认识和把握共建“一带一路”经贸合作面临的新形势，立足新发展阶段，完整、准确、全面贯彻新发展理念，构建新发展格局，坚持共商共建共享原则，秉持开放绿色廉洁理念，统筹经贸发展与安全，以推进经贸合作高质量发展为主题，以创新发展为动力，聚焦重点国家、重

点领域、重点园区、重点项目，以周边共建“一带一路”亚洲国家为基础，以数字经济和数字贸易为重点方向，以经贸规则建设为导向，大力优化经贸结构，推动进口与出口、货物贸易与服务贸易、贸易与双向投资、贸易与产业协调发展，营造开放型经济新体制新环境，打造“一带一路”现代流通经济圈，促进共建国家之间的要素有序自由流动、资源高效配置、市场深度融合，实现经贸合作高质量发展，开创开放合作、包容普惠、共享共赢的国际经贸合作新局面，推动国内国际双循环互促共进，为推动建设开放型世界经济、构建人类命运共同体做出新贡献。

二、“一带一路”经贸合作的主要目标

（一）2035 年目标

到 2035 年，“一带一路”经贸合作全球框架基本成形，“一带一路”经贸合作成为全球经济新的增长极，“一带一路”全球产业链、供应链和价值链体系初步形成，“一带一路”现代流通经济圈初步形成，“一带一路”对外开放新格局初步形成，中国成为全球性的经贸合作中心平台，成为全球经贸强国和全球性现代流通中心，参与全球经济治理体系改革和建设的能力大幅提升。

一是“一带一路”全球经济增长极初步形成。当前世界新冠肺炎疫情严重冲击全球发展进程，特别是发展中国家遭受重创，经济复苏脆弱，俄乌冲突进一步加剧了全球经济的不确定性和下行风险，“一带一路”建设顺应了全球发展潮流，国际经贸合作将推动各国贸易与投资合作的深化，有助于大幅度提升经济效益，突破经济发展瓶颈。通过推进“一带一路”共建国家的经贸合作，联动全球各国共同参与“一带一路”国际经贸合作，在全球范围内整合有效资源，推动国际经贸合作要素的国际流动，充分挖掘国际经贸合作的全球市场，活跃全球经济，初步形成全球经济新的增长极，形成全球联动的“一带一路”经贸合作区域布局。

二是以我为主、内外循环相互促进的全球区域性产业链供应链体系初步形成。在传统“六廊六路多国多港”经贸合作框架基础上，以周边为首

要，以亚欧大陆为主体，以非洲、拉美为两翼，以海上经济通道为支撑的陆海天网冰“五位一体”立体化空间布局基本搭建，基础设施互联互通网络运转水平进一步提升，以联通内外的重要战略通道、重要战略支点、重要城市节点、重点国际化枢纽基础设施、重点经贸合作园区为重点，中国与共建国家和地区之间的产业链、供应链合作进一步加深，形成更加紧密高效的链接，初步形成以我为主的内外循环相互促进的全球区域性产业链供应链体系，共建“一带一路”成为新发展格局的重要支撑。

三是“一带一路”现代流通经济圈初步形成。以中欧班列、陆海新通道等大通道和信息高速路为骨架，以铁路、港口、管网等为依托的基础设施互联互通网络加快建设，内外联通、安全高效的贸易大通道搭建完成，经贸合作网络不断畅通完善，并转为全球广大发展中国家的重大发展机遇和经济发展引擎，各种要素在共建国家之间流动加快，初步形成商流、物流、数据流、资本流更为便利、自由、畅通、高效的共建“一带一路”现代流通经济圈，中国成为现代流通中心，与共建国家共同推动区域经济一体化和经济全球化水平不断提升。

四是“一带一路”国际合作全面开放新格局基本形成。“一带一路”同京津冀协同发展、长江经济带发展、粤港澳大湾区建设、长三角一体化发展、黄河流域生态保护和高质量发展等国家重大区域发展战略的对接不断深入，地方融入“一带一路”建设不断深化，与国内自贸区、自贸港、进博会等高水平开放平台联动不断加强，中欧班列成为带动中欧经贸深入融合的重要机制平台，与 RCEP、CPTPP、APEC、上合组织、金砖国家等区域次区域组织的深度联动融合，陆海新通道实现丝绸之路经济带与海上丝绸之路的有效衔接，更高水平开放型经济新体制不断健全，开放型世界经济不断发展，“一带一路”国际经贸合作全面开放新格局基本形成。

五是参与全球经济治理体系改革和建设的能力大幅提升。对接国际上普遍认可的经贸规则、标准和最佳实践取得积极进展，中国经贸规则和标准“走出去”取得重大成效，富有共建“一带一路”特色的经贸规则体系初步建立。国际组织、跨国企业等市场主体、第三方等深度融入“一带一路”经贸合作，我国在国际经贸规则制定、全球经贸治理中的话语权和影响力显著增强，我国参与全球经济治理体系改革和建设的能力全面提升，推动世界政治经济格局演变继续朝对我国有利的方向发展。

六是成为全球经贸强国和全球性现代流通中心。“一带一路”经贸合作的总体战略目标是将我国打造成全球经贸强国。目前，我国为全球最大的发展中国家，取得的成就举世瞩目，是全球第一的贸易大国和制造业强国，是130多个国家的第一大贸易伙伴，但与发达国家相比还有一定的差距，通过“一带一路”国际经贸合作助推我国从全球贸易大国和制造大国向全球贸易强国和制造强国转变。随着“一带一路”国际经贸合作政策逐步落实，国际经贸合作的各项机制逐渐完善，我国对外贸易规模和结构将不断优化。同时，新一轮科技革命和产业变革与“一带一路”国际经贸合作形成历史性交汇，利用互联网+技术、5G技术和区块链技术等先进技术打造全球领先的“一带一路”国际经贸合作通信基础设施，利用互联网技术建立全球领先的互联网+国际经贸合作平台，应用金融工具组建全球领先的“一带一路”国际经贸合作专项基金，大力发展电子商务和数字贸易等国际经贸合作新业态，使得国际经贸合作的各种要素、资源在“一带一路”国际经贸合作平台上集聚和集散，使我国初步成为全球经贸强国和全球性现代流通中心。

（二）2050年目标

到2050年，“一带一路”全球跨国经贸合作框架完善成熟。共建“一带一路”现代流通经济圈不断拓展扩大，成为引领经济全球化发展大势和世界经济增长的引擎；共建“一带一路”跨国经贸合作框架，成为惠及全球绝大多数国家的共享经济合作平台，成为全球经济脱贫、减贫，绿色低碳、数字经济发展的重要支撑体系；共商共建共享基本原则成为各国构建合作共赢新型国际合作关系的基本准则，助推共建“一带一路”真正成为破解全球治理赤字、信任赤字、和平赤字、发展赤字等的中国方案，成为实现人类命运共同体的实践平台和全球性公共产品。

1. 总体方面

到2050年，以国际经贸合作为核心的“一带一路”建设将使世界经济复苏从而促进全球贸易与投资走出低谷，世界经济增速大幅回升。全球主要经济体，尤其是"一带一路"沿线发展中国家经济发展势头强劲，形成全球价值链新格局。

"一带一路"经贸合作相关的基础设施互联互通网络充分实现。我国与共建国家在陆海空网管和通信基础设施等领域的交通设施网络全面搭建完成，5G 技术全面提升国际经贸合作生产链、产业链和供应链的智能化水平，形成"一带一路"互联互通的交通网络，极大地提高国际经贸合作的效率。

"一带一路"国际经贸合作充分实现畅通。我国和全部合作国签署各类"一带一路"倡议框架下的经贸合作协议，"一带一路"特色自贸区网络体系基本建成，各国在自贸区内不断加深贸易合作。共建各国针对贸易和投资便利化举措建设已达成共识，在区域内可以实现商流、物流、信息流、资金流和人员自由、畅通高效流动。区域贸易和投资便利化程度全面深化，赶上并超过发达国家水平。以"创新驱动"战略为动力，共建各国产业联动性显著增强，以我国为代表的若干发展水平较高的国家甚至能够处于全球价值链中高端，共建各国产业结构较为合理，"一带一路"区域成为全球经济实力最强、发展速度最快的经济增长极。

"一带一路"国际经贸合作的资金融通充分实现。共建国家基本形成畅通的国际经贸合作资金融通机制，对资金扶持、使用管理、后期考评等环节形成良好的资金使用制度。互联网金融工具为国际经贸合作专项基金提供便捷有效的服务，使得支持机构的职能更加明确，区块链技术能够根据不同国家、不同产业、不同企业的发展需求提供更快捷的跨境投融资服务。同时，"一带一路"区域统一货币已基本形成，人民币成为共建"一带一路"国家的主要结算货币，极大程度上降低国际经贸合作过程中的汇率风险。

中国成为全球经贸强国和全球现代流通中心。国际经贸合作使我国对外经贸合作高质量发展目标得以实现，我国成为全球最大的"走出去"国家，我国与共建国家已实现全面经贸合作，国际经贸合作的全球辐射作用明显增强，并进一步扩大经贸合作范围，越来越多国家支持并主动参与到国际经贸合作中。随着经贸合作深化，我国成为全球产业创新力度最强的国家之一，产业发展处于全球价值链高端，并基本构建起以我国为核心、共建国家为基础，辐射世界各国的全球经贸规则治理体系，我国负责任的大国形象受到全球国家的普遍肯定。

2. 区域空间布局方面

“一带一路”国际经贸合作远期区域布局目标应坚持“线面联动，全球共享”的原则，随着中国对外物流通道和贸易通道的不断完善以及共建国家之间贸易物流通道相互衔接和连接，“一带一路”经贸合作区域将随着共建国家对外经贸合作网络延伸至全球。共建“一带一路”各国共同成为国际经贸合作的重点区域，这些国家在国际经贸合作中迅速崛起，“一带一路”经贸合作区域进入全面统筹协调阶段，各国在竞争与合作中实现共同繁荣和共同发展。在该阶段，“一带一路”国际经贸合作完全突破原有的亚、欧、非、拉大陆国家，以“一带一路”区域为核心区域，面向全球，通过重塑全球经贸治理格局优化国际经贸合作的全球布局，搭建完成全球经贸合作网络体系，并将越来越多的国家吸纳至国际经贸合作中，各国的比较优势产业、优势技术和优势要素实现充分流动和整合，国际经贸合作带来的福利造福全人类。

3. 国内区域布局方面

随着全面实现社会主义现代化，我国国内各个地区也进入全面发展阶段，区域空间布局由原有的“点面结合”、“线面结合”、国内外区域联动转为功能性区域空间布局。国内各个地区的功能性作用明显，如长三角经济带的金融中心功能、珠江三角洲的技术创新功能、东南沿海地区的自由贸易港功能，“一带一路”核心区建设引领，地方找准融入“一带一路”建设的定位，不断深入开展经贸合作，各区域统筹协调，在国际经贸合作“引进来”和“走出去”双向步伐中发挥各自独特的作用。国际经贸合作促进了我国西部大开发、东北老工业基地振兴、中部地区崛起，这些地区发展水平大幅度提升，接近我国经济发达的区域，我国国内各区域发展的协同性大幅度提升。

三、“一带一路”经贸合作的路径

（一）以构建人类命运共同体为目标，推动全球发展倡议与“一带一路”结合，促进全球实现共同发展

新冠肺炎疫情严重冲击全球发展进程，特别是发展中国家遭受重创，经济复苏脆弱，南北发展鸿沟不断拉大。习近平主席在联合国郑重提出了以人民为中心的全球发展倡议，呼吁各国更加重视发展问题，从而形成合力，这也是“一带一路”经贸合作的深刻内涵。全球发展倡议强调坚持发展优先，坚持以人民为中心，坚持普惠包容，坚持创新驱动，坚持人与自然和谐共生，坚持行动导向，是中国经验的全球化表达，“一个更加普惠、平衡的全球发展图景，将因中国而增添强大动力”。“一带一路”是开放包容的国际经济合作的平台，重点是通过政策沟通、设施联通、贸易畅通、资金流通、民心相通，与共建国家开展经贸合作，共享合作成果，探寻经济增长之道，实现全球化再平衡，开创地区新型合作。但二者有着共同的目标，那就是推动全球共同发展，推动全球发展迈向平衡协调包容新阶段，建设共同繁荣的世界，构建人类命运共同体。中国提出两大倡议，要在构建人类命运共同体目标下实现二者的结合，深化“一带一路”经贸合作，助力全球发展倡议的落实。

（二）以加快构建新发展格局为基本要求，提升“一带一路”共建国家经贸合作水平

不断提升“六廊六路多国多港”基础设施互联互通水平，加快构建以中欧班列、陆海新通道等大通道和信息高速路为骨架，以铁路、港口、管网等为依托的互联互通网络体系，形成畅通内外、互联互通的国际化贸易物流大通道，不断深化我国与共建国家、共建国家之间的经贸合作，打通关检、物流、税收、标准、规则等堵点障碍，畅通贸易合作和投资合作，不断促进释放共建国家经济发展潜力，提升共建发展中国家经济发展内生动力。在与共建国家经贸合作不断深化中，全面提升我国与“一带一路”

共建国家，以及共建国家之间的贸易质量，加快与共建国家的双向贸易投资水平提升。同时，立足扩大国内需求基点，利用中国进出口博览会、中国国际消费品博览会、中国国际服务贸易交易会等重要开放平台，扩大进口共建国家优质商品和服务。围绕重要境外经贸与产能合作平台，加快与共建国家共建“一带一路”区域重要产业链供应链平台，打造产业循环与经贸合作平台，以点带面，提升区域经贸合作水平。

（三）以绿色发展和数字经济为抓手，激发共建“一带一路”经贸合作新动能

生态环境是人类生存和发展的根基，建设美丽家园是人类的共同梦想。面对生态环境挑战，人类是一荣俱荣、一损俱损的命运共同体，没有哪个国家能独善其身。随着全球生态环境挑战日益严峻，良好生态环境成为各国经济社会发展的支撑点和人民生活质量的增长点，绿色发展成为各国共同的关切和追求的目标。全球主要国家进入以绿色发展引领全过程污染控制的新阶段，大多数发展中国家生态环境比较脆弱，实现可持续发展的压力很大，必须加快推动绿色发展。中国将秉持人类命运共同体理念，支持绿色低碳发展。中国向国际社会做出碳达峰、碳中和庄严承诺。2/3的“一带一路”共建国家均提出碳中和目标。2021年6月，中国与共建国家发出“一带一路”绿色发展伙伴关系倡议。2021年10月，中国印发了《关于做好碳达峰碳中和工作的意见》《2030年前碳达峰行动方案》，2022年3月，中国发布《关于推进共建“一带一路”绿色发展的意见》，是我国实现庄严承诺的顶层设计和工作指南。下一步将把强化绿色产业和科技创新作为绿色发展的制高点，把壮大绿色产业和科技创新作为协同经济转型发展与环境保护的核心驱动力，积极推动绿色技术创新，改变现有能源与排放结构，推动能源结构、产业结构向清洁化、低碳化和数字化方向发展。进一步强化全球生态环境协同治理共识，加强中美、中欧等大国之间的合作，发挥引领作用，加快解决全球环境问题的国际制度构建和各国合作行动，加快推动形成新的全球治理机制，共同拓展绿色发展路径。

数字经济与实体经济日益融合，成为引领经济复苏、产业变革和社会

进步的重要驱动力量，数字丝绸之路建设也是“一带一路”经贸合作的重点。当前，世界经济面临不稳定不确定性因素显著增多，加强数字丝绸之路建设共识度高、利益契合度高，有助于共建各国共同破解发展难题，增强供给能力，催生新需求，增强经济发展动力。数字经济是开放型经济，推动数字丝绸之路建设，需要互联互通、开放共享。应抓住新一轮科技革命与产业变革的历史机遇，与共建国家加强在数字经济发展政策、战略规划、标准体系、监管手段等方面建立交流合作机制，分享成功经验，共同推动数字经济发展壮大，共同建设数字丝绸之路。要以共建“一带一路”倡议为引领，加强数字基础设施互联互通建设，打通经济社会发展的信息“大动脉”。要把握数字化、网络化、智能化方向，推动制造业、服务业、农业等产业数字化，利用互联网新技术对传统产业进行全方位、全链条的改造，提高全要素生产率，发挥数字技术对经济发展的放大、叠加、倍增作用。要深化数字丝绸之路各领域合作，围绕5G、人工智能、网络安全、工业互联网、网络扶贫等重点领域开展广泛交流，支持业界不断探索新的合作模式，实现技术和市场规模优势互补，进一步扩大共同利益和合作空间，让数字化、网络化、智能化为经济社会发展增添动力。要共同推动全球数字治理合作，开创数字丝绸之路合作新局面。

（四）以互利共赢为目标，推动“一带一路”经贸合作深度融入经济全球化与区域经济一体化

历史和实践充分证明，合作共赢是人类发展的唯一正确选择。经济全球化是时代潮流，尽管出现了很多逆流、险滩，但经济全球化方向从未改变，也不会改变。当今世界，跨国投资、贸易、金融以及全球产业链、供应链已经把世界各国经济紧密联系在一起，只有积极参与国际分工合作和竞争，才能发挥优势、取长补短，促进国内产业升级和实现经济高质量发展。在各国经济日益融合的今天，中国离不开世界，世界也离不开中国，只有消除分歧，通力合作，才能克服全球经济面临的困境，实现合作共赢。面对经济全球化遭遇逆风和回头浪，中国坚定承诺：改革不停顿、开放不止步；中国开放的大门不会关闭，只会越开越大。作为坚决维护经济

全球化和完善新一轮经济全球化的参与者、建设者和引领者，中国将以“一带一路”经贸合作为引领，筑牢共商共建共享共赢的基石，积极推动贸易投资自由化便利化，稳步推进金融对外开放，积极探索在错综复杂的国内外环境下确保经济发展与繁荣；同时，利用中国超大规模经济体的优势和潜力，引领世界经济复苏和增长，不断推动经济全球化朝着更加开放、包容、普惠、平衡、共赢的方向发展。

经济全球化与区域一体化是现代世界经济发展的两大趋势。随着WTO多哈回合谈判陷入困境，经济全球化受阻给区域一体化发展留下巨大的空间。特别是近年来，受美国贸易保护主义等影响，双边、区域贸易协定进程大大加快，发达国家间区域贸易协定出现强强联合之势，高标准更是成为区域经济一体化和区域贸易协定的发展方向和核心议题。由发达国家主导的《全面与进步跨太平洋伙伴关系协定》（CPTPP）、《美墨加协定》（USMCA）、《欧盟—日本经济伙伴关系协定》（EPA）等，所涉及的贸易和投资规则领域已大大超越WTO多边贸易体制所规定的水平。以中国周边为基础的东盟、东亚地区是中国经济稳定和共建“一带一路”经贸合作的基本盘。应不断巩固强化中国与东盟在“一带一路”框架下的经济往来和产业链供应链的深度合作，不断推动RCEP与“一带一路”的对接合作，推动其成为新的更加开放的经济区，积极按照CPTPP加入程序推动有关工作，加快推进中日韩在“一带一路”框架下的合作，推动中日韩自由贸易协定的谈判进程，推动亚太自贸区进程；充分利用俄乌冲突国际局势变化，推动《中欧投资协定》的落实，做强中欧班列贸易大通道，使共建“一带一路”经贸合作全面融入经济全球化与区域经济一体化进程。

（五）以“一带一路”区域价值链为引领，推动全面开放新格局形成

2013年以来，共建“一带一路”坚持共商共建共享原则，把基础设施“硬联通”作为重要方向，把规则标准“软联通”作为重要支撑，把共建国家人民“心联通”作为重要基础，构建了广泛的朋友圈，探索了促进共同发展的路径，实现了同共建国家互利共赢，取得了实打实、沉甸甸的成就。

疫情期间，共建“一带一路”表现出较强韧性，对维护全球产业链价值链稳定做出了积极贡献。后疫情时期，中国将继续提升基础设施互联互通水平，加强“一带一路”建设与京津冀协同发展、长江经济带发展、粤港澳大湾区建设、长三角一体化发展、黄河流域生态保护和高质量发展等国家重大区域发展战略的对接，发挥国内经济的支撑辐射和引领带动作用。推动我国境内高水平开放地区综合保税区等开放平台加快利用“中欧班列”、E 国际贸易、跨境电商等软硬贸易业态，拓宽境内产品外销市场，增加境外优质产品进口。面向中东欧、东南亚、南亚等重点区域，建设境外物流园区，进一步构建境内物流体系与提升境外物流园区的协作能力，稳步推进已形成较好产能合作基础的境外产业园区继续拓宽合作领域、渠道，面向所在区域、所在国家优势资源、产业，加强双向贸易、双向投资合作，促进技术、管理、标准、人才等双向互联互通与共同协作。同时，加强共建“一带一路”倡议与 RCEP、CPTPP、APEC，以及上合组织、金砖国家等机制化平台的深度对接，深化中国与共建国家和地区之间的产业链、供应链合作，逐步形成以我为主的内外循环相互促进的全球区域性产业链供应链体系，为我国构建新发展格局提供重要支撑。

（六）以规则建设为导向，共同推动全球治理体系变革

国际经济竞争归根结底是规则和标准的竞争，规则和标准的支配权意味着发展的主动权。当前全球治理体系是“二战”后以美国为首的西方发达国家主导的，并未顾及发展中国家经济发展程度的差异，随着以中国为首的新兴经济体和发展中国家的群体性崛起，国际贸易和投资大变革，全球治理体系迫切需要变革以适应新发展、新变化。

要加强宏观经济政策国际协调，共同推动完善多层次的全球经济治理平台。坚决维护多边贸易体制的核心价值，以“一带一路”建设为载体积极参与 WTO 改革，反对各种形式的贸易保护主义，继续发挥 WTO 在国际经贸规则变革中的基础地位和主渠道作用；加快探索数字支付、数字货币、数字税收等新技术模式应用中的规则对接，结合跨境电商等业态模式需求和人民币国际化进程需要，推动以数字技术模式加快推动人民币在跨

境贸易投资中的清算使用。加强“一带一路”建设与联合国、WTO、G20、亚太经合组织（APEC）、IMF、世界银行、WCO、金融稳定委员会等多边国际组织的合作，在推动经济增长、结构性改革、科技创新、数字经济、基础设施投资、税收合作、国际金融改革、货币与汇率政策、绿色可持续发展、贸易投资自由化便利化、产业政策协调等议题中发挥积极作用；推动“一带一路”建设与金砖国家、上合组织等区域性合作机制建设，提高新兴市场和发展中国家的代表性和话语权。

推动构建面向全球的高标准“一带一路”自由贸易区网络。全球自贸区战略是我国扩大市场空间、探索国际经贸新规则、参与全球经济治理、发展全球伙伴关系的重要平台。要在巩固传统贸易投资伙伴关系的同时，深化与发达国家的利益交融。利用RCEP，形成以周边国家为主的稳定开放格局，同时，推动中日韩自贸区谈判达成协议，启动加入CPTPP的谈判议程，加快研究亚太自贸区（FTAAP）建设；推动中欧投资协定重启，稳定与欧盟关系；加强中美战略沟通，本着相互尊重、和平共处、避免对抗的原则，引领中美关系朝着正确轨道向前发展。积极建设“一带一路”自贸区网络体系，允许欠发达国家做出更少的减让承诺，为构建符合发展中国家利益的经贸规则提供制度创新。

要不断升级“一带一路”贸易畅通平台，加强合作机制建设。强化经贸政策沟通，推动商建更多“一带一路”双边或多边的贸易畅通工作组、投资合作工作组、服务贸易国际合作机制和电子商务合作机制。支持建设中国—上海合作组织地方经贸合作示范区以及中国—印尼、中国—马来西亚“两国双园”等合作示范区。创新发展中国—东盟博览会、中国—东北亚博览会、中国—南亚博览会、中国—亚欧博览会、中国—中东欧国家博览会、中国—非洲经贸博览会、中国—阿拉伯国家博览会、中国—俄罗斯博览会等展会，发挥好中国—加勒比经贸合作论坛、中国—太平洋岛国经济发展合作论坛、中拉基础设施合作论坛等平台作用，打造多元化、多层次、多渠道合作平台。

要努力消弭以美国为首的西方国家利用舆论话语权造成国际社会对我国的误解误判，尽我所能承担更多国际责任和义务，尤其要利用全球发展倡议和共建“一带一路”倡议等为全球提供的公共产品，积极推动联合国2030年发展议程，在引导新经济、可持续发展、气候变化、建立网络空间治理等规则制定方面有所作为，共同推动全球治理体系朝着更加公正合理的方向发展。

第二节 构建“一带一路”经贸规则体系

当今世界正经历百年未有之大变局，而国际经贸规则变化正是全球经济秩序大调整大变革的突出体现，全球竞争正在由“经济之争”转向“制度竞争”“规则竞争”，这是当前国际竞争的制高点，是发展权之争，也是制度和领导力之争。因此，推动“一带一路”经贸合作高质量发展离不开建立独具特色的“一带一路”经贸规则体系。特别是当前，区域经济一体化已成为一个国家或地区参与全球竞争和国际分工的重要载体，也是参与国际经贸规则制定和应用的机制平台。适应全球新一轮国际经贸规则变革重构大趋势，以共建“一带一路”经贸规则为引领，推动我国开放型经济从要素型开放转向制度型开放，是“一带一路”经贸合作的应有之义，也是我国构建更高水平开放型经济新体制的必然要求。

一、构建“一带一路”国际贸易规则体系的主要思路

从国际经贸规则形成和演进的历史经验看，国际经贸规则的构建主要由大国发起，先形成小范围的核心国集团，再向多边协定扩展。近年来，随着全球产业分工的深化，通过全球价值链已经形成了货物贸易、投资、服务贸易更为紧密的联系，中间产品贸易规模越来越大，制造业服务化、服务业产业化趋势越来越突出，全球传统经贸规则、WTO多边机制受到冲击，美国大力推动和主导更高标准的国际经贸规则框架，全球经贸区域合作和多边合作中的“规则之争”成为新一轮全球化博弈的新角力点。在全球经贸模式和规制演变的新形势下，积极同“一带一路”共建国家和地区商建“一带一路”国际经贸规则体系，既符合广大沿线发展中国家的利益

诉求，也是我国积极参与国际经贸规则制定、争取全球经济治理制度性权利的重要平台，有利于我国在国际经贸规则制定中发出更多中国声音、注入更多中国元素，维护和拓展我国发展利益。构建“一带一路”经贸规则体系的基本思路如下：

一是坚持以遵循为主体、完善创新为补充构建“一带一路”经贸规则体系。应坚定维护 WTO 在国际经贸规则体系中的核心地位，遵循世界贸易组织关于贸易、投资和争端解决的国际经贸规则，积极推动多边经贸谈判进程，促进多边贸易体制均衡、共赢、包容发展，形成公正、合理、透明的国际经贸规则体系，同时，根据“一带一路”经贸实践发展需要，开展“一带一路”相关国际经贸规则标准的前瞻性研究，共同推进建立与 RCEP 等区域次区域贸易安排机制的相关经贸规则，牵头推进“一带一路”国际经贸规则标准的完善与创新，逐步形成普遍接受的包容性发展国际经贸规则体系。

二是以贸易便利化为首要目标构建“一带一路”经贸规则体系。贸易便利化议题各方分歧较小，易于在各国之间达成共识，相对容易突破。2013 年达成的《贸易便利化协定》是 WTO 成立 18 年来首个全球贸易协定。因此应将贸易便利化机制建设作为构建“一带一路”贸易规则体系的首要目标，推动海关工作制度对接、技术标准协调、检验结果互认、执法互助、电子证书联网，推进海关大通关体系建设，不断提高贸易便利化水平。

三是以构建自由贸易区网络为重点构建“一带一路”经贸规则体系。自由贸易协定是 WTO 最惠国待遇原则的一项例外合法机制，其本质是政府间国际经贸协定，但它具有创制国际规则的功能，由于世界贸易组织法尚未对许多议题设定规则，因此自由贸易协定这一重塑国际规则机制，已经成为谋求国际经贸合作的最有效手段，应以规则导向，引领合作共赢的自贸区网络建设。为适应“一带一路”共建国家情况复杂、发展程度不一的现状，应本着先易后难、逐步推进的原则，推进“一带一路”共建国家或地区的自贸区网络建设，改变过去“重项目、轻规则”的惯性思维，以适应当前国际贸易规则重构的大趋势。除了综合性的自由贸易协定，单一领域的双边协定如双边投资协定、税收协定、海关互助协定等，因其缔结更加灵活、方便，相对容易，也应当继续予以推进。

四是以E国际贸易为突破口构建“一带一路”经贸规则体系。建立“一带一路”国际规则要着眼于我国在实践方面已取得重大先发优势和成熟经验的领域，以跨境电商为代表的E国际贸易就是其中之一，是我国最有可能在国际经贸规则方面形成突破的领域。E国际贸易是指基于跨境电子商务，将互联网、大数据、云计算等现代信息数据技术应用于国际贸易中的新型经济业态，是我国国内蓬勃发展的电子商务产业向全球复制的国际版。目前，全球范围对于E国际贸易、跨境电子商务、直播电商等新贸易模式、新贸易业态尚没有统一的国际规则和标准，因此，应抓紧将我国的E国际贸易规则复制推广到“一带一路”共建国家和地区，逐步形成“一带一路”共建国家和地区普遍认可的数字贸易规则体系，以期在新一轮国际贸易规则制定与主导权之争中占据主动。

五是以民间参与路径创新构建“一带一路”经贸规则体系。传统国际经贸规则制定以国家为主体，互联网和新技术革命改变了传统贸易业态和贸易模式，以跨境电商为代表的E国际贸易快速发展，这种基于信息化和大数据平台的新型贸易突破了传统的贸易壁垒和经贸规则体系，为企业等民间组织参与规则制定提供了契机。在2016年9月3日召开的G20杭州峰会提出建立世界电子贸易平台（eWTP），这是一种基于互联网技术、商业推动的自下而上构建国际普惠自由贸易国际新秩序的构想。只要能够遵守平台简便明确的贸易规则，均可以从事国际贸易，具有非常广阔的包容性，当eWTP等国际贸易平台得到越来越多的国家承认和接受时，其必将重塑国际经贸新规则，这是参与国际经贸规则制定的新路径。

二、构建“一带一路”国际贸易规则体系

贸易畅通是“一带一路”“五通”的重要建设目标之一。“一带一路”贸易规则体系的建立要着眼长远，面向高标准贸易规则的发展大势，一方面以现有WTO体系为依托，积极推进多哈回合进程，针对现有WTO制度

的一些关键缺陷推动改革，另一方面也要推动整合各类碎片化的区域贸易协定。同时，在推动“一带一路”自贸区建设、降低取消贸易壁垒、建设“一带一路”大通关机制等方面有所创新，力争形成规则突破，使“一带一路”国家间相互贸易扩大规模，使“一带一路”成为开放型世界经济、贸易投资便利化自由化的重要平台和手段，为我国在未来长时期中美大国博弈和更激烈国际贸易规则之争中争取更大战略主动。

（一）积极推动 WTO 多边贸易规则体系改革与前进

第一，继续推动 WTO 多哈回合进程。WTO 是当前全球贸易领域最重要的国际规则，是世界各国开展国际贸易最主要的平台，是当前推动“一带一路”贸易畅通的基础性机制。当前 WTO 多边贸易多哈回合谈判陷入僵局，突出表现为发达国家和发展中国家、工业国集团与农业国集团的矛盾，涉及农产品贸易、服务贸易、知识产权、环境保护等诸多议题。“一带一路”共建国家大多为发展中国家和不发达国家，这些国家在多哈回合谈判中往往具有很多利益共同点和相似的发展诉求，通过结成联盟、捆绑利益，形成步调一致的战略和策略取向，携手推进多哈回合进程，符合“一带一路”共建国家和地区的共同利益。中国应与共建国家和地区一道，支持 WTO 在多边贸易体制中的核心和基石作用，坚持特殊与差别待遇原则，坚决抵制贸易保护主义、孤立主义和封闭主义，推动世界各国在尊重发展授权原则、锁定多哈已有谈判成果、采取一揽子谈判方式的基础上结束多哈回合，彻底解决以往谈判回合遗留的发展赤字和利益诉求无法弥合的问题，增强“一带一路”共建国家在 WTO 中的影响力和话语权，在全球贸易规则的完善与重构中发挥更加积极的作用。

第二，推动对现有 WTO 体制机制进行改革。当前，单边主义和保护主义做法日益严重，美国阻挠 WTO 争端解决机制上诉机构成员遴选程序启动的做法直接导致上诉机构 2019 年底停摆，多边主义和自由贸易体制受到冲击，一些滥用国家安全例外的措施、不符合世贸组织规则的单边措施以及对现有贸易救济措施的误用和滥用，破坏了以规则为基础的自由、开放的国际贸易秩序，影响了世贸组织成员特别是发展中成员的利益。实际上 WTO 本质上还是由发达国家主导，WTO 的规则主要按照发达国家利益和定义制定，议事规则和决策程序本身也是有利于发达国家的。WTO 规则越来越由“绿屋会议”决定，“绿屋会议”作为重要正式会议之前的闭门会议，主要参与者均为发达国家，少数发达国家主导 WTO 规则制定，不公开、不透明等。此外，WTO 在农业、发展和规则等议题上进展缓慢，反映 21 世纪国际经济贸易现实的跨境电子商务、投资便利化等新议题没有得到及时处理，贸易政策透明度不高，世贸组织机构尤其是争端机制效率低，诉讼期限长、运行效率不高等缺陷为各成员所诟病和指责。美国和欧盟等发达国家和地区提出了 WTO 改革方案，特朗普政府曾认为 WTO 协定是“史上最糟糕的贸易协定”，试图以“美国优先”为原则改造多边贸易体制，不承认非歧视性原则，主张废除“最惠国待遇”，不承认差异性和包容性，实施“对等贸易”，试图通过“对等贸易”在多边贸易体系下实现美国利益最大化。欧盟和日本也提出了 WTO 改革方案，但在一些重要问题上的改革立场是摇摆的，常常会屈服于压力与美国立场保持一致。为使 WTO 机制能更好发挥作用，更好体现发展中国家利益诉求，反映发展中国家利益，中国应与“一带一路”共建国家一道，共同推进 WTO 规则向更加公正合理、公开透明的方向改革，使 WTO 能够适应新型全球化的需要。

（二）构建“一带一路”沿线自贸区体系

第一，加快推进共建国家双多边自贸区建设。目前“一带一路”已启动了欧盟、东盟、中国—东盟、中国—瑞士、中国—新加坡、中国—巴基斯坦等一批多双边自由贸易区，对于推动共建各国经济合作发展发挥了重要作用。2020 年 11 月，《区域全面经济伙伴关系协定》（RCEP）签署，与此同时，中国—海合会自贸区、中日韩、中国—斯里兰卡、中国—以色列、中国—挪威、中国—摩尔多瓦、中国—巴拿马、中国—韩国自贸协定第二阶段谈判和中国—巴勒斯坦、中国—秘鲁自贸协定升级谈判等一批自贸区谈判也正在积极推进，中国正式申请加入 CPTPP。当前共建各国应积极推进各类双多边自贸区建设，已签署协定并启动的双多边自贸区可结合各国国情努力打造升级版，进一步提升开放程度；正在谈判的自贸区协定应积极加快谈判进程，必要时可考虑创新谈判规则，推动尽早达成关键共识和早期收获；共同开展一批新的双多边自贸区谈判，推动各国与主要经贸合作伙伴自贸区建设；共建各国也应积极推进同域外国家的自贸区建设，如推进共建各国与域外国家的双边自贸区建设、域内外国家共同推进亚太自贸区（FTAAP）建设等。

第二，将国内自由贸易试验区模式推广至“一带一路”共建各国。“一带一路”部分共建国家由于发展阶段滞后，对建立自由开放的贸易秩序存在一定疑虑，这是难免的，我国在扩大开放的过程中也曾遇到这一问题。目前中国已在上海、广东、福建、天津和海南等地设立了一批自由贸易试验区和自贸港，建设成效明显，在开放型经济管理方面积累了丰富经验，中国可将该经验向共建国家分享。可向共建国家推介自由贸易试验区模式，共建各国可结合自身国情在国内选取一些园区、开发区或专门划定一片地区，开展自由贸易区试点，先行先试实行高标准自由贸易规则和负面清单投资管理方式，搭建新的开放平台，各国自由贸易区之间实行对等开放、制度对接，这对于各国逐步探索适合自己的开放模式、提升开放型经济管理水平具有重要意义。

第三，整合各类区域性多边贸易规则。近些年来，全球经济治理结构从多边主导转向区域主导的特征越来越清晰明显，由于WTO谈判进程缓慢，多哈回合陷入僵局，一些国家开始转向各类区域自贸协定，CPTPP、TTIP、RCEP、欧盟、北美自贸协定、中国—东盟自贸区等超大型自贸协定发展迅速，分散化、碎片化十分明显。“一带一路”国际贸易规则的构建要在WTO规则蓝本的基础上，整合这些分散化、碎片化的区域贸易规则，打造高标准的规则体系。甚至可以考虑建设标准更高、合作程度更紧密、力争使共建各国全部参与其中的“一带一路”自贸区。考虑到共建各国发展阶段不同、对高标准经济规则的接受程度不同，该自贸区可从标准规则相对较低的1.0版做起，未来逐步提高标准，升级版本，力争早日建成全球最大的高标准自由贸易区。同时也欢迎有意愿的域外国家加入“一带一路”自贸区的谈判和建设中来，深入推进更大范围、更宽领域、更深层次的区域经济一体化进程。

（三）建立健全“一带一路”通关便利化机制，降低取消“一带一路”区域内贸易壁垒

第一，推动“一带一路”通关便利化。“一带一路”共建国家应以一体化通关为重点，改革海关监管体制，优化作业流程，合作建立共建国家大通关机制。共建国家海关应加强信息互换、监管互认、执法互助合作及检验检疫、认证认可、标准计量、统计信息互认；应推进建立统一的全程运输协调机制，推动口岸操作、国际通关、换装、多式联运的有机衔接，形成统一的运输规则，达到“一次通关、一次查验、一次放行”的便捷通关目的；加强共建国家出入境管理和边防检查领域合作，积极开展扩大双向免签范围谈判。积极与世界海关组织、万国邮政联盟、国际铁路联盟、国际道路运输联盟等国际组织开展合作，在通关方式、单一窗口、信息系统、数据共享、单证设计、查验制度、作业流程等方面形成统一的国际规则。

第二，进一步降低取消贸易壁垒。很多“一带一路”共建国家贸易保护思维较强，对货物进口还存在较多贸易壁垒。推动共建国家互相开放国内市场，打造统一的、要素自由流动的区域大市场，是“一带一路”的重要建设目标。要推动共建国家在 WTO 基础上进一步削减贸易关税，取消各种不合理的贸易保护和贸易壁垒，取消对外资企业的各种歧视性和限制性政策，取消各国国内可能影响公平竞争的倾斜性补贴，提升金融流动的便利化程度等。

（四）建立“一带一路”贸易组织协调机制

“一带一路”共建国家共同推进“一带一路”贸易合作与贸易畅通机制，必须逐渐突破各国体制机制割裂的藩篱，逐步推进相互对接的制度性安排，并做出重大制度创新，形成一些新体制、新规则、新办法，为“一带一路”贸易畅通提供坚实保障。

第一，逐步推动“一带一路”国际合作高峰论坛机制化实体化发展。高峰论坛是“一带一路”框架下最高规格的合作平台。在当前国际国内形

势发生深刻复杂变化和疫情常态化背景下，应聚焦重点通道、重点国家、重点园区、重点项目取得的重大成效，树立“一带一路”样板工程和最佳实践范例，在国际高峰论坛云框架下开展多边研讨、交流与合作，为第三届国际高峰论坛做好储备，表明推动“一带一路”建设的决心和行动不变，给国际经济与全球社会注入稳定强心剂。同时充分借鉴相关国际论坛的成熟经验与做法，探索设立秘书处常态化组织机构，逐步完善相关决策机制、协调机制、执行机制、外围机制等关键职能，有序推动向机构实体化、人员专职化和部门专业化发展，更好发挥其在“一带一路”建设中的重要支撑和引领作用。

第二，设立“一带一路”建设的组织协调机构。“一带一路”建设为加强参与国的宏观经济政策协调与沟通，形成趋同化、协同化和有利于世界经济发展的政策取向提供了新的平台和渠道。各国应借此推动设立“一带一路”建设的组织协调机构，搭建共建国家和地区的宏观经济政策协调与沟通机制，统筹兼顾财政、货币、就业、产业和结构性改革政策，减少相关国家政策的不确定性、不连续性和不均衡性，将政策负面外溢效应降至最低，以支持全球经济可持续增长和应对潜在风险。可考虑成立由沿线各国政府派出的代表组成的推进“一带一路”建设的组织协调机构，通过线上交流形成联合工作机制，负责“一带一路”规划和实施方案的制定、建设进展评估、重大项目选择、相关信息统计发布及相关重大问题协商等，并做好“一带一路”年度建设工作安排，近期可以强化并扩大双边经贸联委会的积极作用，逐步推动从双边机制向多边机制拓展。

第三，推动形成立体化的贸易畅通工作机制。应强化驻外使馆力量配置，建议将驻外经济参赞覆盖到重点“一带一路”共建国家，统筹负责配合国家战略，明确由商务参赞负责所在国深入开展“一带一路”框架下贸易合作及机制建设。应充分发挥企业主体作用，引导企业遵循市场经济规律、国际通行规则和商业原则开展贸易合作，积极履行社会责任，不断实践总结国际贸易规则，发挥智库、媒体的独特优势，推广、宣介“一带一路”贸易合作理念、规则，搭建政府+智库、媒体+企业立体化贸易畅通工作机制，逐步形成以我为主的“一带一路”贸易规则体系。

三、大力推动“一带一路”投资规则衔接

（一）投资便利化是广大“一带一路”共建国家的共同诉求

投资便利化是当前国际投资领域的新兴热门议题，其实质是简化并协调国际直接投资相关程序，以降低成本并创造协调、透明和可预见的投资环境。APEC 于 2008 年制定了《投资便利化行动》，OECD 在《投资政策框架 2015 版》中强调了投资便利化的意义，UNCTAD 在 2016 年达成了《投资便利化全球行动清单》，WTO 在 2017 年第十一届部长级会议中也通过了《关于投资便利化的联合部长声明》。中国是投资便利化的积极推动者。在 G20 杭州峰会上促成通过包含投资便利化在内的《G20 全球投资指导原则》，在金砖国家厦门会晤中提出并通过《投资便利化合作纲要》，在 WTO 发起成立“投资便利化之友”以及提出“投资便利化”中国方案。在国内层面上，中国近年来通过自贸区先试先行、备案制改革等举措积极完善相关投资政策，也在不断提升本国的投资便利化水平。

由于发展中国家投资便利化水平较低，多年来国际资本一直在往“错误”的方向流动，从低收入国家向高收入国家流动，进一步消耗了发展中国家可获得的资本，制约了发展前景，导致全球收入差距进一步扩大。“一带一路”共建国家大多为发展中国家，便利化基础薄弱成为“一带一路”共建国家发展的制度障碍。同时，“一带一路”国家差异大，信贷政策、融资模式、投资保护和纠纷解决、风险评估与预警、债务违约与救助、投融资信息透明等软因素，都需要在一个大家都接受和认可的“规则”基础上开展。因而，推动“一带一路”共建国家坚持投资自由化和便利化原则，充分利用现有双边、区域和多边国际投资协定，推广准入前国民待遇和负面清单管理模式，打破各种投资壁垒，放松投资限制，推动形成一体化的“一带一路”投资大市场，在“一带一路”框架下，摸索一个以发展为目标的投资规则框架，不仅可以服务“一带一路”建设，而且符合发展中国家的集体利益需求，也是对全球经贸治理的贡献。

（二）多维度搭建“一带一路”投资规则体系

2016年7月，《G20全球投资指导原则》在G20杭州峰会上获得通过，这是由中国主导、联合国贸易和发展会议支持下制定的全球首份针对投资政策的多边纲领性文件，首次将跨境投资议题引入G20议程，并被广泛接受和认可，成为各国协调制定国内投资政策和商谈对外投资协定的指导，弥补了国际投资治理领域缺乏全球性政策指引的空白。2017年金砖国家达成的《投资便利化合作纲要》首次把投资便利化的核心要素在多边层面、在国家间协调合作层面作为一种共识体现出来，不仅为金砖国家的投资便利化提供了政策指引，也为探索“一带一路”投资便利化机制提供了重要借鉴。

一是逐步推动“一带一路”框架下多边共同适用的新投资规则。在共建“一带一路”涉及的国际投资领域，现有国际规则仍然存在不完善、缺失等情况。近些年来，通过“一带一路”建设，我国在国际金融、主权贷款、工程承建、产业园区等领域逐渐形成了一些国际规则和标准，并得到各方的积极认可，对现有国际经济体系发挥了重要的补充和完善作用。比如，为推广和倡导绿色金融理念，2018年，中国人民银行牵头多家中外机构发起了《“一带一路”绿色投资原则》（GIP），截至目前已有超过40家金融机构签署GIP，共同构建了环境和气候风险评估工具箱、气候和环境信息披露框架等绿色金融发展体系。随着“一带一路”建设的进一步推进，未来应在投资领域形成更多的规则“增量”，推动现有国际投资规则“存量”进一步优化调整。当前，各国走向开放、走向合作的大势没有改变，面对经济全球化带来的挑战，不应该任由单边主义、保护主义破坏国际秩序和国际规则，而要以建设性姿态改革全球经济治理体系，在多边层面推动地区投资协定采纳更多新规则，推动构建更加自由便利的国际投资新规则。同时，随着“一带一路”经贸合作的开展，中国标准规则将“走出去”，在“一带一路”国家中签订多边协议，优化“一带一路”投资保护和纠纷解决机制；建立完善的国别风险评估和预警体系，以适应“一带一路”机制化、长效化；探索建立“一带一路”国家的违约救助机制，借助亚投行和金砖国家的新发展银行建立有约束力的债务违约准则等，逐步形成一整套独具特色的贸易投资便利化的规则制度体系。

二是发挥双边投资协定对“一带一路”投资规则体系的积极作用。 目前，我国已经和100多个国家签署了投资双边协定，并在10多个自贸区协定中内嵌了投资条款，为双方企业开展相互投资和合作提供法律保障。但学者的研究显示，双边投资协定对我国企业海外并购的区位选择和投资规模在总体上并无显著影响。虽然这一研究结果有多方面的原因，但从侧面印证了当前与一些国家签订的双边投资保护协定比较陈旧，水平较低，无法为“走出去”的企业保驾护航。例如，有研究认为，中国与“一带一路”沿线国家之间的BITs大多签订于20世纪八九十年代，存在投资保护标准低、没有实现准入前国民待遇、争端解决机制不完善的问题。BIT的基本功能是保护对外投资。目前，国际投资协定的可持续发展型改革已经成为发达国家和发展中国家的共识，出现了关注环境、健康和公共卫生的可持续发展条款。通过国际投资协定让全球投资实现包容性经济增长和可持续发展，也是G20杭州峰会达成的《G20全球投资指导原则》中的重要内容。此外，目前的国际投资协定越来越多地涉及与国内法相关的实体条款和内容，它们强调透明度规则的建立、知识产权保护和公平的市场竞争环境等。这些条款对东道国国内营商环境的改善具有重要作用。

构建BIT范式不仅能够降低谈判成本、提高效率，大大节省企业了解不同BIT规定的成本，还能促进在“一带一路”沿线范围内形成一致的投资规则，提高BIT的适用性和稳定性。由于中国与“一带一路”共建国家签订的BITs过于陈旧，无法适应如今投资实践的需求，修改或者重新签订BIT乃大势所趋。因此，构建“一带一路”投资规则体系，迫切需要根据实践发展需要，与部分已签署双边投资协定的“一带一路”共建国家启动升级谈判，使双边投资保护协定不再是高高在上的文本条款，而是成为企业在遭受重大损失时能够救命的“稻草”，同时拓展开辟新的高水平双边投资协定。中国与“一带一路”相关国家双边投资保护协定要拓宽双向投资领域，放宽外资市场准入限制，鼓励外资投向新兴产业、高新技术、节能环保、现代服务业等领域，充分发挥外资对东道国产业升级的带动作用。

三是更加积极主动对接国际投资新规则。近年来，自由贸易试验区在先行先试探索建立贸易投资便利化制度体系方面成效显著。设立海南自由贸易港成为新时代高水平开放尤其是制度型开放的重要标志。2018 年 4 月中央决定在海南全域探索建立具有中国特色的自由贸易港，支持海南学习借鉴国际自由贸易港的先进经营方式和管理方法，在高水平对外开放上进行探索，分步骤、分阶段建立自由贸易港政策和制度体系。到 2025 年初步建立以贸易自由便利和投资自由便利为重点的政策制度体系，到 2035 年自由贸易港制度体系和运作模式更加成熟，成为我国开放型经济新高地。据统计，目前，自贸港落地政策累计达 150 多项，初步形成具有全球竞争力的开放政策和制度体系。

进一步对标世界最高水平的开放形态，以贸易投资自由化便利化为重点，全方位、深层次、清单化滚动推进制度集成创新，破解体制机制上的障碍，把更多全球优质生产要素引进来，将海南自由贸易港建成具有最高开放水平的特殊经济功能区，进一步规范影响国际投资自由便利的国内规制，进一步缩减外资准入负面清单，推动服务业有序开放，打造开放层次更高、营商环境更优、辐射作用更强的开放新高地，为全面建设高水平开放型经济新体制提供可复制推广的经验。同时，鼓励自贸试验区在制度创新上大胆试、大胆闯，重点探索服务贸易和数字贸易发展的新模式、新规则，重点探索投资自由化便利化制度体系，同时，根据功能定位不同，探索不同制度体系，比如以上海自由贸易试验区临港新片区为载体，进一步提升浦东新区开放水平，打造更具国际竞争力的特殊经济功能区。以广州南沙、深圳前海、珠海横琴等重大合作平台为重点，加强贸易领域规则衔接、制度对接，推进粤港澳市场一体化发展。围绕雄安新区建设开放发展先行区的定位，全面对标国际高标准贸易规则。同时为 FTA 谈判和 WTO 改革提出“中国方案”。加快国家级开发区、边合区、跨境经济合作区、沿边重点开发开放试验区转型升级，加快形成法治化国际化便利化的营商环境和公平开放统一高效的市场环境。为共建“一带一路”投资规则体系构建提供更多示范和经验。

第三节 “一带一路”经贸合作高质量发展的建议

当前，区域经济一体化已成为一个国家或地区参与全球竞争和国际分工的重要载体。从我国参与跨国区域经济合作实践看，RCEP是2012年由东盟发起，包括东盟十国、中国、日本、韩国、澳大利亚和新西兰在内的15方成员制定的协定，我国主动参与，但发起者和主导者是东盟。中欧全面投资协定，我国与欧盟进行了对等谈判，做了一定让步，有利于削减美国对我国的战略挤压，有利于按高标准规则倒逼我国国内改革，但近期欧盟在涉港、涉疆等问题上追随美国对我国施压，在我国进行反制的情况下，欧盟某些政客对完成协定审批制造障碍。中国对加入CPTPP释放了积极信号，但这个多边机制以日本为主导。此外，我国与26个国家和地区签署了19个自贸协定，但这些更多为双边安排，难以成为我国参与全球区域布局与全球竞争的重要抓手。因此，在我国开展跨国区域布局和国际合作中要坚持以“一带一路”作为主线、主框架的布局。为了使之走得更远，行进更为顺利，提出如下建议：

一、全面理解和准确把握“一带一路”经贸合作高质量发展内涵

“一带一路”经贸合作契合世界经济可持续发展要求，为重振全球发展事业提供了新机遇。中国不仅是全球发展倡议的首创者，更是通过“一带一路”落实倡议的实践者。“一带一路”经贸合作是以人类命运共同体为目标、各国贡献的包容性经贸合作大平台，是在可持续发展目标的基础上，以更高标准对世界经济可持续发展做出的统筹。习近平总书记有关推动“一带一路”高质量发展的一系列重要论述，深刻揭示了高质量共建“一带一路”的内涵，为“一带一路”经贸合作指明了方向。应深入学习、全面理解和准确把握其内涵，把共商共建共享原则落到实处，把开放、绿色、廉洁理念落到实处，把实现高标准、惠民生、可持续目标落到实处，

让“一带一路”经贸合作成果惠及合作各方。

应清醒认识到，高质量共建“一带一路”达成了广泛共识，但美国对“一带一路”倡议的干扰会长期存在，某些西方国家对“一带一路”的质疑和指责从未间断，一些发展中国家对“一带一路”仍存在错误认知。此外，“一带一路”涉及不同发展水平、不同文化背景的数十个国家，几十亿人口，种族、宗教、语言、法律、政治体制、生活习惯等方面千差万别，其推进过程中的风险不可避免。“一带一路”经贸合作是所有共建国家的共同诉求，拓展了各国经济发展的空间，是一项长期的系统工程，需要在实践中动态及时有效应对面临的各种风险挑战，不断凝聚合作共识，才能实现健康、长远、可持续发展。

与 RCEP、CPTPP 等多边经贸合作框架相比，中国真正掌握战略主动的正是具有远见的“一带一路”，我们的主攻方向也应该是“一带一路”。在“一带一路”这一跨国经济合作行动中，作为积极的倡议者、推动者、参与者，中国同时也应成为受益者。要更扎实、更有章法地开展相关工作，抓住在疫情影响下全球公共产品提供方更加多元化的契机，积极推动“一带一路”的多边化、国际化和机制化，更加主动与联合国 2030 年可持续发展议程的目标和工作进行对接，加强与联合国各类附属和专门机构工作目标与计划对接，加强全球发展倡议与“一带一路”的结合，加强同世界卫生组织等的合作，加强国际宏观经济政策协调，推动“一带一路”更多转化为国际组织的决议、标准、规则、议案，形成类似联合国新千年计划的国际性倡议、计划与行动，使“一带一路”倡议真正成为全球公共产品，成为全球各国共同应对挑战的合作之路、维护人民健康安全的健康之路、促进经济社会恢复的复苏之路、释放发展潜力的增长之路。中国可与各类国际组织签署合作框架或者协议，如与国际运输组织签署合作协议，在“一带一路”相关国家更好推进按照国际运输组织的标准进行交通运输的互联互通，从而把“一带一路”建设转化为与重要国际组织的机制性合作工作来推进。

二、高度重视分类施策化解“一带一路”经贸合作面临的外部风险

（一）妥善处理好中美关系

大国博弈是我们推进“一带一路”建设面临的长期课题，在当前中美大国博弈日益激烈的背景下，美国因素成为“一带一路”建设推进中最不稳定的外部因素。近年来，遏制中国已成为美国两党共识，拜登政府延续了特朗普政府对华强硬政策，在一些具体做法上更加注重联合两洋盟友体系，提出所谓“重建更好世界”倡议和“印太经济新框架”等，全方位布局亚太和全球以遏制中国，牵制“一带一路”建设。因此，应有理有利有节开展中美缠斗和“扭抱”，多维度做好对美相关工作，化解“一带一路”建设的风险与压力。一是加强中美战略对话，本着相互尊重、和平共处、避免对抗的原则，从危机中寻机遇，在竞争中求合作，加强中美基础设施、气候变化和医药健康等领域的合作，推进“一带一路”倡议与 B3W 倡议的对接，开展“一带一路”第三方市场合作，引领中美关系朝着正确轨道向前发展，营造对我国有利的外部环境。二是引导美国工商界以第三方身份等多种方式参与“一带一路”经贸合作。与美国政府及一些政客不同，美国工商界有务实、创新的传统，政治和意识形态禁忌少。因此，应注重加大与美国商会、相关美国企业等民间力量的沟通协调，为美国企业参与“一带一路”经贸合作打造更便利的“接口”，推动“以经促政”。三是继续加强国际友城合作，调动美国州地参与“一带一路”经贸合作积极性。美国地方政府能实实在在看到“一带一路”框架下中美经贸合作的巨大空间，应从地方政府和企业层面出发，改变美国社会、民众对中美关系和“一带一路”的错误认知，推动“地方促联邦”。四是加强中美智库和媒体之间的交流和合作研究，削减舆论压力。当前美国对“一带一路”倡议的负面看法和错误解读部分来自智库和学界，应在加强中美“一带一路”合作特别是第三方合作的基础上，加强智库和媒体交流，共同回答“一带一路”建设过程中的重大关切与疑虑，减轻“一带一路”倡议舆论压力。

（二）聚焦周边重点区域，巩固以中国周边为基础的“一带一路”框架合作网络

为更好应对美国对“一带一路”的战略挤压，应建立并巩固以中国周边为基础的“一带一路”框架合作网络。

一是巩固并深化中国—东盟的贸易投资合作。“一带一路”框架下，中国与东盟形成了更加紧密的产业链和供应链，应进一步巩固与东盟地区合作。东盟先后超过德国、日本、美国，已经连续两年成为中国第一大货物贸易伙伴。2021年中国—东盟贸易额再创历史新高，达到8782亿美元，占中国对外贸易总额的14.5%。RCEP生效实施，对经贸合作的促进作用已经开始显现，成为当前世界经济增长的最大亮点和开发区域经济增长潜力的最大抓手。因此，继续深化与东盟的经贸合作，对于高质量共建“一带一路”、拓展国际合作新空间，尤其是在后疫情时代提高我国产业链和供应链的稳定性、安全性及国际竞争力，以及构建以国内大循环为主体、国内国际双循环相互促进的新发展格局具有重要战略意义。要在《中国—东盟战略伙伴关系2030年愿景》的指导下，高标准建设中国—东盟自贸区，深化双边在贸易投资领域的合作，重点扩大服务业市场开放，提升贸易投资便利化水平，提高双边产业链、供应链、价值链、创新链的融合度和竞争力。要加强“一带一路”与RCEP对接，不断扩大区域开放的有利条件，为成员国经济复苏增长和发展繁荣做出积极贡献。

二是加强中日韩贸易投资合作。亚洲一体化应是“一带一路”经贸合作的基本盘。由于美日、美韩军事同盟关系，日本在政治上保持着和美国的高度一致，韩国政治上也向美国靠拢，但中日韩经济纽带关系难以割裂。以东盟为中心、中日韩三国参与的RCEP，对亚洲经济合作产生了重大影响，RCEP生效后，中日之间首次建立了自贸安排，必将推动中日经贸合作加深。此前，日本也表现出在“一带一路”框架下开展中日第三方市场合作的积极性，中国正式申请加入CPTPP，可加强“一带一路”与日本主导的CPTPP对接合作，形成相对稳定的中日关系，“以经促政”。同时，RCEP + CPTPP框架下，中日韩贸易关系在全球贸易关系中的重要性进

一步凸显，不仅仅是一些商品类别进口关税的互惠下调，更多的是围绕商品贸易、服务贸易、投资、技术研发等制造业产业链的各方面，形成相互促进、相互协同的合作格局。应积极推进中、日、韩自贸区进程，形成利益驱动下日本、韩国自主积极参与“一带一路”经贸合作的良性关系。

三是应运筹处理好中印、中印巴大三角关系。处理好中印关系，经济上拉住印度，妥善处理中印边界领土争端；同时，处理好中印巴大三角关系，以调解者身份处理印巴关系，主张并强化三国在上合组织等多边框架下的合作与争端解决；保持对印政策和对印度周边邻国政策的双平衡，要从中巴经济走廊建设、中缅经济走廊建设、中尼跨喜马拉雅互联互通建设方面着手，深化中国与整个南亚的一体化进程，推动中国与南亚地区共建“发展共同体”“命运共同体”。

（三）加强亚欧贸易投资合作，释放双方经济合作潜力

作为世界两大经济体，中欧经济互补性强、合作潜力巨大。新冠肺炎疫情暴发以来，中欧双方克服困难，实现了贸易逆势增长，投资稳中有升。中欧加强经贸合作，有利于增进双方民众福祉，有利于共同应对全球性挑战。当前俄乌局势深刻影响全球政治经济格局，欧洲经济复苏进程受阻，应推动中欧投资协定重启进入审批流程，推动共建“一带一路”倡议同欧盟欧亚互联互通战略对接，推动“一带一路”与欧盟提出“全球门户计划”的对接，拉紧中欧利益纽带，推动科技创新、基础设施、金融、能源等重点领域合作，巩固第三方市场合作成果，形成利益共享、风险共担的共建格局，避免以美国为首的西方国家对我国形成全面合围之势。中欧2020年贸易结构出现新变化，中国成为欧盟最大贸易伙伴，中国是欧盟唯一正增长的主要贸易伙伴。2021年，中欧之间贸易额突破了8000亿美元，创历史新高。中国保持欧盟第一大贸易伙伴地位，欧盟是中国第二大贸易伙伴。双边贸易结构持续优化，航空航天、生物、光电、电子、材料等领域的贸易增速超过了30%，中国与欧盟的地理标志协定正式生效。中欧班列是月行千列、年行万列，2021年开行列数达到1.5万列，同比增长22%。2021年，中欧双向投资规模累计超过了2700亿美元，在金融、疫

苗研发、新能源、电动汽车、物流等领域投资合作非常活跃。同时，推动中欧共同开发非洲、拉美等第三方市场，帮助东道国实现发展模式转型，提升竞争力，缩小与发达国家的发展差距。

同时，加强与俄罗斯“一带一路”经贸合作。应抓住俄乌冲突机遇，打通中国西部新疆和北部内蒙古、黑龙江等合作经济走廊陆路物流和贸易通道的短板和堵点，加大力度开展互联互通基础设施建设，深挖中俄共建“一带一路”合作潜力，共同推动中国与亚欧联盟的战略、规划对接，将“一带一路”经贸合作落到实处，推动中俄冰上丝绸之路建设，共同开发北极航线通道，使中俄在资源共享、技术共享、发展机遇与成果等方面有新突破，形成紧密相连的产业链合作网络。

（四）拓展与非洲、拉美等地区的合作

参与共建“一带一路”的广大亚非拉发展中国家，很多与我国都有良好的合作根基，特别是拉美、非洲等多国在“一带一路”框架下的合作，拓展了我国经济与“一带一路”发展新空间，有利于巩固扩大“一带一路”建设基本面。我们应继续积极主动，但也不能搞成中国“包办”，不能放任各种错误认知、误解和误读干扰“一带一路”建设，应加大共商共建共享理念及“一带一路”理论内涵和愿景目标的诠释和宣传，大力构建对我国有利的话语体系。在发挥好政府引导作用的同时，调动国内外各方面积极性，广泛吸引企业、社会机构、民间团体和国际组织多维度参与“一带一路”建设。应坚持以企业为主体，以市场为导向，遵循国际惯例和债务可持续性原则，健全多元化投融资体系，有效缓解“一带一路”建设中的经济风险和舆论风险。

三、积极拓展第三方市场合作

第三方市场合作是由中国首创的国际合作新模式，是共建“一带一路”新的重要平台，也是引导推动发达国家参与高质量共建“一带一路”的重要方式。积极推动第三方市场合作，尤其是与欧洲和亚洲发达国家在商业上建立紧密的合作伙伴关系乃至商业联合体，打造多方参与的利益共

享与风险共担的利益攸关方和责任共同体，有利于使“一带一路”建设在高度不稳定的国际形势下得以顺利推进。

近年来，在“一带一路”合作框架下，中方已与法国、日本、意大利、英国等14个国家签署16份第三方市场合作文件。在达成共识的基础上，中国与有关国家建立了第三方市场合作委员会或者合作工作组，逐步建立和完善了政府间的协调制度和合作机制，通过举办第三方市场合作论坛、开展战略经济对话、建立第三方合作基金等方式，确定了合作的主要区域、重点行业，形成了重点合作的项目清单，搭建起企业间交流信息、增进了解、探讨合作的平台。中法两国《关于第三方市场合作的联合声明》发表以来，中法合作开发非洲市场取得很大进展，中法企业第三方市场合作已在油气、核电、机场、环保等多个领域开展并取得积极成效。2022年2月，中法双方签署了第三方市场合作第四轮示范项目清单。该清单包含基础设施建设、环保、新能源等领域的7个项目，总金额超过17亿美元，合作区域涉及非洲、中东欧等地，将对第三国经济社会发展发挥积极作用。在首届中日第三方市场合作论坛上，中日两国企业和金融机构签署了50余项合作协议，协议总金额超过180亿美元。疫情期间，中、意举办了第三方市场合作视频连线会议，共同商讨第三方市场合作取得的进展和下一步合作的重点。

基础设施成为第三方市场合作的重点领域。发达国家在工程设计、法律、咨询、管理等方面具有独特优势，中国在施工效率、工程技术创新、成本管控、供应链管理、性价比等方面经验丰富，双方合作可以取得双赢的效果，同时满足第三方市场国家的发展需求。非洲、东南亚和拉美地区是中国企业与发达国家企业开展第三方市场合作的重点区域。莫桑比克马普托大桥、埃塞俄比亚吉布3水电站、黎巴嫩贝鲁特供水隧道项目、巴基斯坦卡西姆燃煤电站项目、秘鲁首都利马地铁2号线等一批重大项目是第三方市场合作范例，2019年初启动的刚果（布）1号公路特许经营项目是中国、刚果和法国三方合作的标志性成果。总体看，第三方市场合作契合了项目所在国的发展需求，拓展了发达国家跨国公司的业务空间，提高了中国企业的国际化运营水平，促进了“一带一路”的高质量建设。

要充分巩固已有的中欧第三方市场合作成果，继续拓展与其他国家建立第三方市场合作机制，通过搭建第三方市场合作工作机制平台、举办第三方市场合作论坛、设立第三方市场合作基金等多样化方式，发挥各方技术、资金、产能、市场等互补优势，充实“一带一路”国际合作的内涵，促进互利共赢，深化利益捆绑与风险共担，减轻美国对共建“一带一路”倡议的挤压。面对一些国家对我国“债务陷阱”的不实指责，可考虑加大力度引入发达国家作为第三方参与重大投资项目的风险评估，建立对项目评估、跟踪、启动前的可行性研究等一系列风险管理流程，建立投资风险屏障，减少或避免国际社会对“一带一路”项目透明性、公开性的质疑，为“一带一路”高质量发展营造良好的国际环境。

四、聚焦重点领域开展“一带一路”经贸合作

推动“一带一路”高质量发展需要进一步聚焦重点领域，因此，在下一步推进经贸合作重点中应突出“人类命运共同体”核心价值观，突出共商、共建、共享、共赢的处理国家合作关系的重大原则，突出高质量推动贸易投资合作，多维度推动数字丝绸之路、绿色丝绸之路、健康丝绸之路建设，使经贸合作真正符合开放、绿色理念，符合高标准、惠民生、可持续目标。

一是要推动“一带一路”贸易投资高质量发展。“一带一路”贸易投资基础好、见效快，各参与方容易达成共识，有利于破解化解各种质疑，成为“一带一路”高质量发展的先行示范。因此，应以东盟、中日韩、中东欧、非洲等为重点经贸合作区域，以境外经贸合作园区建设、跨境电子商务合作等数字贸易、第三方市场合作为重点，推动进口与出口、货物贸易与服务贸易、贸易与双向投资、“引进来”与“走出去”、贸易投资与产业协调发展，促进国际国内要素有序自由流动、资源高效配置、市场深度融合，实现贸易投资高质量发展，开创开放合作、包容普惠、共享共赢的贸易投资新布局。积极推动共建“一带一路”相关国家加强贸易投资规则衔接，推动削减非关税壁垒，提高技术性贸易措施透明度，提升贸易投资

便利化水平，共同扩大对外开放，推动经济全球化朝着更加开放、包容、普惠、平衡、共赢的方向发展。同时，优化创新，探索“一带一路”贸易投资新方式，深化产业合作，探索构建基于各自比较优势的新型产业分工体系，重构“一带一路”产业链、价值链、供应链、服务链，形成共建、共赢、共享的包容性经济发展模式，为推动“一带一路”相关国家经济社会发展和构建人类命运共同体做出更大贡献。

二是推动高水平建设数字“一带一路”。这是推进“一带一路”高质量发展的应有之义，也是加快构建中国开放型经济新体制以及加速新一轮经济全球化的重要驱动力。应深刻把握数字经济发展的崭新机遇，充分发挥数字化在国家经济社会发展中的基础性、先导性和战略性作用，以数字“一带一路”建设为契机，加大信息基础设施投资，促进数字软硬“互联互通”，破除数字经济和数字贸易发展的壁垒，全力构建以我国为主的数字“一带一路”区域价值链，打造数字贸易规则“朋友圈”，构筑“数字命运共同体”。应加快发展跨境电子商务、E 国际贸易、远程医疗、远程教育、物联网、云计算、人工智能、区块链、量子计算等新技术新业态，为“一带一路”共建国家培育新的贸易投资增长点。推动以跨境电子商务为代表的 E 国际贸易数字贸易模式向“一带一路”共建国家复制推广，可通过谈判向国外推介保税备货、保税集货等模式，将我国在 E 国际贸易进口中形成的经验介绍给 WTO 各成员，使它们认可 B2B2C 的 E 国际贸易模式，并争取将 B2B2C 所涉及的保税区、大通关制度、前置备案、后置监管、平台责任等一系列制度上升至 WTO 规则层面。积极推动“一带一路”数字技术创新合作，积极利用我国在数字经济方面的市场优势、技术优势，深入地对接不同区域、不同国家、不同合作对象的需求，妥善应对“数字地缘政治”等新的难题，注重与东盟、欧盟等各方在数字贸易、数据治理规则制定方面加强协调，积极参与构筑数字经济发展区域平台和数字规则治理新框架，推动数字“一带一路”建设朝着相互尊重、公平正义、合作共赢的方向发展。

三是坚持开展绿色经贸合作。健康、绿色低碳和数字化转型的绿色发展之路，体现了世界市场和世界经济发展方向，是“一带一路”倡议走向高质量发展阶段的必然选择，是中国自身发展理念成功实践的总结，也是奉献给世界的中国方案。中国向国际社会做出碳达峰、碳中和的庄严承诺。2/3的“一带一路”共建国家均提出碳中和目标。2021年6月中国与共建国家发出“一带一路”绿色发展伙伴关系倡议。因此，应鼓励和引导企业参与“一带一路”建设、参与沿线相关国家经济建设时贯彻绿色发展理念，逐步完善生态环境管理制度、生态环境损害赔偿制度及生态补偿机制，探索建立环境评估体系。立足共建国家多样化、差异化的绿色发展需求与能力，与共建国家共建绿色低碳领域重点任务和需求清单，建立专门的绿色技术协调管理机构，设计共建合作机制与平台，促进多层次绿色项目合作，推动形成“一带一路”绿色合作制度框架，逐步建立以市场为导向的“一带一路”绿色合作模式，提升中小企业参与绿色“一带一路”建设的能力。同时，与“一带一路”共建国家共同协商绿色贸易发展战略，大力发展绿色贸易，创新绿色金融模式，丰富绿色金融产品，建立绿色金融资产和绿色金融产品的交易平台，建设绿色金融体系，推动共建国家和地区积极构建绿色供应链协作平台，逐步构建创新驱动的绿色产业链，形成“一带一路”绿色供应链共同体和低碳发展命运共同体。

四是携手共建健康丝绸之路。应抓住疫情形成的深化卫生健康国际合作重要性的共识，把“健康丝绸之路”作为今后一个时期民心相通和“一带一路”建设的重要着力点，发挥其基础性和先导性作用，使之成为共建“一带一路”经贸合作高质量发展的新动能和亮点。继续加强深化与共建国家在疫情救治、应急物资保障、妇幼保健、公共卫生基础设施、卫生人才互动和培养、传统医学和医疗科学研发、卫生政策以及健康产业可持续发展等的合作，构建公共卫生安全体系；建议成立“一带一路”公共卫生合作网络，建立长效性、多双边国际卫生合作机制、规范及相应规则制度，建立联防联控合作机制。探索在现有的中国—东盟医院合作联盟、“一带一路”医院合作与发展联盟等多个联盟组织的基础上，成立“一带一路”医院联盟，搭建“一带一路”健康产业可持续发展联盟，通过深入合作，强化医疗卫生政策法规的衔接，将医疗卫生产品和服务合作作为多双边合作的重点内容，推动建立卫生政策交流与合作的长效机制。同时，创新医疗援外等跨国跨区域医疗卫生合作方式，深化与“一带一路”相关国家在世界卫生组织、联合国艾滋病规划署等国际组织中的沟通与协调，与国际机构携手参与全球公共卫生治理。

五、全面加强机制化建设

机制化建设有助于明确各方的权利和义务，是重大合作倡议行稳致远的强大保障，也是“一带一路”经贸合作高质量发展的必然要求。应坚持问题导向、实践导向，即通过解决实践中出现的问题来促进机制建设，推动“一带一路”建设由项目导向逐步向规则导向转变，为高质量共建“一带一路”经贸合作提供坚实支撑。

一是加强基础设施和产能合作项目发展机制建设。基础设施和产能合作等重大项目建设是“一带一路”高质量发展的重点所在。应强化项目遴选调查与风险评估机制，完善“一带一路”建设重点项目信息储备库，对项目进行全方位、全过程的动态跟踪、监测与预警；健全完善项目合法合规经营制度，规范企业投资行为，鼓励企业在进行项目建设时注重保护环境、履行减贫等社会责任，积极回应当地社会诉求，实现项目建设中的各方共赢。

二是健全风险共担、收益共享的投融资机制。投融资机制建设是“一带一路”经贸合作高质量发展的重要支撑和保障，也是建设高质量、可持续、抗风险、价格合理、包容可及的基础设施的必然要求。应统筹国际和国内资源、政府和社会资本、直接和间接融资，打造互利共赢、多元平衡、风险共担、收益共享的融资机制。全面落实中欧投资协定，进一步落实好《“一带一路”融资指导原则》，继续发挥共建“一带一路”专项贷款、丝路基金、各类专项投资基金等的作用，支持多边开发融资合作中心有效运作，引导鼓励多边和各国金融机构参与共建“一带一路”投融资。创新投融资模式，推广股权投资、PPP 项目融资等方式，充分发挥公共资金的带动作用，动员长期资本及企业部门资本参与，针对不同性质项目分类施策，建立健全各有侧重的融资保障体系。

三是健全完善债务可持续性保障机制。通过机制化建设保障债务尤其是低收入国家的债务可持续性是“一带一路”高质量发展的重要内容。面对以美国为首的西方国家所谓“债务陷阱论”“债权外交论”等质疑，债务可持续性保障机制建设显得尤为重要和紧迫。应进一步落实好《“一带一路”债务可持续性分析框架》，提高投融资决策科学性，提升债务管理能力。鼓励多边开发机构与共建国家开展联合融资，将人民币海外投资与推动“一带一路”共建国家主权债务安全有机结合，发挥中国境内银行和所在国银行的贷款尤其是银团贷款作用，实现资源联合投入、风险共担。发挥债券、股票市场直接融资作用，支持共建国家政府和信用等级较高的企业以及金融机构在中国境内发行人民币债券。鼓励符合条件的中国境内金融机构和企业在境外发行人民币债券和外币债券，在共建国家使用所筹资金。

四是积极构建争端解决机制。伴随“一带一路”建设进入高质量发展新阶段，争端解决机制成为一项不可或缺的机制化安排。在当前 WTO 争端解决机制遭遇危机背景下，推动建立“一带一路”框架下争端解决机制尤为重要。应进一步推动落实《关于建立“一带一路”国际商事争端解决机制和机构的意见》，在现有 WTO 争端解决机制和《华盛顿条约》建立的投资争端解决机制（ICSID）基础上，灵活运用多种手段积极构建符合“一带一路”建设共建国家国情特点并被广泛接受的国际商事争端解决机制和机构。深化国际司法交流合作，尽快建立“一带一路”建设参与国法律数据库及外国法查明中心，推行“以发展促规则”或“边发展边规则”的争端解决模式，逐步形成完善的争端机制解决体系，营造稳定、公平、透明、可预期的法治化营商环境。

五是强化海外利益与安全保障机制。面对错综复杂的国际形势，未来一段时期共建“一带一路”的不确定性和风险挑战明显加大，需要统筹发展与安全，构建海外利益保护体系和风险防控机制。应进一步完善风险评估、监测预警和应急处置“三位一体”安保机制，建立高效统一、协调联动的“一带一路”建设总体风险、国别风险和项目风险监测预警体系；针对共建国家不同情况，建立科学的项目风险评价体系和方法。同时加强顶层设计，健全完善国家海外利益安全制度体系、政策体系和法律体系，加快与"一带一路"共建国家商签投资协定，完善海外投资保险制度，鼓励开展相关培训，增强企业境外经营的合法合规性。通过强化海外利益与安全保障机制，推动"一带一路"项目在当地落地生根、持久发展，推动企业和人员更加安全放心地"走出去"。

六是建构"一带一路"持续发展评价体系。"一带一路"高质量可持续发展是涉及多国别、多主体、多领域、多层面、多环节的复杂和长时段的系统工程，应从高质量发展所内含的绿色发展、协调发展效率、包容、可持续性等维度设计可定量描述的"一带一路"高质量发展指标体系，定期评价，及时准确地监测分析"一带一路"高质量建设状况，以及各因素对高质量建设进程的影响，以便及时为有关部门提供有效调整应对之策。

六、全面加强统筹协调

"一带一路"经贸合作是双循环的重要载体和平台，应统筹协调国内国外两个大局，发挥其对构建以国内大循环为主体、国内国际双循环相互促进的新发展格局的引领作用，推动"一带一路"经贸合作高质量发展。

一是坚持内外联动，加强"一带一路"建设与国家重大区域战略对接。应加强驻外使馆力量配置。与美国相比，我国驻外人员配置明显不足，也没有配置推进"一带一路"建设的驻外力量。建议强化驻外使馆力量配置，将驻外经济参赞覆盖到重点"一带一路"共建国家，统筹负责配合国家战略，与所在国深入开展"一带一路"框架下的合作。应坚持以服务国内发展为基本立足点。加强"一带一路"建设与京津冀协同发展、长江经济带发展、粤港澳大湾区建设、长三角一体化发展、黄河流域生态保护和高质量发展等国家重大区域发展战略的对接，发挥国内经济的支撑辐射和引领带动作用，促进中西部地区、东北地区在更大范围、更广领域、更深层次上开放，助推内陆沿边地区成为开放前沿，带动陆海内外联动、东西向互济的开放格局。构建全新的产业链、供应链和价值链，以 5G 等新型基础设施互联互通建设为抓手，逐步形成新的以周边为基础覆盖“一带一路”国家的互联互通网络，实现参与各国的协同发展，加快发展，面向发展，形成引领经济全球化发展大势和世界经济增长的新引擎。

二是支持地方发挥优势、找准定位，高质量融入“一带一路”建设。应率先从“一带一路”国内重点省份做起，优先把功夫下在国内。支持新疆、福建等核心区和其他重点省份立足本地实际，提高自身经济水平、基础设施水平和经济带动能力，以内外联动的大视野创造性地推动“一带一路”建设。比如，中巴经济走廊起点在新疆南部的城市喀什，中老、中缅经济走廊的国内重点省份是云南，中国—中南半岛经济走廊的国内重点省份是广西，中国—中亚—西亚经济走廊的重点省份是新疆，中蒙俄经济走廊的重点省份是内蒙古和东北三省，内蒙古、黑龙江省要抓住机遇，加大工作力度。要把重点省份基础设施建设做好，促进这些省份的经济社会稳定发展，以增强重点省份对“一带一路”的持续带动能力。同时，加快自贸试验区、海南自由贸易港建设，推进开放区特别是综合保税区、边境合作区转型升级，加强各类开放合作平台与“一带一路”建设的联动，发挥战略支撑作用。推动中欧班列高质量发展，推进西部陆海新通道建设，形成发展和对外合作的集群优势，促进国内区域发展与“一带一路”建设融合发展。

三是加强政企统筹，进一步厘清政府和市场、政府和企业的关系。推动“一带一路”经贸合作高质量发展要坚持以企业为主体，以市场为导向，遵循国际惯例和债务可持续原则，健全多元化投融资体系，有效应对“一带一路”建设面临的复杂形势。当前，全球经济增速放缓、债务规模上升，导致一些共建“一带一路”国家经济环境趋紧，在融资方面对我国期待过高。应充分发挥市场在资源配置中的决定性作用和企业的主体作用，引导企业主体根据当地民众需求和自身实际，遵循市场经济规律、国际通行规则和商业原则开展经贸合作，积极履行社会责任，在推动项目建设“硬联通”的同时，实现中外民心的“软联通”。中国企业能否按照国际通行规则运作经营，积极履行企业社会责任，不仅直接影响其在共建国家的形象，还影响国外民众对华认知。同时，突出加强政府在宏观谋划、金融支撑、投资环境、安全保障和政策支持等方面的服务保障作用，通过“一带一路”建设倒逼国内改革开放，从而在更高水平、更大范围、更深层次推进“一带一路”建设。

四是统筹“走出去”和“引进来”，畅通国内国际双循环。双向开放才能实现更好的利益融合与高质量发展。应促进和规范境外投资有序发展，明确提出以企业为主体，以市场为导向，按照商业原则“走出去”，通过多种方式优化资源配置、开拓国际市场。在全面梳理现有相关政策和管理规定基础上，健全完善对外投资政策与服务体系。同时，全面实施外商投资准入负面清单制度，进一步落实《外商投资法》《外商投资法实施条例》，加强实施情况督查，不断健全配套措施，为“一带一路”共建国家企业在华投资营造更好的营商环境。

七、优化完善组织架构与机制平台建设

共商共建共享是实现“一带一路”经贸合作高质量发展的必由之路。“三共”的实质是践行多边主义，让合作契合各方共同利益，满足各方共同需要，让合作“成色”更足、吸引力更大、持续性更强，这是高质量发展的应有之义。经过共同努力，共建“一带一路”国际合作已形成以高峰论坛为引领、各领域多双边合作为支撑的基本架构，为“一带一路”建设长远发展提供了有效机制保障。下一步应做好以下工作：

一是继续以“一带一路”国际合作高峰论坛为引领，逐步推动“一带一路”国际合作高峰论坛机制化实体化发展。高峰论坛是“一带一路”框架下最高规格的合作平台。在当前国际国内形势发生深刻复杂变化和疫情常态化背景下，应以关键通道、关键城市、关键园区、关键项目取得的重大成效树立“一带一路”样板工程和最佳实践范例，在国际高峰论坛框架下开展多边研讨、交流与合作，为第三届国际高峰论坛做好储备，表明推动“一带一路”建设的决心和行动不变，给国际经济与全球社会注入稳定强心剂。同时充分借鉴相关国际论坛的成熟经验与做法，探索设立秘书处常态化组织机构，逐步完善相关决策机制、协调机制、执行机制、外围机

制等关键职能，有序推动向机构实体化、人员专职化和部门专业化发展，更好发挥其在“一带一路”建设中的重要支撑和引领作用。近期，可考虑成立由沿线各国政府派出代表组成推进“一带一路”建设的组织协调机构，通过线上交流形成联合工作机制，负责“一带一路”规划和实施方案制定、建设进展评估、重大项目选择、相关信息统计发布及相关重大问题协商等，并做好“一带一路”年度建设工作安排。

二是健全和完善多边合作平台，加快“一带一路”规则标准融合衔接。积极推动“一带一路”与联合国及其附属的基金会、环境署、粮食署、海事组织、国际电联、贸易与发展会议等机构在改善民生方面的合作，积极拓展与上海合作组织、欧洲联盟、东南亚国家联盟、亚太经合组织、金砖国家组织等沿线地区和跨地区国际组织在贸易、投资、产业及全球价值链方面的合作，有序推进交通、农业、法治、知识产权等方面的标准对接，不断健全完善现有覆盖交通运输、开发融资、税收征管、绿色环保、知识产权、廉洁建设等领域的多边对话合作平台，为拓展深化相关“一带一路”合作提供有力支持。

三是探索建立多样化的机制化平台。探索建立域外国参与“一带一路”建设的开放机制平台，世界各国、国际和地区组织，只要有意愿都可参与进来，成为“一带一路”的支持者、建设者和受益者，携手推动更大范围、更高水平、更深层次的大开放、大交流、大融合。安全稳定是“一带一路”建设的重大风险因素，应建立“一带一路”共建国的安全对话与合作机制，形成制度化的共同对话框架和常态化的安全合作机制，保障“一带一路”建设安全。积极推动参与国的宏观经济政策协调与沟通，统筹兼顾财政、货币、就业、产业和结构性改革政策，减少相关国家政策的不确定性、不连续性和不均衡性，为加强形成趋同化、协同化和有利于世界经济发展的政策取向提供新平台和渠道。

八、增强智库、媒体的积极引导作用

“一带一路”是一项理论与实践紧密结合的世纪工程，实现高质量发展，需要在组织架构、项目建设、体制机制、可持续发展等环节上下功夫，形成更多可视性样板工程、范例、实践和成果；也需要加强学术研究、理论支撑和话语体系建设，为"一带一路"行稳致远提供支撑，把握前进航向。

一是加快构建"一带一路"理论与话语体系。发挥智库、媒体外宣对"一带一路"理论与话语体系构建的支撑作用，进一步厘清和深化"一带一路"建设的理论内涵，从人类命运共同体、区域合作等角度阐释"一带一路"建设，聚焦重点国家、重点项目、重点园区取得的最佳实践，突出正面宣传"一带一路"建设对世界经济复苏、发展潜力、携手应对公共卫生安全挑战、减贫扶贫、改善当地民生等方面的积极作用。结合构建人类命运共同体和以合作共赢为核心的新型国际关系，从全球治理等层面深挖"一带一路"建设理论内涵，逐渐形成基于实践的"一带一路"高质量发展理论与话语体系。

二是强化"产学研"合作，深入开展调研。"一带一路"建设推进中，不同区域、不同国家的发展水平、资源条件、制度文化、发展诉求及合作需求差异较大，即使在同一个行业，比如制造业，差异也很大。可以考虑针对重点通道、重点国家和重点项目形成政府、行业协会、智库、企业协同下的可行性研究、项目推进实施、跟踪、成本回收、项目收益评估等新型运作模式。长期、深入、动态开展国别研究和实地调查研究，对参与国的法律制度、政策、民族、宗教、文化特点以及地缘政治潜在风险等进行深入研究，深入分析"一带一路"对参与国的经济社会发展的长期影响，以及重大项目的区域、国别及产业领域规划，重大项目规划落实对资源环境、市场供需及对外经贸关系平衡的影响，聚焦"重点国家、重点领域、重点园区、重点项目"建设，适时形成具有战略前瞻性和引领性的研究及咨政建议，助推"一带一路"高质量发展。

三是支持国内智库开展"一带一路"合作与交流。通过与相关国家智库的研讨交流等多种方式，向全球阐释"一带一路"建设取得的进展与成效。进一步做实"一带一路"智库合作联盟，广泛联合"一带一路"参与国智库及其他国际智库开展重大问题研究、建立智库索引、共享研究资源（资金、人力、设施和成果发布渠道）等，提升“一带一路”智库合作平台机制水平，共同探讨和提出“一带一路”高质量、持续发展合理化建议。

四是积极回应国际舆情，有针对性做好工作。面对国外舆论出现的对“一带一路”的误解和误读，我们可以更加主动作为，总结成功经验和案例，召开境外“一带一路”宣讲会和研讨会，或通过与国外智库合作研讨交流的形式，正面宣传“一带一路”建设成果，有理有效积极回应国际舆情；面对国际社会提出的有关债务可持续发展的质疑，充分利用《“一带一路”债务可持续性分析框架》开展相关评估，及时公布结果以矫正视听，同时，系统梳理“一带一路”建设项目中的有关债务问题，及时总结经验教训。面对参与共建“一带一路”发展中国家的误解、误读和错误认知，应鼓励我国国内主流媒体通过设立分支机构或收购所在国有影响力媒体等方式，在共同创办的网站、报刊、自媒体、电视节目上，正面宣传“一带一路”建设取得的成就，尤其是当地合作取得的重大进展，及时将中国声音、中国理念、中国文化等传递给所在国，为“一带一路”建设营造良好的舆论氛围。

附录1 “一带一路”“十四五”规划的若干思路与建议①

“一带一路”是我国相当长时期内全面对外开放和对外合作的管总规划，也是我国推动全球治理体系变革的主动作为。七年来，“一带一路”已形成较好的基础框架，得到138个国家、31个国际组织响应，签署了202份合作文件，形成了我国与国际组织和相关国家的广泛合作格局。“十四五”时期，是世界百年未有之大变局深度演化和我国开启全面建设社会主义现代化国家新征程、向第二个百年奋斗目标进军的历史交汇期，也是推动“一带一路”高质量发展的关键时期。应坚定不移地继续推进“一带一路”这一以我为主的跨国经济合作行动，形成更大范围的国际共识。同时，根据“一带一路”建设中的新进展、新变化，完善面向“十四五”乃至更长时期“一带一路”高质量发展的布局、战略重点和路径，优化“一带一路”倡议顶层设计，为我国在未来更激烈的国际竞争中始终把握战略主动权、占据战略制高点、实现战略性胜利创造有利条件。

一、深刻认识“一带一路”在当前和未来一个时期日益激烈国际竞争博弈中的独特战略价值

“一带一路”建设是以习近平同志为核心的党中央着眼于我国两个一百年发展伟大目标和世界百年未有之大变局，在激烈的全球和地区竞争博

① 本文为中国国际经济交流中心2020—2021年重大课题“‘一带一路’高质量发展研究”课题总报告，在课题负责人张晓强常务副理事长、课题组长陈文玲总经济师指导下三人共同完成，为《“十四五”“一带一路”实施方案》提供了决策参考。

弈中赢得战略主动的重大谋篇布局。七年来，在习近平总书记亲自谋划、亲自部署、亲自推动下，“一带一路”从构想到倡议、从愿景到行动，取得超乎想象的伟大成就，来之不易。必须高度肯定已取得的伟大成就，充分认识“一带一路”独特的战略价值，在“十四五”乃至更长时期全面推进高水平对外开放，构建中国更大“朋友圈”的跨国区域布局中，始终把推进“一带一路”建设作为中国整体战略推进的着力点，更好地谋划和调整优化布局，继续坚定不移地深入推动，实现“一带一路”高质量发展和可持续发展。

（一）“一带一路”增加了我国在大国博弈特别是中美博弈中的战略筹码和战略回旋空间

当今世界正经历百年未有之大变局，以美国为主的发达经济体与以中国为代表的发展中国家和新兴经济体之间力量对比发生深刻而剧烈的变动，新兴经济体和发展中国家整体崛起，推动原来的南北关系、东西关系发生深刻变化，新兴经济体、发展中国家与发达国家在国际社会和世界经济发展上的话语权、主导权、规则制定权的竞争与博弈激烈，全球进入全面竞争新时代。新冠肺炎疫情又加速国际格局“东升西降”“中进美退”，中美竞争博弈日益激烈成为百年变局的核心特征和长期趋势性特征。美国将我国作为主要战略竞争对手，采取多种措施对我国进行全方位的打压遏制成为新常态。

“一带一路”成为我国应对美国打压遏制，开展地缘政治经济博弈、软实力竞争的重要战略抓手。习近平总书记于 2013 年提出“一带一路”重大倡议，到特朗普上台时，“一带一路”建设进行了近 5 年，“六廊六路多国多港”合作格局已基本建立，初步呈现出一张规模庞大的合作网络，形成了中国全面开放与对外合作新格局。若没有 7 年前就开始的“一带一路”建设，在美国对中国实行全面战略遏制、特朗普政府强力打压中国的情况下，我国会更加被动。拜登政府虽然与特朗普有所不同，但在对我国进行战略遏制特别是在干扰“一带一路”方面仍会延续特朗普的战略取向，并将联合盟友加大对“一带一路”的战略遏制。因此，“一带一路”

对我国在激烈国际竞争中，特别是中美战略博弈中更有效进行战略运筹具有独特战略价值。

（二）“一带一路”是唯一一个由中国倡议、中国方案推动形成的全球性跨国经济合作行动，已成为中国向全球提供的公共产品

新中国成立70多年、改革开放40多年来，中国走出了一条不平凡的道路，取得了令人瞩目的成就。总体看，前30年我们在自力更生的基础上，注重学习苏联经验，改革开放和中美建交以来，主要是融入以美国为首的西方国家主导的世界秩序和经济全球化。随着苏联解体和美国为首西方模式弊端的日益显现，中国坚持走自己的道路，取得了更高速度、更高质量和更高水平的发展，彰显中国特色社会主义的制度优势和治理效能，得到了全球普遍认同。

“一带一路”是习近平总书记向世界发出的首个中国倡议，体现了中国思想、中国理念、中国文化、中国道德观和中国制度优势。习近平总书记重要讲话和党中央文件提出了“人类命运共同体”的理念、共商共建共享的基本原则及“五通”的重要路径，具有强大生命力。从7年实践看，在世界各国和各有关方面共同努力下，政策沟通、设施联通、贸易畅通、资金融通和民心相通“五通”全面推进，共建“一带一路”形成了一批好的做法和经验，沿线国家和地区获得了实实在在的好处，在国际社会引起积极反响，越来越多的发展中国家、发达国家以及国际组织积极参与到“一带一路”这一项全球性跨国经济合作行动之中。“人类命运共同体”的理念与目标成为共建“一带一路”的共识，被多次写入联合国决议，“一带一路”已成为中国向全球提供的公共产品。7年实践证明，通过参与国的共同努力，“一带一路”为更多国家特别是贫困国家探索和寻求发展机遇、加快经济社会发展及脱离贫困，找到了一条道路、一个载体、一种方式。

面对突如其来的新冠肺炎疫情全球大流行带来的严峻挑战，习近平总书记提出“把‘一带一路’打造成团结应对挑战的合作之路、维护人民健康安全的健康之路、促进经济社会恢复的复苏之路、释放发展潜力的增长之路”。为“十四五”乃至更长时期高质量推动“一带一路”公共产品提供，为携手推动构建人类命运共同体指明了方向。实践证明，面对疫情考验，“一带一路”展现出强大的韧性和活力。“一带一路”框架下全球公共卫生合作加强，健康丝绸之路正在加快形成，数字经济、绿色经济和区域经济一体化等领域合作不断深化；商品、服务等的贸易和投资线上交易方兴未艾，线上线下融合程度不断加深，合作形式更加多元化，“一带一路”建设更具活力；政策沟通和规则对接不断深化，如签署 RECP、完成中欧投资贸易协定谈判等，“一带一路”合作朝着制度化、机制化方向发展。

（三）“一带一路”构建了新型国际合作关系，推动形成基于共商共建共享共赢的国家关系

20 世纪 50 年代，中国提出和平共处五项原则，为构建世界平等、可持续发展的国际关系奠定了基础，是中国对世界的重大贡献。

“一带一路”是新形势下中国对世界做出的又一项重大贡献。自 2013 年“一带一路”倡议提出以来，中国始终秉承“共商、共建、共享”的原则，积极利用既有双边合作机制、国际组织和多边论坛等平台，在推动形成共识基础上，以公路、铁路、港口、航空运输、能源管道等为核心的硬基础设施，以及政策、规则、标准三位一体的软基础设施联通水平不断提升，大大降低了区域间商品、资金、物流、信息、技术等交易成本。共商、共建、共享成为全球化新形势下推动各国合作共赢新型国际合作关系的基本准则，这种新型国际合作关系，并不像美国的马歇尔计划，由一个国家设计、实行单方面附加政治条件的经济援助，使被援助国成为其附庸。中国“一带一路”倡议之所以得到了 138 个国家和 31 个国际组织的响应，亚投行之所以有 103 个国家和地区参加，成为成员数量仅次于世界银行的第二大银行，就在于“一带一路”坚持相互尊重、平等互利，秉持共商、共建、共享的基本原则，把政策沟通、设施联通、贸易畅通、资金融通、民心相通落到实处，形成了一大批基础设施重大项目建设和产能合作等高质量成果，为更多国家和平发展、携手发展、共享发展、包容发展寻找到“最大公约数”，使“一带一路”成为更多国家破解发展鸿沟、实现优势互补和联动发展的繁荣之路。

（四）“一带一路”将成为新时期我国加快构建国内国际双循环相互促进的新发展格局的重要支撑

面对当前和今后一段时期我国发展环境面临的深刻复杂变化，以习近平同志为核心的党中央及时提出了加快构建以国内大循环为主体、国内国际双循环相互促进的新发展格局。“一带一路”建设取得的重大进展为加快形成新发展格局提供了基础保障。

经过七年努力，“一带一路”已形成了立体化、多维度的基础构架和布局。所谓立体化空间布局，主要是“陆海空网”四位一体的空间布局，陆上、海上、网上、天上及冰上“一带一路”建设正在推进。数字丝绸之路和空中丝绸之路进展较快，如郑州空中丝绸之路已和186个国家建立了关系。郑州作为内陆城市，依托空中丝绸之路建设，通过航空经济试验区和跨境电商平台建设了6个内陆一级口岸。所谓冰上丝绸之路，即俄罗斯提出的北极航道，中国参与北极航道建设也有了起步，通过北极航道打通地中海、太平洋、印度洋，或将成为一条新的国际航运通道。同时，初始的“六廊六路多国多港”也取得了新发展。一方面，RCEP已达成15国协议，日本表态作为第三方参与“一带一路”，中国与韩国已建立自贸区，中日韩东北亚经济通道前景可期。另一方面，非洲是海上丝绸之路的重要组成部分，意大利等更多国家加入“一带一路”后，通向欧洲的海上丝绸之路将逐步形成，“一带一路”从沿线国家参加发展为全球更多国家和地区参与的经济合作行动。

“一带一路”是新发展格局的重要载体和平台，为形成以国内大循环为主体、国内国际双循环相互促进的新发展格局和中国国际贸易、国际投资提供了新的发展空间。贸易方面，面对疫情冲击，2020年我国对“一带一路”沿线国家进出口总额9.37万亿元，同比增长1%。其中，中国与东盟贸易逆势强劲增长7%，互为第一大贸易伙伴；与RCEP国家的贸易同比增长3.5%；中国首次成为欧盟第一大贸易伙伴。投资方面，我国企业在“一带一路”沿线对58个国家非金融类直接投资177.9亿美元，同比增长18.3%，占同期总额的16.2%，较上年同期提升2.6个百分点。对外承包工程方面，我国企业在“一带一路”沿线的61个国家新签对外承包工程项目合同5611份，新签合同额1414.6亿美元，占同期我国对外承包工程新签合同额的55.4%；完成营业额911.2亿美元，占同期总额的58.4%。中国与“一带一路”沿线国家和相关国家在“一带一路”框架下开展的经贸合作，成为中国和参与国在开放中实现经济共享发展和加快发展的新引擎，在国际大循环方面可实现最先链接，最先突破，最先形成“双循环”交汇点与链接点，也是未来形成新发展格局的重要引领和支撑。要充分认识到，“一带一路”7年打下的基础是我国发展的重要战略机遇。

（五）“一带一路”为我国参与塑造全球经济治理体系提供了重大机遇

当前，全球治理体系仍然由美国等西方国家主导，但我国参与和塑造全球治理体系的有利条件越来越多。推动国际秩序和全球治理体系更加公正合理，攸关我们的切实利益和长远发展。“一带一路”顺应全球治理体系变革的内在要求，以更加开放包容的国际经济合作新模式，为完善全球治理机制提供新路径，有力推动了开放型世界经济发展。

我国一直遵循以联合国宪章为宗旨的国际法和国际关系准则，积极践行多边主义，坚定维护在规则基础上的多边贸易体制和自由贸易。7年来，在“一带一路”框架下，中国积极推动与各国、国际组织开展规则、标准、制度对接，在一些全球和地区性问题上积极贡献中国智慧和经验。中国与联合国开发计划署、联合国工业发展组织、联合国贸发会、亚太经社会、世界卫生组织、世界知识产权组织、国际刑警组织、国际海底管理局等签署共建“一带一路”的合作文件，“一带一路”倡议或其核心理念被写入联合国、二十国集团、亚太经合组织、上海合作组织、中非合作论坛等重要文件，“一带一路”逐渐成为广大国际社会的发展共识和全球公共品。中国已与26个国家和地区相继签署了19个自贸协定，与16个国家签署数字丝绸之路合作文件，与52个国家或地区的标准化机构和国际组织签署了92份标准化合作协议等。亚洲基础设施投资银行、丝路基金和南南合作援助基金等新机制建立，有关国家和国际社会有了新的机会和选择。目前，亚投行成员总数达103个，5年累计批准贷款项目108个，累计批准融资额220.2亿美元。同时，“一带一路”还通过第三方合作，将更多国家和更多资源吸引到公共产品建设中来，在“一带一路”沿线地区逐渐形成了区域性或区域间公共产品供应的新格局。此外，中国积极开展中非减贫惠民合作计划、东亚减贫合作示范等活动，通过南南合作援助基金与国际组织开展各类援助项目合作，推动落实联合国2030年可持续发展议程。中国积极参与联合国、世界卫生组织等的人道主义行动。新冠肺炎疫情发生以来，中国已向150多个国家和13个国际组织提供抗疫援助，为有需要的国家派出36个医疗专家组，积极支持并参与疫苗国际合作，与相关国家人民携手前行，推动构建人类命运共同体。

面对错综复杂的国际环境，我们无意寻求势力范围，但一定要更加积极主动作为。应以“一带一路”建设推进为抓手，继续践行多边主义框架下的国际经济合作，推动开放型世界经济发展，提升我国在国际事务中的发言权和影响力。应将“一带一路”建设与破解全球性和地区性问题等相结合，为国际社会提供更多公共产品和机制化平台，推动全球治理体系变革，同时，稳妥有效地施加影响、拓展利益，推动世界政治经济格局演变继续朝对我国有利的方向发展。

二、推动“一带一路”高质量发展当前面临的主要风险和挑战

应该清醒地看到，“一带一路”是一项需要持续努力推动的系统工程，是一项中长期的跨国行动，绝不可能一蹴而就，必须在正视和不断解决风险挑战中取得新的进展。当前“一带一路”建设面临的主要风险和挑战如下。

（一）美国对“一带一路”实行战略遏制，一些国家对“一带一路”存在误判和错误认知

一是美国不断强化对“一带一路”建设的全面制衡。伴随着“一带一路”建设深入推进和亮点效应的显现，美国战略界对“一带一路”倡议的

疑虑和负面认知等持续加深，“一带一路”被看成是两国战略竞争的关键领域，是中国与美国争夺全球霸权、开展中美“百年竞争”的重要手段。“一带一路”建设遭遇了美国全方位的打压遏制，这突出表现在：政治上，“印太战略”成为美国对抗“一带一路”倡议的主要抓手。美国推出并不断强化“印太战略”，加强与日本、澳大利亚、印度等盟友和伙伴之间的战略互动与合作，试图“构建中国最为恐惧的海上围堵”，对冲“一带一路”意图明显。经济上，美国整合各种资源提升对相关国家和地区发展融资的实际支持能力，拉拢亚太盟友和非洲国家抗衡“一带一路”建设。近年来，为遏制中国“一带一路”建设，美国整合各种资源，出台法案，支持并加大了对亚太和非洲的投资力度。为抑制“中国日益提升的地缘政治和经济影响力”，2018 年 10 月 5 日，特朗普签署了《更好利用投资促进发展法案》，整合成立了国际发展金融公司（IDFC），有望使美国的年发展融资能力从 290 亿美元提升至 600 亿美元。2019 年 6 月，美国宣布启动“繁荣非洲倡议”；2019 年 11 月，美国宣布启动“蓝点网络”计划；疫情冲击下，美国牵头，联合日本、澳大利亚、新西兰、印度、韩国和越南等所谓“值得信赖的伙伴”提出了“经济繁荣网络计划”，搅局、抗衡“一带一路”，“去中国化”明显。舆论上，持续污名化“一带一路”建设，企图破除国际共识。美国一些政客和学者罔顾事实发表“中国输出债务风险论”“中国掠夺资源、破坏环境”“转移过剩产能”等负面舆论。据了解，美国还派出记者团，花钱四处搜集情报，专门报道负面消息，对“一带一路”的污名化是有组织的，部分甚至是美国政府主导下的集体攻击抹黑。近年来西方流行的所谓“新马歇尔计划”“经济侵略”“新帝国主义”“地缘政治控制”“债务陷阱”“地缘扩张论”“环境破坏”等不实言论背后都可以看到美国的身影。

拜登执政后，预计不会参与、支持中国“一带一路”，很大概率会继承特朗普执政遗产，以新的名目联合盟友体系构建全覆盖的遏华战略网络，其战略和举措可能带有更明显的对冲中国、对冲“一带一路”的意图。

二是日本、印度等周边地区大国对“一带一路”存在战略疑虑，干扰甚至阻碍“一带一路”建设。在美国“印太战略”拉拢和舆论影响下，日本、印度等周边国家对“一带一路”倡议疑虑加深。日本是美国战略盟友，认为“一带一路”将进一步削弱其亚太影响力，并与其中亚“丝绸之路外交”存在利益冲突，也提出“高质量基础设施伙伴计划”等若干与“一带一路”相竞争的计划，努力推动将中国排除在外的 CPTPP，倡导基于意识形态的“价值观外交”，与印度共同提出“亚非增长走廊”，积极加入美国“蓝点网络”计划等与“一带一路”相抗衡。未来，日本可能伺机介入南海争端，拉拢周边国家反华遏华，对“21 世纪海上丝绸之路”战略形成牵制干扰；同时，利用经济援助、项目合作等方式，与我国展开针锋相对的经济竞争，降低我国对相关国家的影响力。印度方面，印度对“一带一路”始终保持高度警惕立场，阻碍甚至干扰“一带一路”中巴经济走廊建设。目前，印度是“一带一路”沿线国家中唯一没有以正式文件方式表达对“一带一路”支持的国家。出于维护和强化其在南亚—印度洋地区主导地位的地缘战略考虑，再加上中印边境领土争端等现实障碍，印度一直以来对“一带一路”保持高度警惕，认为中巴经济走廊“侵犯”了印度“主权”，在美日支持下，对“一带一路”采取抗衡和竞争态度，提出“季风计划”“向东行动”等，对冲“一带一路”意图明显。

三是欧盟一些国家对“一带一路”存在战略误判和错误认知。过度政治化解读“一带一路”，认为“一带一路”不是纯粹的经济建设项目，而是中国政府进行政治渗透的措施，中国与中东欧国家的合作会使欧洲更为分裂。部分国家对中国海外投资的稳定性及“一带一路”相关项目和政策的持久性存在担忧，部分国家认为“一带一路”框架下，贸易、投资环境的公平性、透明性存在很大不确定性。

受以美国主导舆论污名化“一带一路”影响，部分参与共建的发展中国家内部也存在对“一带一路”倡议的错误认知，怀疑中国借此实施扩张，对于合作共建基础设施网络存有疑虑，不太愿意让中国参与大通道的建设，把经济的问题政治化，一些非政府组织受到其他力量的鼓动，散布一些抵制中国参与的舆论，也有一些国家担忧“一带一路”贸易投资“侵害本国中小企业利益”等。

总体看，“十四五”时期，“一带一路”高质量发展面临更加严峻的外部环境，需要高度重视，分类施策化解风险挑战。

（二）参与“一带一路”建设相关国家的政治风险、投资风险挑战不容小觑

这主要体现在部分沿线国家政权更迭等不确定性带来的风险。“一带一路”推进中的基础设施建设投资大、周期长、回收慢，在很大程度上有赖于有关合作国家的政策政治稳定和对华关系状况，但“一带一路”沿线地区大多数国家是发展中国家，部分国家国内政治形势复杂，民族矛盾、宗教矛盾、党派矛盾等社会矛盾突出，经济社会发展极不平衡，政权更替频繁化、政局动荡常态化，导致一些项目推进受阻，如“马新高铁”、中缅“密松大坝工程”“莱比塘铜矿”等。一些国家认为中国既然提出倡议，进行投资理所应当，且投资后不应图回报。一些发展中国家对中国提出“一带一路”寄予过高期望，把中国倡议理解为“中国单方面投资”，形成了中国倡议—中国投资—中国受益这种认知链条误区，因此对中国寄予了过高的希望与期待。比如巴基斯坦对中国援建项目等曾提出很高要求，超出了中国投资建设和巴方自身的实际能力。这主要是“一带一路”前期推进较快，但一些理念和原则尚未变成通行国际规则导致的。当前中巴经济走廊产业园区合作进展相对较慢，与巴基斯坦自身经济发展基础和营商环境有很大关系，但巴方认为园区建设与前期的基础设施和能源项目一样，中方政府应投入大量资金支持，认为当前园区进展缓慢是中方投入不够，对园区发展需要发挥自身主观能动性重视不够，对产业项目落地和吸引投资力度不够。这种急于求成的“依赖”思想，对本国客观条件和经济规律认识不深，对今后走廊建设特别是后续园区合作的推进造成困难。

（三）“一带一路”取得的进展与《愿景与行动》等文件的既有提法存在一定差异

7 年来，“一带一路”建设推进中，陆海空网多维度立体化丝绸之路并举，取得重大进展。“一带一路”实践中形成的新通道在原来的“一带一路”《推动共建丝绸之路经济带和 21 世纪海上丝绸之路的愿景与行动》

（以下简称《愿景与行动》）中没有表述，实践和进展走在过去相关设计、表述和提法的前面。例如，中央领导提出的南向陆海大通道是一条以共建“一带一路”为统领，依托中新（重庆）战略性互联互通示范项目，中国西部省（区、市）与新加坡等东盟国家通过区域联动、国际合作共同打造的，具有多重经济效应的陆海贸易战略性新通道。该通道以重庆为运营中心，以广西、贵州、甘肃、青海、新疆等西部省份为关键节点，利用铁路、海运、公路等运输方式，向南经广西北部湾通达世界各地，比经东部地区出海所需时间大幅缩短。西部陆海新通道物流和运营组织中心发布的2020年“陆海新通道”运营情况显示，截至2020年底，“陆海新通道”目的地已覆盖全球96个国家和地区的250个港口。此外，“一带一路”东北亚方向，中日韩合作是绕不过去的；中老、中缅经济走廊已取得重大进展，在实践中形成了新的空间布局；中非合作不断深入拓展，中欧合作会随着中欧全面投资协定的落实形成新的机遇，这些也是高质量发展需聚焦的重点国家和重点区域，但“一带一路”《愿景与行动》及相关表述中未有涉及，存在局限性，需要从国家顶层设计方面进行调整和更新。

（四）“一带一路”建设中，我国与周边国家及相关大国存在均衡问题

在与美国的长周期大国博弈中，通过“一带一路”合作建立以周边国家为重点根据地的跨国合作网络对我国未来取得对美国战略性胜利意义重大。目前看，东北亚地区，我国与日韩经济合作取得积极进展，但尚未形成“一带一路”合作框架。俄罗斯对“一带一路”持欢迎态度，通过与欧亚经济联盟对接签署了“一带一路”合作文本，但尚未真正形成“一带一路”框架下的常态化合作机制，市场化运作机制和重大项目发展、跟踪及评估机制等也有待建立。印度对“一带一路”采取战略竞争姿态，在美国提出“印太战略”后积极向其靠拢，提出“季风计划”与“一带一路”竞争，高度警惕、反对甚至阻挠、破坏中巴走廊建设。孟中印缅经济走廊方面，中缅经济走廊形成两国认可的规划，但有待继续推进；中老经济走廊进展较快，但沿铁路经济带真正形成也还需更多投资和谋划；中泰铁路

虽然已启动部分路段建设，但泰老怎么衔接，如何早日建成泛亚铁路中线，实现陆路连通泰国湾，直达新加坡的陆海大通道尚需做大量工作。

此外，百年不遇疫情也给“一带一路”带来了一些冲击，在疫情传播严重的特定时期，一些国家的部分建设项目不得不停工停产。疫情影响下，全球产业链、供应链和人员流动受到严重冲击，一些设备、物资、原材料不能及时被运送到建设项目工地，一些人员难以返回工作岗位，部分建设项目被迫放缓、延期。一些建设项目所在国经济遭遇严重衰退，无法继续为项目建设提供必要的配套资金与物质保障，给建设项目推进带来重大挑战。

当然，我们自身存在的问题也不容忽视，例如，前几年全面推进、多点开发，出现了重点项目不突出、重点国家不突出、重点园区不突出、重点走廊不突出等问题。需要承认，“一带一路”建设初期确实走了一些弯路，个别项目象征性意义大于实际收益，一些项目投资难以收回。但这些问题在后续得到了纠偏，中央提出了很多重要的原则，包括政府推动、企业主导、商业原则、第三方评估等，推动“一带一路”从“大写意转向工笔画”。

三、推动“一带一路”高质量发展的主要思路与建议

（一）主要思路

“一带一路”是一项长期系统工程，是一幅需要精雕细琢的“工笔画”，绝非一朝一夕之功，不可能一蹴而就，必须坚持共商共建共享原则，秉持开放绿色廉洁理念，统筹发展和安全，统筹推进经济增长、社会发展、环境保护，努力实现高标准、惠民生、可持续目标。习近平总书记有关推动“一带一路”高质量发展的一系列重要论述，引领国际规则标准持续深度对接的潮流，契合沿线国家人民渴望共享发展机遇的期望，体现全球范围内普遍谋求可持续发展的取向，是推动高质量共建“一带一路”行稳致远的重要指引。2019年，第二届“一带一路”国际合作高峰论坛开启了推动“一带一路”高质量发展的新征程。未来，共建“一带一路”应以

周边国家为基础，聚焦重点国家、重点领域、重点园区、重点项目，深入推进公共卫生、数字经济、绿色发展、科技教育和人文等领域合作交流，打造更多“一带一路”建设亮点和可视性成果，凝聚更多共识；应充分依靠国际组织力量，充分发挥市场机制作用，充分调动第三方参与的积极性和主动性，更加深入对接国际上普遍认可的规则、标准和最佳实践，把“一带一路”建设推进变为与联合国等国际性组织联手推动的跨国经济合作行动，成为更多国家参与的互联互通世纪工程。

（二）“十四五”乃至更长时期推动“一带一路”高质量发展的建议

当前，区域经济一体化已成为一个国家或地区参与全球竞争和国际分工的重要载体。从我国参与跨国区域经济合作实践看，RCEP 是 2012 年由东盟发起，包括东盟十国、中国、日本、韩国、澳大利亚和新西兰在内的 15 方成员制定的协定，我国主动参与，但发起者和主导者是东盟。中欧全面投资协定，我们与欧盟进行了对等谈判，做了一定让步，有利于减轻美国对我国的战略挤压，有利于按高标准规则倒逼我国国内改革，但主导权不在我国。中国对加入 CPTPP 释放了积极信号，但这个多边机制以日本为主导。此外，我国与 26 个国家和地区签署了 19 个自贸协定，但这些更多为双边安排，难以成为我国参与全球区域布局与全球竞争的重要抓手。因此，在我国开展跨国区域布局和国际合作中要坚持以“一带一路”作为主线、主框架的布局。为了使之走得更远，行进更为顺利，提出如下建议：

1. 全面理解和准确把握“一带一路”高质量发展内涵，在进一步凝聚共识的基础上，善用国际组织的力量替代中国政府单方面力量，把中国倡议、中国方案变成真正的全球公共产品

习近平总书记有关推动“一带一路”高质量发展的一系列重要论述，深刻揭示了高质量共建“一带一路”的内涵，为“一带一路”发展指明了方向。应深入学习、全面理解和准确把握其内涵，把共商共建共享原则落到实处，把开放、绿色、廉洁理念落到实处，把实现高标准、惠民生、可持续目标落到实处，让“一带一路”建设成果惠及合作各方。应清醒认识

到，高质量共建“一带一路”达成了广泛共识，但美国对“一带一路”倡议的干扰会长期存在，某些西方国家对“一带一路”的质疑和指责从未间断，一些发展中国家对“一带一路”仍存在错误认知。此外，“一带一路”涉及不同发展水平、不同文化背景的数十个国家，几十亿人口，种族、宗教、语言、法律、政治体制、生活习惯等方面存在着千差万别，其推进过程中的风险不可避免。高质量共建“一带一路”是一项国家事业，也是一项人类发展事业。这是一项长期的系统工程，需要在实践中动态及时有效应对面临的各种风险挑战，不断凝聚合作共识，才能实现健康、长远、可持续发展。

与RCEP、CPTPP等多边框架相比，中国真正掌握战略主动的正是具有远见的“一带一路”，我们的主攻方向也应该是“一带一路”。在“一带一路”这一跨国经济合作行动中，作为积极的倡议者、推动者、参与者，中国同时也应成为受益者。要更扎实、更有章法地开展相关工作，抓住在疫情影响下，全球公共产品提供方更加多元化的契机，积极推动“一带一路”的多边化、国际化和机制化，更加主动与联合国2030年可持续发展议程的目标和工作进行对接，加强与联合国各类附属和专门机构工作目标与计划对接，加强同世界卫生组织等的合作，加强国际宏观经济政策协调，推动“一带一路”更多转化为国际组织的决议、标准、规则、议案，形成类似联合国新千年计划的国际性倡议、计划与行动，使“一带一路”倡议真正成为全球公共产品，成为全球各国共同应对挑战的合作之路、维护人民健康安全的健康之路、促进经济社会恢复的复苏之路、释放发展潜力的增长之路。中国可与各类国际组织签署合作框架或者协议，如与国际运输组织签署合作协议，在“一带一路”相关国家更好推进按照国际运输组织的标准进行交通运输的互联互通，从而把“一带一路”建设转化为与重要国际组织的机制性合作工作来推进。

2. 高度重视，分类施策化解“一带一路”建设中面临的外部风险，巩固扩大“一带一路”建设基本面

大国博弈是我们推进“一带一路”建设面临的长期课题，在当前中美大国博弈日益激烈的背景下，美国因素成为“一带一路”建设推进中最不

稳定的外部因素。遏制中国已成为美国两党共识，但特朗普政府的具体遏制举措并未获得广泛认可。拜登政府大概率会延续特朗普政府的对华强硬政策，但在一些具体做法上会做调整，比如更多联合盟友体系，全方位布局亚太和全球以遏制中国，牵制“一带一路”建设。因此，应有理有利有节开展中美缠斗和“扭抱”，多维度做好对美相关工作，化解“一带一路”建设的风险与压力。一是应抓住拜登政府执政下中美“斗而不破”的可能常态，从危机中寻机遇，在竞争中求合作，加强中美在疫情防控和全球公共卫生领域、气候变化、互联网等领域的合作，为构建以“协调、合作、稳定”为基调的中美关系大局创造有利条件，营造对我有利的外部环境。二是引导美国工商界以第三方身份等多种方式参与“一带一路”建设。与美国政府及一些政客不同，美国工商界有务实、创新的传统，政治和意识形态禁忌少。因此，应注重加大与美国商会、相关美国企业等民间力量的沟通协调，为美国企业参与“一带一路”建设打造更便利的“接口”，推动“以经促政”。三是继续加强国际友城合作，调动美国州地参与“一带一路”建设积极性。美地方政府能实实在在看到“一带一路”框架下中美合作的巨大空间，应从地方政府和企业层面出发，缓解美国社会、民众对中美关系和“一带一路”的错误认知，推动“地方促联邦”。四是加强中美智库和媒体之间的交流和合作研究，减轻舆论压力。当前美国对“一带一路”倡议的负面看法和错误解读部分来自智库和学界，应在加强中美“一带一路”合作特别是第三方合作基础上，加强智库和媒体交流，共同回答“一带一路”建设过程中的重大关切与疑虑，减轻“一带一路”倡议舆论压力。

为更好地应对美国对“一带一路”的战略挤压，应建立并巩固以中国周边为基础的“一带一路”框架合作网络。由于美日、美韩军事同盟关系，日本在政治上保持着和美国的高度一致，韩国政治上也向美国靠拢，但中日韩经济纽带关系难以割裂，应抓住中日经贸关系升温下，日本有在“一带一路”框架下开展中日第三方市场合作的积极性机遇，加强“一带一路”与日本主导的 CPTPP 对接合作。积极推进中、日、韩自贸区进程，形成利益驱动下日本、韩国自主积极参与“一带一路”建设。应运筹处理好中印、中印巴大三角关系。应妥善处理中印关系，经济上拉住印度，妥善处理中印边界领土争端；同时，处理好中印巴大三角关系，以不站队、不拉帮、不结派的域外协调者、调解者身份处理印巴关系，主张并强化三国在上合组织等多边框架下的合作与争端解决，为“一带一路”建设营造良好的周边外部环境。

加强与俄罗斯及西方发达国家的“一带一路”深度合作，避免以美国为首的西方国家对我国形成全面合围之势。深化中俄全面战略合作伙伴关系，实行实际上的结盟政策。深挖中俄共建“一带一路”合作潜力，共同推动中国与亚欧联盟的战略、规划对接，将“一带一路”建设落到实处，推动中俄冰上丝绸之路建设，共同开发北极航线通道，使中俄在资源共享、技术共享、发展机遇与成果等方面有新突破，形成紧密相连的产业链合作网络。全面落实中欧全面投资协定，拉紧中欧利益纽带，推动科技创新、基础设施、金融、能源等重点领域合作，巩固第三方市场合作成果，形成利益共享、风险共担的共建格局，避免以美国为首的西方国家对我国形成全面合围之势。

参与共建“一带一路”的广大亚非拉发展中国家，很多与我国都有良好的合作根基，特别是拉美、非洲等多国在“一带一路”框架下的合作，拓展了我国经济与“一带一路”发展新空间，有利于巩固扩大“一带一路”建设基本面。我们应继续积极主动，但也不能搞成中国“包办”，不能放任各种错误认知、误解和误读干扰“一带一路”建设，应加大共商共建共享理念和“一带一路”理论内涵及愿景目标的诠释和宣传，大力构建对我有利的话语体系。在发挥好政府引导作用的同时，调动国内外各方面积极性，广泛吸引企业、社会机构、民间团体和国际组织多维度参与“一带一路”建设。应坚持以企业为主体，以市场为导向，遵循国际惯例和债务可持续性原则，健全多元化投融资体系，有效缓解“一带一路”建设中的经济风险和舆论风险。

3. 积极拓展第三方市场合作，形成更多发达国家共同参与的利益共享与风险共担机制平台，缓解“一带一路”面临的地缘政治压力和舆论压力

第三方市场合作是由中国首创的国际合作新模式，是共建“一带一路”新的重要平台，也是引导推动发达国家参与高质量共建“一带一路”的重要方式。积极推动第三方市场合作，尤其是与欧洲和亚洲发达国家，在商业上建立紧密的合作伙伴关系乃至商业联合体，打造多方参与的利益共享与风险共担的利益攸关方和责任共同体，有利于使“一带一路”建设在高度不稳定的国际形势下得以顺利推进。

近年来，在“一带一路”合作框架下，中方已与法国、日本、意大利、英国等 14 个国家签署 16 份第三方市场合作文件。在达成共识的基础上，中国与有关国家建立了第三方市场合作委员会或者合作工作组，逐步建立和完善了政府间的协调制度和合作机制，通过举办第三方市场合作论坛、开展战略经济对话、建立第三方合作基金等方式，确定了合作的主要区域、重点行业，形成了重点合作的项目清单，搭建起企业间交流信息、增进了解、探讨合作的平台。中法企业第三方市场合作已在油气、核电、机场、环保等多个领域开展并取得积极成效。在首届中日第三方市场合作论坛上，中日两国企业和金融机构签署了 50 余项合作协议，协议总金额超过 180 亿美元。疫情期间，中、意举办了第三方市场合作视频连线会议，共同商讨第三方市场合作取得的进展和下一步合作的重点。基础设施成为第三方市场合作的重点领域。发达国家在工程设计、法律、咨询、管理等方面具有独特优势，中国在施工效率、工程技术创新、成本管控、供应链管理、性价比等方面经验丰富，双方合作可以取得双赢的效果，同时满足第三方市场国家的发展需求。非洲、东南亚和拉美地区是中国企业与发达国家企业开展第三方市场合作的重点区域。莫桑比克马普托大桥、埃塞俄比亚吉布 3 水电站、黎巴嫩贝鲁特供水隧道项目、巴基斯坦卡西姆燃煤电站项目、秘鲁首都利马地铁 2 号线等一批重大项目是第三方市场合作范例，2019 年初启动的刚果（布）1 号公路特许经营项目是中国、刚果和法国三方合作的标志性成果。总体看，第三方市场合作契合了项目所在国的发展

需求，拓展了发达国家跨国公司的业务空间，提高了中国企业的国际化运营水平，促进了“一带一路”的高质量建设。

要充分利用中欧全面投资协定巩固已有的中欧第三方市场合作成果，继续拓展与其他国家建立第三方市场合作机制，通过搭建第三方市场合作工作机制平台、举办第三方市场合作论坛、设立第三方市场合作基金等多样化方式，发挥各方技术、资金、产能、市场等互补优势，充实“一带一路”国际合作的内涵，促进互利共赢，深化利益捆绑与风险共担，减轻美国对共建“一带一路”倡议的挤压。面对一些国家对我国“债务陷阱”的不实指责，可考虑加大力度引入发达国家作为第三方参与重大投资项目的风险评估，建立对项目评估、跟踪、启动前的可行性研究等一系列风险管理流程，建立投资风险屏障，减少或避免国际社会对“一带一路”项目透明性、公开性的质疑，为“一带一路”高质量发展营造良好的国际环境。

4. 在聚焦重点基础上，适当调整和丰富“一带一路”相关布局与表述，推动“一带一路”建设行稳致远

在下一步推进经贸合作重点中应突出“人类命运共同体”核心价值观，突出共商、共建、共享、共赢的处理国家合作关系的重大原则，突出“五通”的核心内容，突出“陆海空网”立体化空间布局以及多维度推进“一带一路”的路径，如健康丝绸之路、绿色丝绸之路、能源丝绸之路、数字丝绸之路等。

对一些表述进行调整、更新，淡化一些原来提法的局限性。根据实践取得的进展对“一带一路”相关表述做一些重要调整。如对实践中已经形成或者正在形成而尚未体现的新通道、新空间布局等进行一些调整，增加中老经济走廊、中缅经济走廊的提法；应将非洲相关参与国作为21世纪海上丝绸之路的重要方向；全面落实中欧全面投资协定，加强与欧盟国家合作和战略配合；做好中国—中东欧合作与中国欧盟合作是互补多赢的宣传介绍，突出亚欧互联互通；淡化孟中印缅经济走廊，直接表述中老、中缅经济走廊，积极推动中老泰铁路全面建成，同时深入谋划中老泰经济走廊方案，在中缅重要交通通道建设取得重大进展的基础上，加大中缅经济走廊共建力度，并进一步推动形成中缅孟经济走廊；注重巴基斯坦与印度两

个国家之间的战略平衡，一方面巩固中巴经济走廊，另一方面应更加重视中印关系，把印度提高到中国未来外交战略的高度，对涉及领土主权、国家安全等核心利益方面与印度进行有理、有利、有节的斗争，也要努力稳定并开拓两国可以合作、彼此受益的重要领域，包括农业、能源、生态环保、医药卫生及文化交流等。同时，保持对印政策和对印度周边邻国政策的双平衡，要从中巴经济走廊建设、中缅经济走廊建设、中尼跨喜马拉雅互联互通建设着手，深化中国与整个南亚的一体化进程，推动中国与南亚地区共建“发展共同体”“命运共同体”。

5. 全面加强机制化建设，推动“一带一路”高质量发展

机制化建设有助于明确各方的权利和义务，是重大合作倡议行稳致远的强大保障，也是“一带一路”高质量发展的必然要求。应坚持问题导向、实践导向，即通过解决实践中出现的问题来促进机制建设，推动“一带一路”建设由项目导向逐步向规则导向转变，为高质量共建“一带一路”提供坚实支撑。

一是加强基础设施和产能合作项目发展机制建设。基础设施和产能合作等重大项目建设是“一带一路”高质量发展的重点所在。应强化项目遴选调查与风险评估机制，完善“一带一路”建设重点项目信息储备库，对项目进行全方位、全过程的动态跟踪、监测与预警；健全完善项目合法合规经营制度，规范企业投资行为，鼓励企业在进行项目建设时注重保护环境、履行减贫等社会责任，积极回应当地社会诉求，实现项目建设中的各方共赢。

二是完善贸易畅通机制。贸易畅通是“一带一路”高质量发展的重要内容，也是我国参与和促进经济全球化健康发展的具体行动。应积极对接 RCEP，最大限度消除贸易壁垒、加强贸易便利化；按照构建高标准自由贸易区网络的要求，对标 WTO RTA 规则，以及 CPTPP、美墨加等 RTAs 的合理部分，推动以周边为基础，面向欧亚非和拉美大市场的高标准自由贸易网络建设，扩大“一带一路”沿线的自贸协定“朋友圈”；加强海关、检验检疫、标准、投资保护、出入境管理等方面的合作，进一步推动贸易自由化便利化进程；坚定维护 WTO 多边贸易体制，

同时推动互联网、物联网、人工智能、区块链与贸易的有机融合，加快发展跨境电商等外贸新业态、新模式，促使“一带一路”更多的国家融入全球产业链、供应链、价值链网络体系中，培育我国外贸竞争新优势，构建以我国为主的适应新模式、新业态的互联、开放、普惠、共享的全球普惠贸易规则体系。

三是健全风险共担、收益共享的投融资机制。投融资机制建设是“一带一路”高质量发展的重要支撑和保障，也是建设高质量、可持续、抗风险、价格合理、包容可及的基础设施的必然要求。应统筹国际和国内资源、政府和社会资本、直接和间接融资，打造互利共赢、多元平衡、风险共担、收益共享的融资机制。全面落实中欧投资协定，进一步落实好《“一带一路”融资指导原则》，继续发挥共建“一带一路”专项贷款、丝路基金、各类专项投资基金等的作用，支持多边开发融资合作中心有效运作，引导鼓励多边和各国金融机构参与共建“一带一路”投融资。创新投融资模式，推广股权投资、PPP 项目融资等方式，充分发挥公共资金的带动作用，动员长期资本及企业部门资本参与，针对不同性质项目分类施策，建立健全各有侧重的融资保障体系。

四是健全完善债务可持续性保障机制。通过机制化建设保障债务尤其是低收入国家的债务可持续性是“一带一路”高质量发展的重要内容。面对以美国为首的西方国家所谓“债务陷阱论”“债权外交论”等质疑，债务可持续性保障机制建设显得尤为重要和紧迫。应进一步落实好《“一带一路”债务可持续性分析框架》，提高投融资决策科学性，加强债务管理能力。鼓励多边开发机构与沿线国家开展联合融资，将人民币海外投资与推动“一带一路”沿线国家主权债务安全有机结合，发挥中国境内银行和所在国银行的贷款尤其是银团贷款作用，实现资源联合投入、风险共担。发挥债券、股票市场直接融资作用，支持沿线国家政府和信用等级较高的企业以及金融机构在中国境内发行人民币债券。鼓励符合条件的中国境内金融机构和企业在境外发行人民币债券和外币债券，在沿线国家使用所筹资金。

五是积极构建争端解决机制。伴随“一带一路”建设进入高质量发展新阶段，争端解决机制成为一项不可或缺的机制化安排。在当前 WTO 争端解决机制遭遇危机背景下，推动建立"一带一路"框架下争端解决机制尤为重要。应进一步推动落实《关于建立"一带一路"国际商事争端解决机制和机构的意见》，在现有 WTO 争端解决机制和《华盛顿条约》建立的投资争端解决机制（ICSID）基础上，灵活运用多种手段积极构建符合"一带一路"建设沿线国家国情特点并被广泛接受的国际商事争端解决机制和机构。深化国际司法交流合作，尽快建立"一带一路"建设参与国法律数据库及外国法查明中心，推行"以发展促规则"或"边发展边规则"的争端解决模式，逐步形成完善的争端机制解决体系，营造稳定、公平、透明、可预期的法治化营商环境。

六是强化海外利益与安全保障机制。面对错综复杂的国际形势，未来一段时期共建"一带一路"的不确定性和风险挑战明显加大，需要统筹发展与安全，构建海外利益保护体系和风险防控机制。应进一步完善风险评估、监测预警和应急处置"三位一体"安保机制，建立高效统一、协调联动的"一带一路"建设总体风险、国别风险和项目风险监测预警体系；针对沿线国家不同情况，建立科学的项目风险评价体系和方法。同时加强顶层设计，健全完善国家海外利益安全制度体系、政策体系和法律体系，加快与"一带一路"沿线国家商签投资协定，完善海外投资保险制度，鼓励开展相关培训，增强企业境外经营的合法合规性。通过强化海外利益与安全保障机制，推动"一带一路"项目在当地落地生根、持久发展，推动企业和人员更加安全放心地"走出去"。

七是建构"一带一路"高质量持续发展评价体系。"一带一路"高质量可持续发展是涉及多国别、多主体、多领域、多层面、多环节的复杂和长时段的系统工程，应从高质量发展所内含的绿色发展、协调发展效率、包容、可持续性等维度设计可定量描述的"一带一路"高质量发展指标体系，定期评价，及时准确地监测分析"一带一路"高质量建设状况，以及各因素对高质量建设进程的影响，以便及时为有关部门提供有效调整应对之策。

6. 加强统筹协调，发挥“一带一路”在加快构建新发展格局中的引领作用

“一带一路”是双循环的重要载体和平台，应统筹协调国内国外两个大局，发挥其对构建以国内大循环为主体、国内国际双循环相互促进的新发展格局的引领作用，推动“一带一路”高质量发展。

一是坚持内外联动，加强“一带一路”建设与国家重大区域战略对接。应坚持以服务国内发展为基本立足点，加强“一带一路”建设与京津冀协同发展、长江经济带发展、粤港澳大湾区建设、长三角一体化发展、黄河流域生态保护和高质量发展等国家重大区域发展战略的对接，发挥国内经济的支撑辐射和引领带动作用，促进中西部地区、东北地区在更大范围、更广领域、更深层次上开放，助推内陆沿边地区成为开放前沿，带动陆海内外联动、东西向互济的开放格局。重构全新的产业链、供应链和价值链，以5G等新型基础设施互联互通建设为抓手，逐步形成新的以周边为基础、覆盖“一带一路”国家的互联互通网络，实现参与各国的协同发展，加快发展，面向发展，形成引领经济全球化发展大势和世界经济增长的新引擎。

二是支持地方发挥优势、找准定位，高质量融入“一带一路”建设。应率先从“一带一路”国内重点省份做起，优先把功夫下在国内。支持重点省份立足本地实际，提高自身经济水平、基础设施水平和经济带动能力，以内外联动的大视野创造性地推动“一带一路”建设。比如中巴经济走廊，起点在新疆南部的城市喀什，中老、中缅经济走廊的国内重点省份是云南，中国—中南半岛经济走廊的国内重点省份是广西，中国—中亚—西亚经济走廊的重点省份是新疆，中蒙俄经济走廊的重点省份是内蒙古和东北三省，内蒙古、黑龙江省要抓住机遇，加大工作力度。要把重点省份基础设施建设做好，促进这些省份的经济社会稳定发展，以增强重点省份对“一带一路”的持续带动能力。同时，加快自贸试验区、海南自由贸易港建设，推进开放区特别是综合保税区、边境合作区转型升级，加强各类开放合作平台与“一带一路”建设的联动，发挥战略支撑作用。推动中欧班列高质量发展，推进西部陆海新通道建设，形成发展和对外合作的集群

优势，促进国内区域发展与“一带一路”建设融合发展。

三是加强政企统筹，进一步厘清政府和市场、政府和企业的关系。随着“一带一路”建设推进并进入高质量发展新阶段，应充分发挥市场在资源配置中的决定性作用和企业的主体作用，遵循市场经济规律、国际通行规则和商业原则，推进投资和经贸往来。同时，突出加强政府在宏观谋划、金融支撑、投资环境、安全保障和政策支持等方面的服务保障作用，通过“一带一路”建设倒逼国内改革开放，从而在更高水平、更大范围、更深层次推进“一带一路”建设。

四是统筹“走出去”和“引进来”，畅通国内国际双循环。双向开放才能实现更好的利益融合与高质量发展。应促进和规范境外投资有序发展，明确提出以企业为主体，以市场为导向，按照商业原则“走出去”，通过多种方式优化资源配置、开拓国际市场。在全面梳理现有相关政策和管理规定基础上，健全完善对外投资政策与服务体系。同时，全面实施外商投资准入负面清单制度，进一步落实《外商投资法》《外商投资法实施条例》，加强实施情况督查，不断健全配套措施，为“一带一路”沿线国家企业在华投资营造更好的营商环境。

7. 增强智库、媒体对“一带一路”发展的积极作用，为“一带一路”行稳致远提供强大支撑

“一带一路”是一项理论与实践紧密结合的世纪工程，实现高质量发展，需要在组织架构、项目建设、体制机制、可持续发展等环节上下功夫，形成更多可视性样板工程、范例、实践和成果；也需要加强学术研究、理论支撑和话语体系建设，为“一带一路”行稳致远提供支撑，把握前进航向。

一是加快构建“一带一路”理论与话语体系。发挥智库、媒体外宣对“一带一路”理论与话语体系构建的支撑作用，进一步厘清和深化“一带一路”建设的理论内涵，从人类命运共同体、区域合作等角度阐释“一带一路”建设，聚焦重点国家、重点项目、重点园区取得的最佳实践，突出正面宣传“一带一路”建设对世界经济复苏、发展潜力、携手应对公共卫生安全挑战、减贫扶贫、改善当地民生等方面的积极作用。结合构建人类

命运共同体和以合作共赢为核心的新型国际关系，从全球治理等层面深挖“一带一路”建设理论内涵，逐渐形成基于实践的“一带一路”高质量发展理论与话语体系。

二是强化“产学研”合作，深入开展调研。“一带一路”建设推进中，不同区域、不同国家的发展水平、资源条件、制度文化、发展诉求及合作需求差异较大，即使在同一个行业差异也很大，比如制造业。可以考虑针对重点通道、重点国家和重点项目形成政府、行业协会、智库、企业协同下的可行性研究、项目推进实施、跟踪、成本回收、项目收益评估等新型运作模式。长期、深入、动态开展国别研究和实地调查研究，对参与国的法律制度、政策、民族、宗教、文化特点以及地缘政治潜在风险等进行深入研究，深入分析“一带一路”对参与国的经济社会发展的长期影响，以及重大项目的区域、国别及产业领域规划，重大项目规划落实对资源环境以及市场供需及对外经贸关系平衡的影响，聚焦“重点国家、重点领域、重点园区、重点项目”建设，适时形成具有战略前瞻性和引领性的研究及咨政建议，助推“一带一路”高质量发展。

三是支持国内智库开展“一带一路”合作与交流。通过与相关国家智库的研讨交流等方式，向全球阐释“一带一路”建设取得的进展与成效。进一步做实“一带一路”智库合作联盟，广泛联合“一带一路”参与国智库及其他国际智库开展重大问题研究、建立智库索引、共享研究资源（资金、人力、设施和成果发布渠道）等，提升“一带一路”智库合作平台机制水平，共同探讨和提出“一带一路”高质量、持续发展合理化建议。

四是积极回应国际舆情，有针对性做好工作。面对国外舆论出现的对“一带一路”的误解和误读，我们可以更加主动作为，总结成功经验和案例，召开境外“一带一路”宣讲会和研讨会，或通过与国外智库合作研讨交流的形式，正面宣传“一带一路”建设成果，有理有节积极回应国际舆情；面对国际社会提出的有关债务可持续发展的质疑，充分利用《“一带一路”债务可持续性分析框架》开展相关评估，及时公布结果以矫正视听，同时，系统梳理“一带一路”建设项目中的有关债务问题，及时总结经验教训。面对参与共建“一带一路”发展中国家的误解、误读和错误认知，应鼓励我国国内主流媒体通过设立分支机构或收购所在国有影响力媒体等方式，在共同创办的网站、报刊、自媒体、电视节目上，正面宣传“一带一路”建设取得的成就，尤其是当地合作取得的重大进展，及时将中国声音、中国理念、中国文化等传递给所在国，为“一带一路”建设营造良好的舆论氛围。

附录2　中巴经济走廊高质量发展研究①

中巴经济走廊是“一带一路”的旗舰项目，其发展状况直接关系到共建“一带一路”高质量发展全局。七年多来，在中巴两国的共同努力下，中巴经济走廊建设取得显著成效，形成了一大批基础设施重大项目和产能合作等可视性成果，在助推巴基斯坦经济发展的同时，为“一带一路”建设推进提供了良好示范，凝聚了更多共识；一些矛盾和问题也为下一步高质量共建“一带一路”提供了经验借鉴。如今，走廊建设已进入充实、拓展高质量发展新阶段，合作领域不断拓展、合作内容不断丰富，面对突如其来的新冠肺炎疫情带来的各种挑战，走廊建设得以持续推进，但也暴露了一些新情况、新问题和新挑战，特别是伴随着国际形势和地区形势的不断演变，走廊建设新旧问题并存，需谨慎应对，深刻认识和准确把握中巴经济走廊建设的独特战略价值，在总结经验教训的基础上，更好布局、规划和谋划，化解可能的风险和挑战，继续与巴基斯坦坚定高质量、高标准推进走廊建设，把中巴经济走廊打造成为共建“一带一路”高质量发展的示范工程。

一、中巴经济走廊建设取得重大进展，正步入充实、拓展的高质量发展新阶段

七年多来，在两国政府的大力倡导和主导下，通过全方位、多领域的合作，中巴经济走廊建设取得重大进展，正步入充实、拓展的高质量发展新阶段。

---

① 本文为作者参与的国家社科基金课题“‘一带一路’六大经济走廊建设研究”的分报告，研究成果发表于《全球化》2021年第3期。

（一）走廊建设已取得重大进展，对华友好和中巴经济走廊建设逐渐成为巴举国共识

七年多来，按照习近平主席2015年访问巴基斯坦时确立的以中巴经济走廊建设为引领，以瓜达尔港、能源、交通基础设施、产业合作为重点的“1+4”合作布局和《中巴经济走廊远景规划（2017—2030年）》，走廊建设已收获了一大批阶段性成果，巴基斯坦及周边地区的互联互通水平正在不断提升，巴基斯坦民众享受到了实实在在的好处。

“以瓜达尔港、能源、交通基础设施、产业合作为重点的“1+4”合作布局全面推进，取得重大进展。中巴经济走廊第一阶段的22个优先项目基本完成。瓜达尔港建设加快推进，面对新冠肺炎疫情带来的诸多挑战，瓜达尔港“逆势”取得重大进展，首次系统性开展阿富汗中转货物，为当地创造了近千个就业机会；首次开展液化石油气（LPG）业务；首次实现了商业化运营。能源合作是中巴经济走廊第一阶段合作的重点，22个项目中有11个能源项目，极大地缓解了多年来一直困扰着巴基斯坦企业生产和民众生活的停电问题。2015年7月31日正式开工建设的萨希瓦尔燃煤电站，仅用22个月零8天的时间就投产发电，截至2020年11月，累计发电量已经突破276亿千瓦时。由中国电建与卡塔尔Al-Mirqab公司联合投资建设的卡西姆港燃煤电站，自2018年4月25日进入商业运营以来，发电量约占整个巴基斯坦国家电网供电量的10%。截至2020年11月28日，全年完成发电量80.1亿千瓦时。交通基础设施方面，22个项目中的4个重大交通基础设施项目已全部竣工。2019年11月，巴基斯坦PKM高速公路项目（苏库尔—木尔坦段）落成；2020年，喀喇昆仑公路二期（赫韦利扬—塔科特）项目全线通车，拉合尔轨道交通橙线项目开通运营，中国红其拉甫至巴基斯坦伊斯兰堡的新的光缆线路已投入运营。

”走廊建设显著促进巴基斯坦经济社会发展，取得广泛共识。中国已经连续6年成为巴基斯坦最大贸易伙伴和最大外商直接投资来源国。巴基斯坦中巴经济走廊事务局主席阿西姆·巴杰瓦表示，中巴经济走廊项目填补了巴基斯坦在能源、通信等方面的空白，将通过工业化和扩大农业领域

合作进一步推动巴基斯坦工农业发展，提振巴基斯坦经济，让中巴经济走廊惠及更多民众。德勤公司2017年研究显示，2015—2030年，中巴经济走廊将为巴基斯坦人民创造70万个工作岗位。“一带一路”国际合作高峰论坛咨询委员会2019年提交第二届“一带一路”国际高峰论坛的一份研究报告显示，中巴经济走廊建设已为巴基斯坦人民创造了超过7.5万个直接就业机会，同时通过带动原材料加工和餐饮等相关上下游产业，为当地人民提供更多的就业机会。巴基斯坦计划发展与改革部中巴经济走廊能力建设中心的研究显示，中巴经济走廊将创造120万个工作岗位。巴基斯坦国立科技大学中国研究中心主任赛义德·哈桑·贾韦德撰文表示，建设中巴经济走廊是巴基斯坦社会的普遍共识，巴基斯坦经济要想实现腾飞，就离不开中巴经济走廊建设。

（二）走廊建设已进入充实、拓展的高质量发展新阶段，合作领域和内容不断拓展丰富

伴随“一带一路”建设向高质量发展，走廊进入充实、拓展新阶段，双方合作重点将转向产业合作和农业、扶贫、教育、卫生、人力资源等社会民生领域，向巴基斯坦西部欠发达地区倾斜。2020年3月，《中华人民共和国和巴基斯坦伊斯兰共和国关于深化中巴全天候战略合作伙伴关系的联合声明》对外发布，中巴经济走廊拓展至科技和农业两个领域，在中巴经济走廊联委会框架下的联合工作组将增至10个，走廊建设合作机制不断健全完善。2020年8月21日，国务委员兼外长王毅在第二次中巴战略对话后表示：“中巴经济走廊建设进入高质量发展新阶段，将继续为巴基斯坦的振兴发挥重要作用。双方将及时完成在建项目，创造更多就业，大力改善民生，加强产业园区、人力资源培训、扶贫减贫、医疗卫生和农业等领域合作，持续释放走廊的巨大潜力，实现共同发展进步。”面对百年变局和世纪疫情带来的诸多挑战，一批中巴经济走廊项目建设取得重大进展，目前中巴经济走廊下有11个经济特区正在建设中，这些经济特区将推动工业化发展。农业合作是第二阶段经贸合作重点，2020年上半年，中巴经济走廊在巴基斯坦推广北京杂交小麦项目再获丰收。2019年12月，中国援助巴基斯坦瓜达尔医院和职业技术学校项目开工。截至 2021 年 1 月，中国建筑 PKM 项目为沿线村落修建学校 11 所、“一带一路”图书室 2 个，捐赠医疗器械 33 套、运动器械 100 余套。正如 2020 年 12 月 31 日，国务委员兼外长王毅应邀同巴基斯坦外长库雷希通电话时所表示的：“面对百年变局和世纪疫情，中巴全天候战略合作伙伴关系今年经历了考验，保持了强劲发展势头。”可以说，中巴经济走廊建设在绘制“工笔画”的高质量发展新阶段开局良好。

二、中巴经济走廊高质量发展面临的风险和挑战

中巴经济走廊建设在取得突出进展的同时，也遇到了一些问题，特别是当前国际国内形势发生深刻变化，高质量建设中巴经济走廊出现了一些新情况、新问题和新挑战，面临的困难、压力、风险和挑战更为严峻。

（一）国际政治经济格局深刻演变，中巴经济走廊建设面临的外部环境发生显著深刻变化，压力显著增加

当今世界正经历百年未有之大变局，以美国为代表的西方国家对中国快速崛起不适应，对中国提出的“一带一路”合作倡议表现出疑虑甚至抵制态度。特别是，百年未有之大变局与新冠肺炎疫情全球大流行相互交织，中美大国博弈日益激烈，美国把中国视为战略竞争对手，作为“一带一路”旗舰项目的中巴经济走廊，在大国竞争中处于前沿和焦点位置。另外，中巴经济走廊周边地缘政治复杂，长期受多国力量的博弈与掣肘。

1. 中美博弈加剧大背景下，中巴经济走廊遭遇美国政治、经济和舆论炒作上的多重冲击

国际政治经济实力格局加速演变是百年未有之大变局的本质特征，新冠肺炎疫情全球大流行加速影响世界政治经济格局，随着以美国为主的发达经济体与以中国为代表的发展中和新兴经济体之间的力量对比继

续发生深刻而剧烈的变动，以中国为代表的新兴经济体和发展中国家在国际舞台上的作用更加凸显，美国战略界对“一带一路”倡议的疑虑、误解和负面认知等持续加深，将“一带一路”看成是两国战略竞争的关键领域。特别是在中美博弈日益激烈、美国将中国视为战略竞争对手并试图构建对华战略围堵的大背景下，作为“一带一路”建设旗舰项目的中巴经济走廊首当其冲，遭遇了美国政治、战略、经济以及舆论炒作等多重冲击。

政治和战略上，“印太战略”已经并将继续成为美国对抗“一带一路”倡议的主要抓手。美国推出并不断强化“印太战略”，推行以“抑巴扬印”为主基调的南亚新政策，企图制衡中国。中巴经济走廊首当其冲，处于大国博弈的前沿焦点。近年来，强化与印度的关系成为美国“印太战略”的重要抓手，美印双方经贸关系逐年增强，政治基础日益牢固，安全合作稳步发展。受百年变局与新冠肺炎疫情叠加冲击影响，中美关系恶化，中印关系动荡波折，美印关系上升，对中国进行战略对冲成为美印两国共同利益。后疫情时期，美国对我国遏制打压已成为美国各界共识，拜登政府不会根本上改变中美竞争博弈的常态化和长期化趋势，更大可能会继续通过强化“印太战略”遏制中国，出台多种措施阻挠甚至干预“一带一路”建设推进。为了联合日、印、澳盟友在亚太地区对付中国，2021 年 3 月，美国牵头举办美日澳印“四方安全对话”，中巴经济走廊建设面临严峻外部挑战。

经济上，美国整合各种资源加大对印太地区投资力度，将继续拉拢亚太盟友国家抗衡“一带一路”建设。近年来，为遏制中国“一带一路”建设，美国整合各种资源，出台法案，支持并加大了对亚太地区的投资力度。为抑制“中国日益增长的地缘政治和经济影响力”，2018 年 10 月 5 日，特朗普签署了《更好利用投资促进发展法案》，在整合海外私人投资公司（OPIC）和美国国际开发署（USAID）的开发信贷局、企业基金、私人资本与微型企业办公室等部门职能基础上，成立了国际发展金融公司（IDFC），有望使美国的年发展融资能力从 290 亿美元提升至 600 亿美元。2019 年 11 月举行东盟峰会期间，在美国推动召开的“印太商业论坛”上，美国海外私人投资公司宣布启动“蓝点网络”计划，搅局、抗衡中国的“一带一路”倡议意图十分明显。在疫情冲击下，美国牵头，联合日本、澳大利亚、新西兰、印度、韩国和越南等所谓“值得信赖的伙伴”提出了“经济繁荣网络计划”，“去中国化”势头明显。

舆论上，抹黑污名化中巴经济合作。“一带一路”倡议提出以来，美、印、澳等国智库和媒体对“一带一路”倡议态度有漠视、无视，有故意误解和误读，也有部分美国政府主导之下的集体抹黑攻击。近年来西方流行的所谓“新马歇尔计划”“经济侵略”“新帝国主义”“地缘政治控制”“债务陷阱”“地缘扩张论”“环境破坏”等不实言论背后都可以看到美国的身影。对于中巴经济走廊，美国积极发表并宣传“债务陷阱”“不透明”“掠夺性贷款”等不实言论。比如，美国负责南亚与中亚事务的首席副助理国务卿爱丽丝·威尔斯多次发表不实言论，称巴基斯坦将因中巴经济走廊项目“面临长期经济伤害，从中获得的回报微不足道”，中巴经济走廊也并非援助。她还称“建设走廊只对中国有利，而美国能够提供更好的模式”。中巴经济走廊建设面临外部舆论环境压力不容忽视。

2. 调整变动中的中印巴关系给中巴经济走廊建设增添了变数

历史上看，中印巴关系一直处于调整变动之中。受中美大国博弈日益激烈、印度现实主义权力思维和全球大国抱负，以及新冠肺炎疫情冲击等影响，中印巴三角关系、中印关系与中巴经济走廊提出建设之初已有很大不同。在中印巴三角关系中，中巴政治关系基础厚实，建立了“全天候战略合作伙伴关系”，关系相对稳定。相比之下，印巴关系信任基础薄弱，二者长期敌对，关系复杂紧张；中印关系因边界问题偶有冲突，在一些领域和问题上战略分歧较大。中巴经济走廊建设是“一带一路”倡议不可或缺的一环，走廊地缘政治关系上的高度敏感性使中巴经济走廊的建设推进中的脆弱性增加。

印度高度警惕、反对甚至阻挠、破坏中巴走廊建设。由于一直以来巴基斯坦和印度关系复杂，印度对中巴经济走廊建设十分警惕，担心中巴经济走廊建设将提高巴基斯坦的经济实力和综合国力，从而极大提升其与印度对抗的实力与底气。同时，印度担心中巴经济走廊建设会提升中国在南亚地区的影响力，从而对印度一直以来寻求的南亚霸主地位带来不利冲击和影响。

另外，在中美大国博弈日益激烈的背景下，中印关系时有波折。2020年，受新冠肺炎疫情和中美大国博弈的双重刺激，从4月开始，印度边防部队无视我国的抗议，单方面持续在加勒万河谷地区改变现状，加紧修建交通基础设施，一度发生冲突。特别地，冲突以来，印度从上到下掀起了罕见的抵制中国制造的浪潮，大量中国应用程序被列入印度“清单”，从最底层人民到上层，似乎反对中国的一切成了“政治正确”。随着美印关系的加强，中印关系中美国因素影响上升，美、印联合遏华，暗中助力或支持印度抗衡中国可能成为新常态，在这样的新形势下，中巴经济走廊建设必然会受到影响。

可以预见，随着印度对中巴经济走廊的担忧和干扰加深，美印合作加强，更加积极支持和推进美国主导下的“印太战略”，中巴经济走廊建设面临诸多挑战。

（二）巴基斯坦国内安全形势十分复杂，走廊建设面临的安全风险不降反增

巴基斯坦西北部与阿富汗接壤，国内本身也存在塔利班、俾路支解放阵线和虔诚军等地方武装恐怖组织，这些地方武装与逃窜至巴基斯坦国内的“伊斯兰国”等恐怖组织相互交织影响，致使巴基斯坦国内复杂严峻的安全形势难以根本扭转。澳大利亚智库经济与和平研究所（IEP）最新发布的《2020年全球恐怖主义指数报告》显示，巴基斯坦仍属于全球恐怖主义极高风险国家，是受恐怖主义影响最大的十个国家之一，位居全球第七。

近年来，巴基斯坦整体安全形势逐年好转，恐怖活动呈下降趋势，但中巴经济走廊建设项目主要分布的旁遮普省、信德省、开普省、俾路支省等恐怖活动频繁，尤其俾路支省安全形势持续恶化，中巴经济走廊许多施工地区成为恐怖袭击发生频率较高的区域，恐怖活动不降反增，甚为猖獗，连续多年居巴基斯坦国内恐怖活动之首。有关资料显示，2018年，俾路支省恐怖袭击活动频发，针对中巴经济走廊的恐怖袭击活动就近40次，

且目标直指中巴走廊建设及负责警卫的巴基斯坦安保人员。2019 年 5 月 11 日，恐怖分子持枪和手榴弹对瓜达尔港珍珠洲际酒店发动攻击，3 名安保人员死亡，这也是针对中巴经济走廊项目的一项破坏行动。虽然巴基斯坦对我国去巴基斯坦访问人员基本实施24 小时的持枪全天候保护并成立了一支中巴经济走廊安保部队，不过中巴经济走廊重点建设的瓜达尔港位于分离主义严重的俾路支省，分裂势力暗中受到美、印等域外势力的支持，成为钳制中巴经济走廊建设的工具，安全风险仍是中巴经济走廊建设不可回避的重大的挑战。

（三）受各种因素制约，走廊高质量发展面临的经济风险不容小觑

第一，巴基斯坦经济基础薄弱，经济发展环境不容乐观。巴基斯坦经济发展水平偏低，产业基础发展非常滞后，不能有效为走廊建设项目提供支持。另外，巴基斯坦国内经济环境和营商环境不容乐观。巴基斯坦内部政治斗争严重，走廊建设中利益争夺十分激烈，央地矛盾、地区矛盾掣肘走廊建设项目推进。同时，巴基斯坦办事效率低下，营商环境欠佳。政治体制、利益集团博弈和管理体制弊端致使很多项目的优惠政策难以落地。政治体制上，巴基斯坦是联邦和省相对独立，联邦政府提出的优惠政策，可能因地方政府不同意而搁置，特别是园区优惠政策包括税收、财政、海关、能源，需要多部门协调配合，通过议会审批，纳入法律层面才可能落地，而这是一个非常漫长的过程，会直接影响产业合作项目的推进。

第二，巴基斯坦政府负债高、资金偿还能力弱，需警惕可能出现的投资风险。巴财政赤字严重，外债负担沉重，难以持续为中巴经济走廊项目建设提供资金支持。根据国际货币基金组织发布的数据，在正义运动党执政的未来四年里，巴基斯坦的债务将上升至 1300 亿美元，较穆盟（谢）执政时期同比增长 36. 3% 。IMF 预测，未来四年，正义运动党政府将借债 830 亿美元，用于偿还旧债、支撑经常账户赤字和国家外汇储备。预计 2020—2021 财年，巴基斯坦的外债规模将达到 1190 亿美元，占 GDP 比重

43.5%。2021—2022 财年，巴基斯坦外债将达 1246 亿美元。面对如此沉重的债务负担，以及持续恶化的财政赤字状况，中巴经济走廊建设项目强大的资金缺口需求背后隐藏着投资回报不确定性和较大的风险。

尤其值得注意的是，走廊建设投资项目难以得到有效收益回报。能源是走廊建设进展最快、成效最明显的领域，但目前的情况是电站建好后可以发电，但电网基础设施建设跟不上，电输送不出去，而我国投资企业正面临着电费收取困难的问题。

第三，巴基斯坦对我国期待过高，对走廊建设存在急于求成和依赖我方的心态。巴基斯坦各界特别是精英阶层擅长强调中巴全天候战略关系，经常用“比山高”“比蜜甜”等文学语言来表述双方的政治经济关系，将中巴经济走廊视为解决巴基斯坦经济发展问题的“万能药”。比如当前中巴经济走廊产业园区合作进展相对较慢的客观实际，很大程度上与巴基斯坦自身经济发展基础和营商环境有很大的关系，但巴方却错误地认为园区建设跟前期的基础设施和能源项目一样，我国政府应投入大量资金支持，认为当前园区进展缓慢是我国投入不够，不懂得园区发展需要发挥主观能动性，关键是要有产业项目落地和吸引投资。这种急于求成的“等”“靠”“要”思想，对本国基本国情、客观条件和经济规律认识不够，对走廊建设特别是后续园区合作的推进造成困难。

（四）新冠肺炎疫情对走廊建设短期影响可控，长期影响值得关注

当前，百年未有之大变局与新冠肺炎疫情全球大流行相互交织，除中国之外全球经济陷入全面衰退，不确定因素增多，给我国经济发展和对外交往带来一些挑战，对高质量推动“一带一路”建设必将造成不利影响。总体看，目前中巴经济走廊建设推进顺利，影响可控，但后疫情时期的长期影响值得关注和重视。

当前，新冠病毒已蔓延全球，“一带一路”沿线国家几乎都面临疫情冲击，普遍面临劳动力供应不足和境外供应链断裂的风险。受疫情影响，巴基斯坦经济也遭受了重创，世界银行预计，巴基斯坦 2020 财年经济将萎缩 1.3% ~2.2%。特别是，由于疫情和国内经济以及国外经济封锁的多重

叠加共振，巴基斯坦公共债务占比再次攀升，2020 年公共债务占 GDP 的 90%，巴基斯坦的财政压力空前沉重。因此，中巴经济走廊建设难免受到一系列疫情和疫情相关事项的冲击，包括劳动力短缺、相关设备物资供应延迟以及不可抗力导致的延期及由此引发的法律问题等。不过，正如驻卡拉奇总领事李碧建发表的《新冠肺炎疫情对中巴经济走廊的影响》中所指出的，中巴双方特别是相关项目企业抗疫举措成效显著，项目保持零感染纪录，中巴员工安然无恙，各项目进展顺利，伴随疫情在中国得到有效控制以及中国全面复工复产，新冠肺炎疫情对 CPEC 的影响是可控的。

后疫情时代，中巴经济走廊会持续推进。中国政府已决定向巴基斯坦提供疫苗援助，并积极协调中国企业加快向巴基斯坦出口疫苗，双方在交通基础设施方面的合作还会继续深入，并将在教育、保健、水利、灌溉技术和职业教育以及扶贫等六个领域开展深入合作，推动走廊建设高质量发展。考虑到疫情发展的长期化和常态化，全球经济下行压力还将持续，经济全球化风险挑战增加，供应链断裂风险和重构的影响等还会持续给走廊建设带来诸多挑战，应予以关注和重视。

三、几点建议

面对百年变局与世纪疫情，中巴经济走廊建设没有停顿、没有减速，保持了强劲的发展势头，但也应看到走廊建设推进中遇到的困难、压力和挑战，未来压力和挑战也不容低估，需谨慎应对，在总结经验教训的基础上，继续与巴基斯坦坚定高标准、高质量推进走廊建设，将中巴经济走廊打造成“一带一路”高质量发展的示范工程。

（一）充分肯定中巴经济走廊高质量发展的重大战略价值

作为“一带一路”的旗舰项目和样板工程，中巴经济走廊建设取得的进展对中国与巴基斯坦均具有重要战略意义和价值。对中国而言，能否把中巴经济走廊建设好，直接关系到共建“一带一路”高质量发展全局，7 年多来形成的一大批基础设施重大项目建设和产能合作等高质量、可视性成果，在帮助巴基斯坦经济发展的同时，为“一带一路”建设的推进提供了很好的示范，凝聚了更多的共识；当然，一些矛盾和问题也为下一步推进走廊建设提供了经验教训。应高度肯定并充分认识中巴经济走廊高质量发展对“一带一路”建设全局推进的重大意义，决不能因存在一些矛盾、问题，以及国际舆论的污名化而减缓或大幅收缩中巴经济走廊建设，而是应该更好规划和谋划，明确下一步建设的重点，着力破解推进中的问题和矛盾，化解可能的风险，推动中巴经济走廊高质量发展和可持续发展。

（二）坚持开放共赢理念，运筹处理好地缘政治关系，为走廊建设营造良好的外部环境

面对百年未有之大变局，我们仍处于重要战略机遇期。新兴市场国家和发展中国家群体性崛起趋势不可逆转，国际政治经济格局正朝对我国有利的方向演变，百年来西方国家主导的国际政治经济格局正在发生改变。“一带一路”倡议提出 7 年多来，已有 138 个国家和 31 个国际组织与中国签署了 202 份政府间合作协议，高质量共建“一带一路”达成了广泛共识。应继续坚持开放共赢理念，运筹处理好中美关系，在拜登政府时期中美“斗而不破”可能格局下，加强国际友城合作，继续调动美地方和工商界参与“一带一路”建设的积极性，尽量化解消极因素；妥善处理中印关系，经济上拉住印度，处理好中印巴大三角关系，以不站队、不拉帮、不结派的域外协调者、调解者身份处理印巴关系，强化三国在上合组织框架下的合作与争端解决。同时，推动中巴经济走廊建设项目从双边合作到多边参与，积极推动中巴经济走廊建设与周边土库曼斯坦、阿富汗、印度、伊朗等国开展能源领域的合作，扩大合作公约数，开创互利共赢格局，为走廊建设营造良好的外部环境。

（三）坚持政府引领、市场运作原则，防范与应对经济风险，推动走廊建设可持续发展

中巴具有高度政治互信的独特优势，但巴基斯坦国内长期党派博弈，政局不稳，国内极少数地方党派和分离势力批评走廊的声音也从未间断过，因此，需要强化顶层设计，充分发挥中巴全天候战略合作伙伴关系的独特优势，发挥联委会在走廊规划、设计和具体项目落实等方面的引领作

用，与之进行更多沟通，尽量避免因对方期待过高我方无法满足造成各种误解，从而影响走廊建设的持续推进。应正确处理好政府和市场的关系，走廊建设既要算“政治账”，也要算“经济账”。应充分发挥企业在走廊建设市场化经营领域中的主体作用，按照市场经济规律、国际通行规则和商业原则建立健全项目管理机制和风险防范机制，加强重大项目立项前的市场研究和风险评估，项目推进中的全方位、全过程的动态跟踪、监测与预警，加强财务风险、安全风险、突发风险的预警管控机制，提升风险应对能力。应健全完善项目合法合规经营制度，规范企业投资行为，鼓励企业在进行项目建设时注重保护环境、履行减贫等社会责任，积极回应当地社会诉求，实现走廊项目建设中的各方共赢。

（四）创新和完善安保体系，为走廊建设保驾护航

巴基斯坦恐怖主义仍然是中资项目建设的重要安全隐患，应在敦促巴基斯坦继续落实现行安保措施的同时，创新和完善安保体系。应进一步深化中巴双方反恐协调合作，探索在两国政府共同规划前提下，引入我国民间商业安保力量的新模式，发挥我方民间安保力量在建设项目和工业园区内部的安保预案设计、巡查保卫、人员安全培训等日常安保事务的积极作用，逐步建立中资项目安保公司、巴基斯坦军警内外两层安保新模式。应深化《中阿巴三方合作打击恐怖主义谅解备忘录》框架下的情报交流，提升打击恐怖分子融资招募和培训等后勤能力，加强反恐能力建设、网络反恐、去极端化、切断毒品贸易和恐怖融资间联系等领域的合作。应建立走廊建设项目的风险监测和预警机制，定期发布走廊地区的安全事件、安全预警和安全形势分析报告，根据不同的项目性质和需要，制定和细化安保方案，并积极利用领事保护条约和外交渠道保护中国企业和公民的合法权利。

（五）加强智库与外宣的科学引领，确保走廊建设行稳致远

舆情能力博弈是事关走廊建设成败的另一个主战场，应予以高度重视。应发挥我国智库优势，通过开展合作研究、共同举办研讨会等多样化形式及时动态发布走廊建设进展及产生的经济社会效益，正面回应国际舆

论的误解和不实指责；面对国际社会提出的走廊债务可持续发展的质疑，系统梳理走廊建设中有关债务问题，开展深入细致评估，及时总结经验教训。应持续、深入、动态开展实地调查研究，对巴基斯坦法律制度、政策、民族、宗教、文化特点以及地缘政治潜在风险等进行深入研究，深入分析走廊建设对巴基斯坦经济社会发展的长期影响，以及重大项目规划落实对资源环境、市场供需及对外经贸关系平衡影响，适时形成具有战略前瞻性和引领性的研究及咨政建议，助推“一带一路”高质量发展。同时，应鼓励我国国内主流媒体通过设立分支机构或收购所在国有影响力媒体等方式，在共同创办的网站、报刊、自媒体、电视节目上，正面宣传中巴经济走廊建设取得的成就；鼓励个人和社会组织不断创作更多体现中巴合作的宗教、历史风俗、文化特点的个性化人文交流产品，并充分利用微信、Tiktok 等自媒体网络平台等，以更加灵活、社会化和潜移默化的方式进一步凝聚共识，更多、更好、更快传播中巴经济走廊建设和“一带一路”人类命运共同体理念，确保走廊建设行稳致远。

参考文献

[1] 法斯赫·乌丁．巴基斯坦经济发展历程:需要新的范式[M]．陈继东,等,译．成都:四川出版集团巴蜀书社,2010.

[2] 吕佳．全球新冠疫情下中巴经济走廊建设进入新阶段的研究[J]．当代经济,2020(9):12－18.

[3] 新京报．中巴经济走廊项目已为巴方创造 7.5 万个直接就业机会[EB/OL]．https://baijiahao.baidu.com/s? id = 1631690619976843117&wfr = spider&for = pc,2019－04－24.

[4] Tucker Boyce. The China－Pakistan Economic Corridor: Trade Security and Regional Implications, Sandia Report, January 2017[EB/OL]. http://prod.sandia.gov/techlib/access－control.cgi/2017/170207.pdf.

[5] 金戈．中巴经济走廊研究[D]．长沙:湖南师范大学，2018.

[6]2020 年全球恐怖主义指数[EB/OL]．(2020－11－25)．美通社,https://

www. prnasia. com/lightnews/lightnews - 1 - 102 - 31074. shtml.

[7]张元. 巴基斯坦俾路支分离主义的国际干预探析[J]. 南亚研究(季刊),2019(1):80 - 87.

[8] 李芳芳,王璐璐,高素梅,周子学."一带一路"国家工业和信息化发展指数报告[J]. 产业经济评论,2017,9(5):118 - 124.

[9] 驻卡拉奇总领事馆经济商务处. 国际货币基金组织预测巴基斯坦2021年偿还外债额将占 GDP 4%[EB/OL]. (2020 - 10 - 21). http://www. mofcom. gov. cn/article/i/jyjl/j/202010/20201003009655. shtml.

[10] 陈文玲,梅冠群,张瑾. 作为旗舰项目的中巴经济走廊建设仍存在值得重视的深层次矛盾和问题——国经中心"一带一路"课题组赴巴基斯坦调研报告[R]. 研究报告,2018 - 12 - 27.

[11] 王云磊. 中巴经济走廊建设探析[D]. 沈阳:辽宁大学, 2019.

[12] 曹忠祥. 中巴经济走廊建设的经验与启示[J]. 中国经贸导刊,2019(10下):23 - 25.

[13] 刘长敏,焦健."印太"视域下中巴经济走廊建设:背景、内涵与影响[J]. 新疆社会科学,2020(1):69 - 78.

[14] 刘勇,姜彦杨."一带一路"视阈下中巴经济走廊的地缘风险及其应对[J]. 经济纵横,2019(12):122 - 127.

[15] 舒洪水,刘左鑫惠, 裴新迪."一带一路"倡议下中巴经济走廊建设 AHP - SWOT 分析[J]. 2020(3):22 - 29.

[16] 陈小萍. 巴基斯坦极端势力对中巴经济走廊的影响与中国的应对战略[J]. 南亚研究季刊,2019(4):78 - 87.

[17] 林民旺. 中巴经济走廊将倒逼印度与中国合作[J]. 中国外资,2015(6):26 - 27.

[18] 范毓婷,刘卫东,王世达."中巴经济走廊"背景下中巴跨境合作需求及风险研究[J]. 工业经济论坛,2016(6):617 - 625.

附录3　从中美两国"一带一路"合作的新视角推动中美两国迈向战略合作伙伴关系[①]

"一带一路"倡议的提出在国际上引发了强烈的反响，大部分沿线国家、许多域外国家和国际组织都给予了积极回应，美国对"一带一路"的态度从抵制、怀疑、观望到开始回应、愿意参与则耐人寻味。事实上，这种态度的转变是在"情理之中"的。当然，作为全球最重要的双边关系，作为塑造中国周边环境最重要的外部因素之一，美国对"一带一路"采取的态度和政策，以及相关国家和地区与中国围绕"一带一路"互动进程中的美国因素直接关系到"一带一路"建设的顺利推进。党的十九大之后，中国进入了中国特色社会主义新时代，习近平总书记在党的十九大报告中对中国特色社会主义新时代进行了全面战略部署，明确提出中国积极发展全球伙伴关系，扩大同各国的利益交汇点，推进大国协调和合作，构建总体稳定、均衡发展的大国关系框架。要以"一带一路"建设为重点，推动形成全面开放新格局。2017 年 11 月 8 日至 10 日特朗普访华是中国面向中国特色社会主义新时代习近平主席处理大国关系的重要外交活动，是全面推动中美新型大国关系向未来更长周期稳定持续发展的探索、尝试和突破。特朗普访华期间，中美签署了 2535 亿美元的合作项目，其中就有涉及"一带一路"建设的项目，应该看到，"一带一路"中美合作有可能成为新型大国关系合作的重要抓手。特朗普执政后对中国"一带一路"倡议的态度转变为中美"一带一路"合作创造了可能性和可行性，这种新共识是

---

① 本文为 2017 年度国家发展改革委课题"'一带一路'建设中美国因素"研究成果，在中国国际经济交流中心陈文玲总经济师指导下共同完成，为特朗普访华提供决策参考，后研究成果在《全球化》2018 年第 1 期上发表。

“一带一路”中美合作的思想基础。面向未来，中美双方应共同尊重各自的重大利益和关切，共同扩大“一带一路”框架下中美合作的存量，创造增量，寻找更多的利益交汇点和战略交汇点，推动中美关系沿着正确方向持续向前发展，更多地造福两国人民和世界人民。

一、特朗普执政后美国对“一带一路”态度向着正面积极方向转变

2013 年习近平总书记提出“一带一路”倡议以来，美国各界展开了广泛的讨论与研判。奥巴马政府时期，由于对中国提出的“一带一路”倡议缺乏必要的了解，美国各界总体上持消极观望和抵制怀疑态度，美国主流观点把“一带一路”视为“中国版马歇尔计划”，是中国应对美国重返亚太和“亚太再平衡”战略的一种应激反应，认为中国试图建立周边经济联系以谋求在欧亚大陆的地缘政治利益，构建一个“去美国化”的欧亚地缘战略格局。尽管美国商界对“一带一路”倡议可能带来的投资机会有所关注，但总体看积极回应的声音是比较微弱的。

特朗普胜选后，美国内外政策开始调整，中美关系出现新的发展契机。2016 年 11 月，特朗普的安全和外交事务顾问詹姆斯·伍尔西公开撰文称，美国应支持中国在全球事务中寻求更大发言权，奥巴马政府反对中国倡导建立亚投行是一个“战略性”错误，希望特朗普政府对“一带一路”做出“热烈得多”的回应。2017 年 5 月 11 日，美国商务部长罗斯在美中贸易“百日计划”成果简报会上宣布美方将派代表参加“一带一路”国际合作高峰论坛，之后特朗普总统助理、白宫国安会亚洲事务高级主任波廷杰率团出席了 2017 年 5 月 14 日在北京召开的“一带一路”国际合作高峰论坛并在会上表示，美国公司准备参与“一带一路”项目，美国驻华大使馆和美国公司组成了美国“一带一路”工作组，参与“一带一路”倡议下的合作，这是“一带一路”倡议提出以来，美国官方给予的最为积极的回应。6 月 22 日美国总统特朗普在会见首轮中美外交安全对话的中方代表时，首次表达了美国愿意就“一带一路”的基础设施项目与中国合作的

态度。可以看出，特朗普执政后美国对“一带一路”的态度出现了从消极观望到开始合作的转变。

美国对“一带一路”的态度转变“耐人寻味”，却也在“情理之中”，原因主要有以下几点：一是“一带一路”已在全球获得广泛认同，势不可当。自2013年“一带一路”倡议提出以来，已得到全球100多个国家和国际组织的响应，各方表达了强烈的参与意愿，并已经收获了不少早期成果，而美国迟迟没有回应。以亚投行为例，奥巴马政府“抵制”亚投行，时任美国财政部长雅各布以亚投行达不到管理和贷款方面的所谓“全球最高标准”等为借口，多次劝说其盟友不要加入这一机制，但英国、德国、法国、韩国、澳大利亚等国选择成为亚投行的创始成员国，此后加拿大也申请加入了亚投行。随着“一带一路”建设不断纵深推进，各方参与热情越来越高，特别是2017年5月在北京举行的“一带一路”国际合作高峰论坛得到全球众多国际组织、国家的积极响应，美国的态度顺应了这种全球性共识与期待。二是美国开始认识到中美在“一带一路”框架下存在广泛的共同利益。“一带一路”以基础设施建设为抓手，带动贸易、投资、资金和人员的流动与流通。这一倡议所覆盖的人口、经济规模以及大规模投资带来的商机，是作为全球最大经济体的美国难以拒绝的。中美除了在基础设施建设、科技创新领域、环保领域、生物科技、医药卫生等领域有着巨大的合作空间，还可以携手在沿线国家等第三方市场共同开发和合作。三是“一带一路”可能成为世界最大的区域经济合作平台和新型经济全球化的动力。经济全球化是不以人的意志为转移的客观历史进程，现代信息技术和科技革命使得全球经济呈现出新的跨国界、多边化、多元化、多样化和网络化的链接状态。当美国越来越呈现出贸易保护主义倾向甚至挑战全球贸易规则时，中国成为经济和贸易全球化的有力支持者、建设者与引领者。“一带一路”以政策沟通、设施联通、贸易畅通、资金融通、民心相通为合作重点，致力于将欧亚大陆分散、断裂和割裂的资源、生产、服务和消费连接起来，推动全球各国更加合理地在全球范围内配置资源和要素，融入并共享全球产业链、供应链和价值链。可见，“一带一路”将成为新型全球化的动力和载体，为全球包容增长、共享增长与可持续增长和平衡发展提供了新机遇，这也是包括美国在内的某个单一国家所无法阻挡的。四是美国国内政治经济环境变化促使美国态度转变。特朗普是作为反建制、反精英、反主流价值观的代表走上历史舞台的，是美国国内经济、社会、政党内部矛盾冲突加剧的结果。美国要真正实现使“美国再次伟大”的目标，肯定绕不开与全球第二大经济体中国的合作。“一带一路”框架下中美合作的前景广阔，美国对“一带一路”倡议疑虑下降，促使美国态度发生重大变化。五是中美两国元首会晤是美国对“一带一路”倡议态度转变的关键原因。中美两国元首均意识到中美双方合作是唯一正确选择，均有推动双方在“一带一路”框架下合作的意愿。习近平主席亲自展开卓有成效的对美工作，与特朗普建立顺畅的对话沟通机制，是中美关系发展的决定性因素。习近平主席2017年4月6日至7日对美国进行访问期间，同美国总统特朗普达成了多项共识，美国派代表参加“一带一路”国际合作高峰论坛是中美经济合作“百日计划”的早期收获成果之一。

美国态度转变有着重要的意义，也是发展长期、稳定、可持续中美关系的重要契机。作为世界最大的发达大国，美国对“一带一路”倡议态度转变说明美国已认识到这一倡议的重要性与可行性，已经对世界上一大批国家和地区参与“一带一路”建设产生了难以阻挡的影响，预示着“一带一路”合作将会更加深入发展。从全球治理角度看，美国态度转变也说明中国方案和中国倡议得到认可，中国全球领导力上升。

二、关注和重视美国有关方面对“一带一路”建设的重大关切和疑虑

尽管特朗普执政后美国对“一带一路”倡议的态度开始朝积极方向转变，但美国各界对“一带一路”的战略意图、目标以及“一带一路”对中美关系的影响尚未形成统一清晰认识，各种疑虑并未消除，对此，我们应予以关注。

（一）美国各界深切感受到中国崛起的力量，但也对“一带一路”中国倡议存在战略焦虑，其中对地缘政治的过分关注影响了美国形成对“一带一路”的整体看法

美国曾经是现有国际关系、国际秩序和国际规则的缔造者、制定者和支持者。近年来，随着以中国为代表的发展中国家和新兴经济体力量上升，以美国为代表的西方发达国家实力相对下降，从根本上改变了世界力量格局，国际秩序和全球治理规则进入了新旧规则的转换期、动荡期和调整期，美国国内产生了严重的“战略焦虑症”和“不适应症”。一些人认为中国崛起、中国方案和中国倡议正在挑战美国建立的现有世界秩序，过分强调中美战略竞争的一面。美国诸多关于中国“一带一路”倡议的文章将重心放在分析中国提出“一带一路”的战略意图和所谓的“真正动机”上，这种思维表现出美国作为长期主导国际秩序的发达国家对崛起大国中国的担忧。尽管中国不断强调“一带一路”不是中国的“独奏”，而是“大合唱”，并欢迎美国等国家参与“一带一路”建设，但美国各界仍普遍关注“一带一路”的地缘政治意图，认为“一带一路”是中国的地缘战略，是中国谋求欧亚霸权的重要举措。目前美国政府和一些美国智库及学者对“一带一路”的战略意图和目标主要有以下几种误判：一是认为“一带一路”倡议将重构欧亚大陆地缘政治战略格局，旨在建立中国主导的霸权地位，试图建立“以中国为中心”“去美国化”的世界秩序，这是美国一些人最担忧的。二是从经济层面认为“一带一路”试图重构欧亚大陆这一全球最大的经济市场。认为“一带一路”实施将摆脱以美元为基础的全球金融体系，有孤立美国的企图。三是认为“一带一路”是对美国亚太再平衡战略的一种回应。中国谋求战略上的“西向”，旨在打破美国的战略包围，还可作为扩大中国海外军事存在的借口。此外，还有一些分析则认为“一带一路”可以提高中国的能源、粮食和海上通道安全，破解所谓的“马六甲”困境，解决中国的产能过剩问题。

可以看出，尽管美国一些学者如康纳对中国提出的“一带一路”高度评价，写出《超级版图》等著作，认为互联互通将改写世界版图，将给全

球带来巨大的好处。但美国社会对中国“一带一路”倡议总体上还缺乏正确认识。对于美国对“一带一路”倡议的战略焦虑与不适，我们应予以理解、关注并及时化解。

（二）美国智库与专家认同“一带一路”有利于全球经济可持续增长，但对该倡议面临的风险和可持续发展能力表示担忧

在美国看来，尽管“一带一路”《愿景与行动》令人振奋，中国政府也为此采取了切实行动，但该倡议能否顺利推进和实现可持续发展还面临诸多挑战和风险。美国的一些研究指出，由于中国机构缺乏审查项目可行性的相关经验，中国投资的“一带一路”项目风险很大，如中国缅甸的密松水电站项目和波兰高速公路项目等。中国对国外文化和其他国家政治利益的不敏感也引起了美国对“一带一路”倡议可持续发展能力的担忧。在美国看来，“一带一路”涉及的中东、中亚和南亚地区民族和宗教问题复杂，一些国家存在政局不稳的内患，这些都会对“一带一路”建设构成现实挑战。如“一带一路”旗舰项目中巴经济走廊穿过了印度和巴基斯坦领土争议地区，存在较大的政治风险和安全风险。此外，美国对“一带一路”倡议可持续发展能力的担忧部分还来自中美两国政治、经济、国家与社会关系的差异。美国普遍认为，“一带一路”代表了一种国家主导的经济管理模式，中国对“一带一路”相关国家的政治声誉投资和担保可能会妨碍这些脆弱国家的经济发展，这是一种经济实用主义，也使我们面临着较大的政治风险。

（三）美国国内逐渐认识“一带一路”框架下中美合作有很大空间，但仍不能低估美国学界和智库从战略竞争思维来审视中国“一带一路”倡议看法的影响

“一带一路”重大倡议提出以来，在国际上得到越来越多积极响应和广泛的支持，到目前为止，中国已经与74个国家和国际组织签署了“一带一路”合作文件，并获得了一批早期收获成果，说明“一带一路”倡议具有很强的可行性。随着“一带一路”建设的深入推进，美国国内对“一带一路”的认识不断深化，呼吁美国积极回应并参与“一带一路”倡议的

呼声增加。尽管如此，美国学界和智库界一些人从战略竞争思维审视“一带一路”倡议，认为“一带一路”倡议对美国产生的消极影响大于积极影响，挑战大于机遇。关于“一带一路”对美国产生的消极影响和挑战，美国学界和智库界的担忧集中在三个方面：一是认为“一带一路”将依托亚洲基础设施投资银行和丝路基金等机制挑战美国长期主导的国际经济金融体系。二是认为“一带一路”有可能重构欧亚大陆地缘政治版图，将挑战美国建立的现有国际秩序，与美国形成战略竞争态势。三是认为“一带一路”若成功将导致中国发展模式挑战西方发展模式及其价值观。当前，美国国内有关中美关系零和博弈的思维根深蒂固，我们的舆论宣传和政策解释工作还存在不足，从战略竞争视角看待中国倡议和方案的思想和看法还将长期存在，对此我们要有清醒认识。

（四）美国州和地方政府、商界参与“一带一路”意愿强烈，但对中国的绿色发展、劳工标准和环境标准等存在疑虑

对于参与“一带一路”项目，美国州和地方政府、企业界人士比联邦政府更为积极。加利福尼亚州州长布朗多次表示加州愿意积极参加共建“一带一路”项目，期待加强同中国在经贸投资、清洁技术、低碳环保等领域合作，推进人文交流等。2017 年 4 月，美国花旗银行从中国银行获得了一项总价值 30 亿美元的合同，帮助其在“一带一路”沿线地区开设分支机构。美国国际开发署贸易与监管改革办公室高级顾问吴嘉在 2017 年 10 月 2 日举行的中美投资研讨会上表示，美国商界，特别是运输、物流、能源、服务等领域的企业非常渴望参与“一带一路”项目。不过，美国学界对中国“一带一路”项目的开放度、标准等仍存在疑虑。美国的一些分析报告指出，过去中国的一些经济政策名义上是“双赢”的，但实际执行过程中的利益分配条款和标准对中国有利，因而对“一带一路”的互利共赢目标表示担忧。此外，由于缺乏“企业走出去”的第三方评估机制，个别企业在海外进行掠夺式经营、破坏当地生态环境、不尊重当地宗教文化信仰，使美国等西方国家对“一带一路”建设的绿色发展、环境、劳工等标准产生了疑虑。

三、构建可持续的新型中美战略合作伙伴关系，把“一带一路”建设成为中美超越双边对抗性博弈的新平台和新路径

作为全球第二、第一大经济体，中美关系直接关系到全球经济乃至世界的和平与稳定。中美两国在“一带一路”建设中存在诸多利益交汇点，双方可以超越竞争，在多领域寻求合作。

（一）构建面向中国特色社会主义新时代的，更加可持续、更加包容的新型中美合作关系

中美关系是当前世界最重要的双边关系，作为世界第 一、第二大经济体，中美关系和中美合作不仅对两国产生影响，而且对全世界都会产生巨大的影响，两国和平相处、合作共赢是两国人民之福，也是世界各国人民之幸。随着中国国家实力和国际影响力的持续上升，美国对中国相对优势逐渐缩小，中美关系发展进入新的历史阶段，突出表现为中美关系之间的结构性矛盾日益凸显：一是中美权力结构性矛盾与战略竞争增强。2010年，中国超越日本成为世界第二大经济体，成为全世界实力最接近美国的国家，中国国家综合实力以及国际影响力日益增强，客观上形成了在世界经济、政治、文化以及地区影响力方面同美国与欧洲的竞争局面，美国认为中国形成了对美国长期国际体系主导地位的挑战。特别是美国特朗普总统上任后，提出和实施了诸如“美国优先”、制造业回迁、退出 TPP 协定等带有明显保护主义倾向的政策措施。与此同时，中国表现出对于经济全球化的坚定信心，提出了“一带一路”倡议，成为经济全球化的旗手，这种实力结构对比下的中美在全球领导力方面竞争更加显性化。二是中美在国际体系结构性变迁中制度竞争加强。国际制度是国际体系运行的规范化表征和工具性保障，当国际体系的权力结构发生改变，国际制度与治理体系也要求变革转型。随着以中国为代表的新兴国家的群体性崛起，旧的规则、制度和体系的弊端日益凸显，2008 年金融危机的爆发更是凸显了当前全球治理体系的不足，全球治理体系进入改革调整阶段；另外，为更好地实现与其他国家之间的合作共赢，在现有国际体系框架下，中国根据发展

需要提出了“一带一路”倡议和亚投行等国际治理机制，客观上形成了中美之间的制度竞争。三是中美战略互疑加深。随着当代国际体系转型进程的逐步深入，在中美两国之间的结构性矛盾不断上升的条件下，中美之间战略互信的缺失将使中美关系发展面临更加复杂的困难和挑战，中美关系不稳定性因素增加，美国新发布的《国防战略报告》明确指出，现阶段美国国家安全方面的首要关注是国与国间的战略竞争，并把中国看成是“修正主义”国家，是美国的主要战略竞争对手，认为中国正在试图构建以中国为中心的世界秩序。

随着中美结构性矛盾日益凸显，有关中美“修昔底德陷阱”和中美关系担忧的声音不绝于耳。我们认为，对于中美关系的担忧以及社会出现的中美是否会陷入“修昔底德陷阱”的疑问，不能简单用历史上一些大国关系的演化来套用。中美贸易规模已经达到5580亿美元，两国人员往来每年约有500万人，这种联系的强度和交往，是历史上以往大国之间所没有过的，两国共同利益远大于分歧，这是中美两国关系的正向效应。中美在资源、市场、资金、技术等方面具有很强的互补性，开展合作是两国市场主体优化资源配置的自发选择。中美共同面临贫困、恐怖主义、环境、核安全、跨国犯罪、传染病流行等全球性问题，需要中美携手合作才能解决。越来越多的事实证明，中美两国合作是世界人民之福，两国对抗则是世界人民之祸。正如习近平主席所指出的，“中美两国关系好，不仅对两国和两国人民有利，对世界也有利。我们有一千条理由把中美关系搞好，没有一条理由把中美关系搞坏”。合作是中美两国唯一正确的选择。

目前，中美关系是你中有我、我中有你，一荣俱荣、一损俱损。未来中美两个大国的关系取决于两国之间相互交融的程度，取决于民意，更取决于决策者的态度，双方决策者应具有这种化干戈为玉帛的能力，这是保持中美两个大国关系走向的决定性因素。当前中美双方领导人均意识到合作是中美关系的唯一正确选择，致力于超越零和博弈，规避更大的地缘政治和经济风险。2017年4月6日至7日，习近平主席在美国佛罗里达州海湖庄园同美国总统特朗普进行了积极而富有成果的会晤，进一步稳固了中美关系大局，为新时期两国关系发展指明方向。11月8日至10日美国总统特朗普对中国进行国事访问期间，中美两国元首进行了深入交流，达成了多方面共识，进一步明确中美关系走合作共赢之路的新定位，推动了“一带一路”中美合作和中美关系正常稳定发展。据统计，特朗普访华期间中美两国企业共签署合作项目34个，金额达2535亿美元，涉及“一带一路”建设、能源、化工、环保、文化、医药、基础设施、智慧城市等广泛领域。在当前和今后一段时期内，我们应着眼于“一带一路”中美合作，找准两国之间的利益交汇点，找准两国合作共同开发第三方市场的合作基点，找准并兼顾各自的重大关切和重大利益，扩大中美合作领域、空间和利益，使中美关系能在一个长周期内稳定、稳步发展，逐步形成面向新时代、有利于两国乃至世界的新型大国合作关系，建立更加稳定、可持续、更具包容性、具备更长周期的中美关系。

（二）“一带一路”框架下中美合作的主要领域

鉴于“一带一路”在中国经济外交政策中的核心地位以及中美关系对国际体系的重要性，“一带一路”倡议在任何情况下都应被视为加强两国之间合作的重要平台与路径。

中美关系有竞争的一面，更有可以合作的一面。2016年，美国与中国的双边贸易额已经达到5196亿美元，同年双边的投资存量额也增长到1700亿美元。在过去的十年中，美国向中国的出口年均增长了11%，而中国对美国的出口年均增长了6.6%。荣鼎集团和美中全国关系委员会发布的《中美双边投资研究项目报告》显示，2016年中国在美国当年投资超过460亿美元，约为2015年的3倍；与此同时，美国对中国的直接投资并无明显增长。实际上，中美两国的经济具有很强的互补性，如果能够展开合作，将会实现两国经济有力增长。特朗普提出“美国优先”“美国第一”，“一带一路”中美合作可以增加美国产品对中国的出口，可以吸引中国资金到美国投资建厂，帮助美国重振制造业和增加就业。让美国再次强大的“新美国梦”与中华民族伟大复兴的“中国梦”是相通、相融的，中美完全可以在诸多领域展开合作。

一是基础设施领域。特朗普政府正在制订投资超过1万亿美元的基础设施计划，这是20世纪50年代以来美国规模最大的基础设施扩建和现代化改造。目前美国很多基础设施已经30多年没有修缮，亟须修缮、改造和升级换代，美国土木工程师学会预计，2016—2025年美国基础设施投资需求约3.3万亿美元，未来10年基建资金缺口将近1.44万亿美元。过去美国的交通和水务等基础设施主要由地方政府以税收或发债形式提供建设和维护资金，但由于美国财政面临的社保支出和收支失衡压力，这些资金来源远远无法弥补上述需求。尽管特朗普提出了基础设施PPP策略、成立基础设施银行计划，以期吸引更多私有部门投资和运作，但仍难以弥补其巨大缺口。除此之外，美国建筑机械设备、建筑材料以及建筑劳动力等现状也不利于实施基础设施建设计划。这为中美基础设施领域合作带来了重大机遇。中国拥有全球最大规模的外汇储备，具有在海外市场进行基础设施建设合作的丰富经验和成本优势，正在不断刷新公路、铁路、桥梁等基础设施方面的世界纪录，还有巨大的产能、标准、施工、管理和颠覆性创新技术等方面的优势，中美两国在基础设施建设方面具有巨大的合作空间。

二是制造业领域。美国在高端制造业领域一直保持世界领先地位。近一个世纪以来，美国在航空航天、船舶制造、核工业、冶金、计算机与信息技术、军火、电子工业等高端产业领域独占鳌头，掌握最核心的技术和标准规范，主导产业发展方向，在汽车制造、生物技术、现代农业、机械制造等领域也占有绝对优势地位。尽管美国高端制造业遍布全球，但缺乏完整的上下游产业链，这为中美制造业领域合作提供了契机。按照工业体系完整度来算，中国拥有39个工业大类、191个中类、525个小类，是全世界唯一拥有联合国产业分类中全部工业门类的国家，从而形成了行业齐全的完整工业体系。因此，中美两国制造业尤其是先进和高端制造业完全可以互补，重构产业链，形成优势互补的产业链体系。特朗普访华期间，中投公司副董事长兼总经理屠光绍与美国高盛集团董事长兼首席执行官劳尔德·贝兰克梵在北京签署了《中国投资有限责任公司与高盛集团战略合作谅解备忘录》，成立50亿美元的中美制造业合作基金（“合作基金”），可以预见，这将为中美制造业领域合作开启新的篇章。

三是科技创新领域。美国拥有全球最强的科技创新体系，是当今世界第一科技大国。据统计，美国共有300多名诺贝尔奖获得者，居世界各国之首，世界最好的200所大学中，美国占据了75所。在全球顶尖的20所大学中，按科学贡献度计算，美国占了17所，全球十大顶尖科技公司美国占8家，全球90%以上的应用科技都离不开硅谷的技术支持，美国拥有全球顶尖的实验室，在军工、航空航天、医学技术、信息科学等领域，美国以无可匹敌的实力雄踞世界之首。美国在高科技、管理、治理等方面具有创新优势，在产学研结合、产品检验、规划和企业管理方面经验丰富。近年来，科技创新合作已成为中美双边关系的重要基石。过去10余年，中国对美国高科技领域投资规模快速增加。投资领域从汽车、电子等少数行业，迅速扩展到信息、生物医药、新能源、现代农业、环境保护、科技服务等领域。投资地域范围从加利福尼亚州、纽约等少数地区扩展到40多个州，对促进当地经济发展、增加就业做出了积极贡献。2016年，两国续签了《中美科技合作协定》，在这一协定框架下，中美双方通过科技合作联委会、创新对话等政府间合作机制分享彼此最佳实践，扩大互利共赢，开展了务实有效的合作，在清洁能源、农业科技等领域都取得了丰硕的成果。

四是社会和人文领域。过去40年中美在人文和社会领域合作成果丰硕，为推动中美关系发挥了独特作用。据统计，2016年共有530万人次往来于太平洋两岸，平均每天超过1万人，美国每3个外国留学生中就有1个来自中国，中美还有48对友好省州和200多对友好城市。2017年4月中美两国元首在海湖庄园会晤期间共同确定建立中美社会和人文对话。2017年9月28日中国国务院副总理刘延东和美国国务卿雷克斯·蒂勒森在华盛顿共同主持了首轮中美社会和人文对话，对话旨在促进双方在两国全面对话机制框架内进一步推动社会和人文交流，包含教育、科技、环保、文化、卫生、社会发展、地方人文合作七大合作领域。根据《首轮中美社会和人文对话行动计划》，中美将促进中美双向留学，增进两国学生学者对彼此国家的了解和感情。具体措施包括实施中美双向留学“双十万计划”，未来4年中方将公派10万人赴美学习，美国10万名学生将来华留学。在科技、环保、文化、卫生、社会发展、地方人文合作等领域，双方也将实施多个合作交流项目。

五是全球治理领域。当前全球化趋势不可逆转，然而全球性问题不断凸显，贫困、贫富差距、全球治理、全球恐怖主义威胁、核武器扩散、极地、空间等问题成为中国、美国和整个人类社会普遍面临的难题，这是任何一个单一国家都无法解决的。在“一带一路”框架下中美在反恐、网络、极地、深海、太空等全球公共领域具有广阔的合作空间和前景，有利于解决人类共同面临的问题和挑战，符合中美双方的共同利益，如果能够以合作思维发挥“一带一路”合作的合力，“一带一路”将真正成为全球公共品，成为改善全球治理的新平台。

四、几点建议

“一带一路”是中国进入中国特色社会主义新时代回应国际社会关切、体现中国立场主张、推进自身加快开放发展的管总战略。美国加入“一带一路”建设不仅符合中国利益，也符合美国利益，要更好促进美国对中国提出的“一带一路”倡议的理解和支持，争取双方找到更多的利益结合点。

（一）继续发挥元首外交对两国关系的战略引领作用，推动“一带一路”中美合作

目前，“一带一路”的国际影响力正在持续扩大，中美关系基本平稳，以特朗普为代表的美国政府对“一带一路”态度正朝着积极方向转变，这是加强中美在“一带一路”框架下合作的重要契机。此次特朗普访华进一步为中美双边关系指明了方向，也为“一带一路”中美合作带来了重大机遇。因此，应继续发挥元首外交对两国关系的战略引领作用，把“一带一路”中美合作作为中国特色社会主义新时代探索处理中美关系的突破口与切入点，扩大中美合作领域、拓展中美合作空间和利益，推动建立更可持续、更加包容的新型中美合作关系。

“一带一路”是中美合作的重要平台，应争取早日签订中美“一带一路”合作协议框架，明确“一带一路”中美合作的方向、重点和路径，明

确协议落实的时间表和路线图，建立起中美务实推进“一带一路”建设的长效工作机制，这将直接关系到“一带一路”框架下中美的合作，直接关系到“一带一路”的长远可持续发展，直接关系到中美关系大局。

当然，我们也要注意到，特朗普自身还没真正从商人转变为世界级的政治领袖，鉴于他的商人思维、惯性的霸权思维，以及美国国内对中国的战略焦虑和疑虑，我们对特朗普本人及特朗普政府的外交政策也不应报以过高的期望。积极地做好转化工作，顺势而为，而不使对方感觉这是要挟中国的筹码，这应是我们的一条底线。

（二）高度重视“一带一路”建设中的中美大国关系，清晰表明我国对美国参与“一带一路”建设的态度

作为全球第一、第二经济体，作为全球最重要的双边关系，中国提出的“一带一路”必然会受到美国及中美关系的影响。从推进“一带一路”倡议的大局来看，维持中美关系稳定，避免发生大起大落的动荡，仍然是中国对美外交的主题。也要看到，“一带一路”是一个面向全球开放、包容的大平台，符合新型全球化发展的内在要求，已在国际上获得了广泛的支持，“一带一路”能否顺利推进很大程度上取决于“一带一路”自身如何发展。因此，我们要保持战略定力，坚定不移、有序推进“一带一路”建设，把着力点放在解决中国经济自身发展的问题，以及与相关国家进一步对接中的共同利益上。我们对于美国参与“一带一路”建设的基本态度是既要持开放的态度，也要保持战略定力，你参加我欢迎、你不参加我等待，不急不躁，这应是我们处理“一带一路”中美关系的一种自信与风范。我们欢迎美国超越意识形态和零和博弈思维的影响，积极参与“一带一路”建设，但没有必要让渡更多的自身利益去获得美国对“一带一路”建设的参与，也不能使美国产生错觉，认为中国不惜一切代价寻求中美在“一带一路”框架下的合作。

（三）建立中美合作与沟通对话机制，动态回应美国各界对“一带一路”的重大关切与疑虑

随着“一带一路”建设的纵深推进，美国各界对“一带一路”的态

度、关切和疑虑不断变化，应建立多维度推进中美合作与沟通对话机制，动态回应回答美国各界对“一带一路”的重大关切与疑虑。一是在“中美全面经济对话”机制下设立“一带一路”对话论坛。加强与特朗普政府进行“一带一路”政策沟通，不断提升其支持和参与“一带一路”建设的政治意愿。二是设立中美“一带一路”智库交流合作平台。当前美国对中国“一带一路”倡议的负面看法和错误解读部分来自智库和学界，因此，应加强中美双方政策沟通与信息共享，加强中美智库之间的交流和合作研究，共同诠释“一带一路”的理念、战略意图、目标和共同愿景，共同回答“一带一路”建设过程的重大关切与疑虑。三是建立中美省州合作平台机制。地方交流是推动美国对接“一带一路”倡议的良好方式。地方政府能实实在在看到“一带一路”下中美合作的巨大空间，应从地方政府和州层面出发，逐渐改变美国社会对“一带一路”的整体认识。四是完善与美国商会、商界等民间力量的沟通对话机制。商界、企业家、从业者是中美经贸合作的先锋。商人比学者对机遇与风险有着更敏锐的嗅觉。与政客和智库不同，美国企业界有务实、创新的传统，少有政治和意识形态禁忌。因此，应注重加大与美国商会、相关美国企业等民间力量的沟通，为美国企业参与“一带一路”建设打造更便利的“接口”。

（四）加强“一带一路”与美国的对接工作，全方位推进“一带一路”建设

随着美国政府对“一带一路”态度的转变，中美“一带一路”合作开始进入务实阶段，应加强“一带一路”与美国的各种对接工作。一是加强中美之间的战略对接。近年来美国提出并推动了一些地区经济一体化方案，如“新丝绸之路”“印太经济走廊”“亚太全面能源伙伴计划”“湄公河下游倡议”等，应抓紧研究“一带一路”与美国战略的契合点，形成相向而行的战略选择。二是加强相关规划对接。在战略对接基础上，根据求同存异、权责明确、分布有序推进原则，抓紧深入研究区分中美之间的竞争领域和合作领域，建立识别这些领域的机制，在此基础上优先研究编制中美共同利益领域如基础设施、能源、科技、文化等的专项规划，明确落

实规划的时间表和路线图。三是加强重大项目对接。尽快落实《中美合作推进“一带一路”项目调研》首份中美合作协议，同时，应调动美国地方政府、商界参与“一带一路”建设的积极性，形成一批中美“一带一路”建设重点项目和优先推进项目，争取早日获得成果收获。四是加强服务能力的对接。应充分利用美国一流跨国公司在管理、技术、标准等方面的服务优势，与我国的产业链、基建、资金优势强强联合，共同开发拓展第三方市场。五是加强智力对接。大力支持中国智库与美国智库、学者、研究机构在“一带一路”框架下的深度合作，加强中美智库在项目调研及学术研究领域的交流与合作，增进各界对“一带一路”倡议、百日计划等重要议题的正确认识，加强智库合作研究，为美国政策及商界对接“一带一路”倡议、寻求互利共赢提供智力支持。

（五）创新中美合作方式，用增量思维来主动塑造中美关系，为“一带一路”创造宽松的外部空间

尽管中美关系被普遍认为竞争与合作并存，不过中美政府均意识到合作是中美关系的唯一正确选择，并致力于超越零和博弈。因此，我们应通过扩大中美合作领域和空间以应对竞争领域日益激烈的竞争，并将中美经贸关系“压舱石”效应拓展到第三方市场，共同培育新的经济增长点，用增量思维来主动塑造中美关系，为“一带一路”创造宽松的外部空间。E国际贸易是代表未来发展方向的下一代贸易方式和新兴贸易业态，中国目前具备先发优势，我国应将E国际贸易作为推动中美合作的重要工作，摈弃传统贸易中你输我赢的零和博弈，共同塑造引领未来全球经济发展的新规则。探索中美基础设施合作方式，可以通过投资、相互持股或以我国对美国持有的美国国债转化为可投资的资金，形成对美国巨大的投资能力，逐步减少我国在美国资产的风险。探索解决美对华贸易逆差的新思路，选取食品加工等在美国有综合成本优势的产业先行先试，双方共同推进“中国品牌＋美国代工＋返销中国”模式，破解中美贸易逆差难题。找准合作共同开放第三方市场的基点，培育中美合作新的经济增长点，实现中美产业和发展的融合。

参考文献

[1] 陈文玲. 中美关系——合作性博弈的竞合关系[Z]. 中国国际经济交流中心第95期“经济每月谈”.

[2]陈文玲. 中美在“一带一路”建设中应寻求合作[EB/OL]. http://www.chinanews.com/gn/2017/05-22/8231164.shtml.

[3] 陈文玲,梅冠群. 降低美中贸易逆差的一条新思路——以在美进行食品加工业离岸贸易为例[J]. 2017(22).

[4] 陈文玲,等. “一带一路”创造经济全球化共赢发展的新境界[J]. 全球化,2017(7).

[5]陈文玲. 面对未来的中美关系:挑战与机遇[Z]. 中国国际经济交流中心第89期“经济每月谈”.

[6] 走向中美关系新时代——访中国国际经济交流中心总经济师陈文玲[J]. 中国国情国力,2017(7).

[7]中国商务部. 关于中美经贸关系的研究报告[R]. 2017.

[8]黄仁伟. 后起大国与守成大国互动的历史与现实[J]. 国际关系研究,2015(1).

[9]中国社科院. 超越分歧　走向双赢——中美智库研究报告[R]. 2017.

附录 4　国际陆海贸易新通道南宁枢纽建设研究[①]

2013 年，习近平主席提出了共建“一带一路”的倡议构想，新加坡是最早响应的国家之一，并启动了中新（重庆）战略性互联互通示范项目。2017 年 2 月，中新（重庆）项目首次联合协调理事会上中新两国正式提出共建南向通道。2018 年 11 月，南向通道提出 1 年 9 个月后正式更名为“国际陆海贸易新通道”（简称陆海新通道）。陆海新通道向南连接 21 世纪海上丝绸之路和中南半岛，向北连接丝绸之路经济带，形成“一带一路”经西部地区的完整环线，对外将有利于形成新的区域经济合作，拓展合作空间，探索合作新模式，对内将有利于建立腹地经济，联通内陆地区，助推西部地区对外开放、转变经济增长方式和培育经济增长动能，形成经济增长新引擎。

广西是 21 世纪海上丝绸之路和丝绸之路经济带有机衔接的重要门户，是“一带一路”倡议《愿景与行动》中中国—中南半岛经济走廊的陆上起点之一，也是陆海新通道的重要节点。广西拥有 20 多年西南地区出海通道建设的历史积淀，有与东盟地区进行经贸与人文交流的深厚历史基础，已经形成了与越南“两廊一圈”的经济走廊，拓展这一走廊将推动中国内地与东盟包括新加坡的进一步链接。但由于广西经济实力偏弱，基础设施投资建设落后，地区区域隔离，设施联通并没有形成全线贯通或联而不通，资源分散且与相关省份和地区没有形成合力，广西及作为广西首府的南宁区位优势还远未有效发挥和利用。“一带一路”建设和陆海新通道建设为

---

① 本文为 2018 年南宁市重点课题“国际陆海贸易新通道南宁枢纽建设研究”研究成果，报告在中国国际经济交流中心陈文玲总经济师指导下共同完成。

广西南宁提供了新的发展机遇与契机，依托陆海新通道枢纽建设，构建面向东盟的国际大通道，打造西南中南地区开放发展新的战略支点，广西南宁有望真正成为打通21世纪海上丝绸之路和丝绸之路经济带与东盟有机衔接的重要门户，成为引领西部地区内陆开放和经济增长的新引擎。

一、陆海新通道南宁枢纽建设的重大意义

（一）将真正发挥广西西南出海大通道的作用，使广西南宁成为21世纪海上丝绸之路和丝绸之路经济带有机衔接的重要门户

广西是我国唯一与东盟既有陆地接壤又有海上通道的省区，自古以来就是“海上丝绸之路”的发源地和始发港之一。陆海新通道向南从海洋和陆路连接21世纪海上丝绸之路和中南半岛，向北连接丝绸之路经济带，是“一带一路”的合拢工程。广西南宁是陆海新通道的重要节点，北部湾港也是我国西部地区最近的出海通道，早在1992年，中央政府就做出“要充分发挥广西作为西南地区出海通道的作用”的战略决策，但受各种因素影响进展缓慢。“一带一路”倡议和陆海新通道建设的相继提出，让广西南宁自身的区位优势以及通道建设中的战略价值得以显现，陆海新通道建设将使广西南宁向南可以通过北部湾港作为西部地区出海口联动21世纪海上丝绸之路，向北联通重庆等成渝地区，在重庆实现与中欧班列的联动，形成新的亚欧大陆桥，与丝绸之路经济带联通。南宁作为广西首府和广西北部湾经济区核心城市将成为西南中南地区开放发展新的战略支点，真正发挥广西西南出海大通道的作用，真正实现习近平总书记对广西发展定位，即广西成为21世纪海上丝绸之路和丝绸之路经济带有机衔接的重要门户。

（二）将进一步深化广西与东盟的经贸合作与人文交流，使中国东盟合作成为我国区域大联动的合作典范

当前经济全球化不确定性因素增加，WTO等多边经贸合作机制遭遇波折，未来国际经贸合作将更加趋于区域化。中国和东盟的经贸合作与人文

交流具有深厚的历史基础，中国是东盟第一大贸易伙伴，东盟是中国第三大贸易伙伴，已经连续17年成为广西第一大贸易伙伴，2017年广西与东盟贸易额达1894亿元，占进出口总额的49%。南宁已经成功举办了15届中国—东盟博览会、中国—东盟商务与投资峰会，两者已成为国家层面直接主办、每年一届的国家级重点展会，“南宁渠道”国际影响力不断扩大。陆海新通道是中国西部和东盟国家这两个极具经济增长潜力的区域合作连接通道，作为中国东盟中心，广西南宁将通过物流驱动产业，通过软硬基础设施互联互通串联东盟经济体和欧洲，激发国际供应链合作，使中国西部经济重镇既有的雄厚工业基础和技术能力与东盟国家拥有的成本优势形成互补，进一步深化中国—东盟合作，并通过中国东盟合作驱动形成包括中国西南、西北地区和粤港澳大湾区以及东盟、中亚、中东和欧洲地区的区域大联动，推动中国东盟合作成为我国区域大联动的合作典范。

（三）将深化广西与新加坡的经济联系，广西南宁将成为中国与新加坡乃至中南半岛互联互通的综合大枢纽

近年来，在中新两国友好关系发展的大背景下，广西与新加坡的友好交往日益频繁，在经贸、工商、文化、旅游等领域都开展了广泛的合作。2016年，广西与新加坡贸易额为4.9亿美元。2017年，双方贸易总额同比增长58.1%。新加坡是广西在东盟最主要的贸易伙伴之一，也是东盟在广西投资最多的国家。2017年4月，广西与新加坡签署了共建中新南宁国际物流园、加密航线、通关信息平台等合作备忘录。广西以陆海新通道建设为载体，向北全面加强了与重庆、贵州、甘肃、四川等省市的经贸合作与基础设施互联互通建设，广西对西南、中南地区的战略支点作用进一步增强；向南联合云南等省份，全面加强了与越南、缅甸、老挝、泰国、柬埔寨等湄公河国家合作与基础设施建设，广西南宁有望成为中国与新加坡乃至中南半岛互联互通的综合大枢纽。

（四）将助推西部内陆地区开放发展，成为推动经济新旧动能转换的重要引擎

中新互联互通项目下的陆海新通道是以重庆、广西、贵州、甘肃为重

要节点，由中国西部省份与新加坡等东盟国家利用铁路、公路、水运、航空等多种运输方式打造的国际贸易物流通道，在重庆、广西和新加坡政企各界的率先倡议和推动下，迅速得到四川、云南、青海、陕西等西部省份的积极响应。2018 年两会期间，广西、贵州、四川、甘肃、重庆、云南、青海、陕西 8 个省份的 23 名全国政协委员联合提名建议将建设陆海新通道上升为国家战略，联名提案的地区积蓄了中国经济未来 2/3 的增长潜力。陆海新通道以中国西南、西北腹地为主轴，向南联通了国际产业资本看好的东盟地区，向西联通幅员辽阔的中亚地区，向东联通了长江黄金水道和亚欧大陆桥东段，就像一条弯曲的丝带，把青藏高原东西南北地区串联在一起，架起了一座经济发展的高速路。陆海新通道无疑是西南、西北欠发达地区的一个重要发展契机，通过软硬基础设施互联互通建设，将大幅提升南宁对外开放水平，并助推西部内陆地区对外开放走向新阶段，在新时代发展要求下，成为西部地区经济动能转化的新引擎。

二、陆海新通道南宁枢纽建设具备的基础条件与面临的挑战

（一）已具备的基础条件

1. 各级政府高度重视，已经制定出台了相关措施及优惠政策

自陆海新通道提出以来，无论国家层面，还是广西和南宁等地方政府层面均高度重视陆海新通道建设，制定出台了一系列有利于陆海新通道建设的政策措施，为南宁枢纽建设提供了良好的政策环境。

陆海新通道是中新（重庆）战略性互联互通示范项目的重要组成部分，习近平总书记对此高度重视，强调要建设好中新互联互通项目，在区域层面带动其他国家共同参与国际陆海贸易新通道建设，将“一带”和“一路”更好连接起来。全国政协和各部委通过提案、调研等多种方式支持推动陆海新通道建设。广西壮族自治区政府全力打造中新互联互通项目下的陆海新通道，专门成立了南向通道办，并建立了南向通道办统筹协调

工作机制。自 2017 年 3 月以来，广西壮族自治区与重庆市、贵州省、甘肃省就陆海新通道建设展开频繁对接，渝桂黔陇四省区市政府签署合作共建陆海新通道框架协议。2017 年 4 月 28 日，新加坡企发局与广西壮族自治区政府签署了推进陆海新通道的合作备忘录。南宁层面，南宁市制定了《南宁市贯彻落实中新互联互通南向通道建设 2018 年广西工作计划任务分解表》和《2018 年度中新互联互通南向通道南宁市重点基础设施建设项目计划》《南宁市参与中新互联互通南向通道建设（2018—2020 年）工作方案》《南宁市中新南宁国际物流园开发建设支持政策》和《南宁市落实“一带一路”南向通道广西基础设施建设三年行动计划（2018—2020）分工方案》。

2. 交通、物流和信息的枢纽地位日渐突出

南宁是全国性综合交通枢纽城市和全国性物流枢纽城市，拥有公铁水空立体交通体系，形成了“一环五射二横一纵”高速公路网络，以南宁为中心，2 小时可通达广西北部湾经济区城市与港口，4 小时可通达全区 14 个地级市，一日可通达邻省省会、邻国首都。铁路方面，南宁与全国 18 个省市及区内 11 个城市对开高铁，以南宁为中心的“12310”（即 1 小时通达南宁周边城市，2 小时通达全区设区市，3 小时通达周边省会城市，10 小时左右通达国内主要中心城市）广西高铁经济圈加快形成。航空方面，南宁机场旅客吞吐量 2017 年完成 1391.55 万人次，同比增长 20.4%。2017 年共有执飞航线 173 条，通航城市 107 个，每天起降航班 386 架次，基本形成覆盖东盟和国内主要城市的“东盟通”和“省会通”航线网络体系。河港运输条件逐步改善，南宁内河港口 2000 吨级货船可直达粤港澳，1000 吨级船舶可通航至百色，实现了江海直通运输，西南货物出海南线黄金水道形成。信息网络建设方面，中国—东盟信息港开发建设上升为国家战略。全面启动“智慧南宁”建设，成立“云宝宝”大数据产业发展公司，“智慧南宁”APP 等一批应用将陆续建成投入使用。水、陆、空全方位交通网络和通信信息网络的完善，使南宁正在成为西南的铁路枢纽、内陆重要的面向东盟的复合型枢纽机场、全国性物流和信息枢纽，在全国综合运输交通体系、物流和信息体系中发挥着愈来愈重要的作用。

3. 面向东盟国际大通道的“南宁渠道”正在形成

紧紧围绕广西“国际大通道、战略支点、重要门户”三大定位，大力发展多式联运和跨境运输，推进以南宁为中心，辐射西南、中南，沟通东盟，内外衔接，便捷畅通国际大通道建设，面向东盟国际大通道的“南宁渠道”正在形成。

一是实施多式联运和跨境运输，以“面向东盟跨境物流甩挂运输试点项目”与“贯通欧亚大陆公铁联运冷链物流通道示范工程”为载体，面向东盟的运输大通道建设取得新突破。目前，“面向东盟跨境物流甩挂运输试点项目”已形成跨境直通运输 + 干线甩挂运输试点——武汉—南宁/凭祥—河内、深圳—南宁/凭祥—河内 2 条线路，2017 年底，该项目累计完成投资 4605. 74 万元，完成运输量 29. 47 万吨，完成周转量 52742. 1 万吨公里，车辆平均里程利用率达 90%。“贯通欧亚大陆的公铁联运冷链物流通道示范工程”项目通过公路跨境运输，整合东盟及广西各地的生鲜农副产品，初步构建成中国—中南半岛冷链多式联运运输走廊。该项目自 2017 年 2 月启动，至 2018 年 6 月，已成功开行“百色一号”果蔬绿色专列 79 列（其中 2018 年累计开行 7 趟班列），共运送 45 英尺冷藏集装箱 921 个。公铁多式联运比传统海运要节约 20 天左右时间，比传统空运要节省 2/3 的物流费用，单次发货重量却是传统空运的 5 倍，多式联运实现优势互补，有效降低了企业运输成本。

二是一批陆海新通道的重大项目和重点平台建设正在稳步推进。积极推进中新南宁国际物流园建设。2017 年 4 月 28 日，南宁市与自治区商务厅、新加坡太平船务有限公司签署了三方合作框架协议，共同建设中新南宁国际物流园，这是自治区政府批复同意的中新互联互通陆海新通道的关键项目，是广西参与“一带一路”建设的重点工程。此外，南宁铁路物流中心、南宁空港物流园、中国—东盟南宁空港经济区南宁农产品交易中心等重点平台和重点项目正在稳步推进。

三是北部湾港集装箱吞吐量保持快速增长。2018 年 1—6 月，北部湾港本港完成吞吐量 8408. 18 万吨，同比增长 13. 92%；集装箱完成 133. 99 万 TEU，同比增长 33. 53%；其中钦州港区完成港口货物吞吐量 3105. 96

万吨，同比增长 23.91%，完成集装箱吞吐量 107.66 万 TEU，同比增长 37.06%，保持了自 2017 年陆海新通道开通以来的高增速。北部湾港—重庆班列、北部湾港—香港班轮、北部湾港—新加坡班轮三个“天天班”实现常态化运营，分别累计开行 184 列、132.5 班和 58 班。其他省海铁联运班列线路不断拓展，开通了北部湾港至成都（宜宾）班列、昆明班列、兰州班列和贵州班列，对西部地区辐射增强。此外，中越、中欧直通班列取得突破。南宁、凭祥—越南河内跨境直通班列累计开行 27 列，其中出境 12 列，入境 15 列。中欧钦州—波兰马拉舍维奇班列试运行 1 列。新增钦州—新加坡—林查班、钦州—海防—香港、钦州—海防国际中转航线、钦州—胡志明等 4 条国际航线。北部湾港外贸航线总数达到 25 条。

4. 先进制造业、现代服务业体系基本建立

围绕建设面向西南中南、辐射东南亚的区域性现代制造业基地和面向东盟的区域性现代服务业中心，南宁加快调整优化产业结构，构建铝加工、机械与装备制造、农产品加工、化工、建材、造纸等资源加工型传统优势产业为主要支撑的工业产业体系和先进装备制造业（含铝加工业）、电子信息产业以及生物医药产业 3 个重点发展产业，建设以金融、现代物流、信息服务等为主的现代服务业体系。2017 年南宁实现地区生产总值 4118.83 亿元，比上年增长 8%，首次突破 4000 亿元。第一产业增加值 404.18 亿元，同比增长 4.1%；第二产业增加值 1599.5 亿元，同比增长 8.6%；第三产业增加值 2115.15 亿元，同比增长 8.4%。经济结构进一步优化，三次产业结构比为：9.8∶38.8∶51.4。进出口总额 607.09 亿元，同比增长 48.8%，高于预期 40.8 个百分点，首次突破 600 亿元。此外，南宁现代特色农业不断发展壮大，茉莉花、香蕉、木薯、甜玉米等特色产品产量均居全国第一，也是全国最大的火龙果、沃柑生产地。

5. 全面对内对外开放格局已经形成

南宁市围绕中央赋予广西的“三大定位”新使命，不断夯实提升中国—东盟开放平台，积极融入“一带一路”建设，全面开放格局已经形成。深化区域合作机制建设，加速完善畅通“南宁渠道”政策体系，制定

南宁市全面提升开放发展水平的实施意见、参与建设“一带一路”实施方案等文件。加速推进 CEPA 示范城市建设，开通“南宁市 CEPA 项目绿色通道”，CEPA 先行先试项目成功落户南宁。进一步优化开放环境，深化区域通关一体化改革，开展无纸化通关作业，推行关检合作“三个一”便利措施，通关时间在 2016 年压缩 50% 的基础上，2017 年进一步压缩 30%。南宁综合保税区顺利封关运营，南宁跨境贸易电子商务综合服务平台初步建成投入运营并向全区开放服务接口，国内首创集跨境电商、国际快件及国际邮件互换监管于一体的中国邮政东盟跨境电商监管中心项目投入运营。陆海新通道建设取得突破，中新南宁国际物流园启动建设，南宁—香港往返全货机航线成功开通。落实广西北部湾同城化购房、社保、户籍等领域各项政策，与广西交通一卡通实现互联互通，牵头推进广西北部湾经济区四市同城教育合作和交流改革。

6. 跨行政区域、跨部门、跨领域合作不断深化

一是与新加坡等东盟国家的合作关系进一步深化。广西与新加坡成功举办“南向通道之机遇·桂新企业对接会”，2018 年 7 月 2 日，“桂新企业家创新合作交流会”在南宁成功举办，新加坡副总理张志贤来桂访问期间，表示将与广西合作全力推动陆海新通道建设。此外，陆海新通道项目得到越南、泰国、马来西亚等东盟国家积极响应。2018 年 4 月，广西壮族自治区政府陈武主席访越期间，越方对陆海新通道建设态度积极；5 月，越南工贸部副部长专程赴重庆、广西考察陆海新通道，并在南宁举办桂越物流合作洽谈会。泰国政商届高度关注陆海新通道建设，希望与广西进一步畅通经老挝、越南至中国的陆路跨境大通道。马来西亚东海岸经济特区希望依托中马“两国双园”，在陆海新通道建设中充分发挥钦州、关丹两个港口和自由贸易区（保税港区）作用，做大做强大宗商品物流。

二是南宁发挥首府作用，与西部省份陆海新通道合作机制不断扩大。2018 年 4 月，渝桂黔陇与川滇陕青蒙疆等西部 10 省份联合发布合作倡议。6 月，渝桂黔陇四省份与青海签署工作层面合作备忘录；重庆市与四川省签约加强陆海新通道合作。甘肃省已出台陆海新通道班列补助办法，重庆、贵州正在研究出台相关支持政策。企业运营平台进一步充实。4 月，

中新南向通道物流发展有限公司（渝桂平台公司）与中新互联互通物流发展有限公司（新加坡控股）达成合作意向；渝桂平台公司与甘肃、贵州平台企业达成合作意向。6 月，渝桂黔陇四地平台企业就“统一品牌、统一规则、统一运作”总体合作思路达成一致，正在洽商签署正式合作协议。

三是国内铁路、金融部门加入陆海新通道共建体系。4 月，中国铁路成都局集团、南宁局集团、兰州局集团与渝桂黔陇牵头部门（重庆中新局、广西商务厅、贵州商务厅、甘肃发改委）七方签署《共建中新互联互通项目南向通道合作备忘录》；6 月，渝桂黔陇青五省份牵头部门与中国人民银行联合签署《支持建设中新互联互通项目南向通道合作备忘录》，沿线地区共同整合金融资源支持陆海新通道建设。

（二）面临的问题和挑战

当前，国际国内经济环境正面临深刻变化，全球政治、经济正在由单极走向多极，国际政治经济分工格局、国际秩序和规则面临大调整，经济全球化遭遇挫折，美国贸易保护主义、单边主义抬头，大国博弈与国际竞争尤其科技竞争加剧。5 年来，“一带一路”丰富成果为实现全球经济复苏和推动广大发展中国家携手共赢发展注入了强大动力，有力回应了全球大发展大变革大调整条件下，保护主义、单边主义等对经济全球化的消极影响，但也面临以美国为代表的西方发达国家对“一带一路”的质疑，我国面临的外部环境复杂多变，迫切需要以广西南宁等为代表的地区结合国家和自身在“一带一路”建设中的定位和使命为区域合作提供新示范。从国内环境看，我国经济正从高速增长转向中高速增长，经济发展方式正从规模速度型粗放增长转向质量效率型集约增长，经济结构正从增量扩能为主转向调整存量、做优增量并存的深度调整，可能会使南宁面临产品销售市场萎缩、金融趋紧、招商引资困难、资源环境束缚、不确定性风险增加等挑战。从南宁自身发展来看，南宁总体发展仍处于欠发达、欠开发阶段，小马拉大车的压力依然很大，充分发挥陆海新通道南宁枢纽作用仍存在一定矛盾和问题。

一是城市经济偏弱，对西部地区的人口、产业、要素集聚辐射带动作用整体还不强。2017 年南宁地区生产总值 4118.83 亿元，比上年增长 8%，高于上年增速 1 个百分点，也分别高于全国、全区 1.1 个及 0.7 个百分点。但总体来看，南宁经济总量偏弱，21 世纪经济研究院的研究表明，南宁在全国前 50 个大中城市 GDP（地区生产总值）的总量排名中为第 42 位，略高于贵阳、兰州、银川等，实际增速为 8%，比实际增速排名第一的贵阳低 3.3 个百分点。因而对西部地区的人口、产业、要素集聚辐射带动作用整体还不强。

二是铁路、机场、水运、公路以及水利等部分交通通信基础设施建设滞后，多式联运发展缓慢，南宁陆海新通道枢纽功能发挥仍受到一定制约。目前中西部地区经广西南宁对接东盟的陆路运输大通道尚未完全打通，南宁与钦州尚未形成联动，运输效率有待进一步提高；南宁水运发展缓慢，内河港口小，南宁港虽然已建设成为现代物流、旅游服务等功能齐全、设备先进的现代化港口，但只整合了一批小而散的码头，吞吐量不够，2017 年南宁港吞吐量为 1380 万吨，仅为广西区内贵港港的 22% 左右，为梧州港的 38% 左右，影响南宁多式联运的快速推进。南宁机场尚未实现军民分离，南宁国际空港综合交通枢纽尚未建成，且航线培育专项资金规模小，尚未形成对周边地区的竞争优势。

三是对外开放平台不完善，平台联动有待提升，开放功能也有待提升。如以南宁为中心的广西尚不是国家自由贸易区试点，对外开放政策创新仍受到较大限制，南宁临空经济试验区还在申报审批之中，陆海新通道建设尚未上升为国家战略，对基础设施、资金等投入受限较大，广西南宁沿江、沿海、沿边的资源缺乏有效整合，铁空联运，铁海、陆海等多式联运贸易有待进一步完善。2017 年，南宁外贸进出口总值 607.09 亿元，在广西区内仅排在第 3 位，仅为崇左的 45% 左右，经济外向度为 15.7%，低于全国 33.6% 的水平。

四是陆海新通道项目落地仍面临较多政策制约，如国际航线审批、中新合作基金、跨境货币结算等。此外，南宁枢纽城市尚未建成，各类创新要素集聚不足，创新驱动能力较弱。

三、陆海新通道南宁枢纽建设的重点及实施路径

（一）强化基础设施支撑，建设交通信息枢纽城市

1. 构建对外立体交通基础设施体系，形成有利于南宁融入“一带一路”、陆海新通道项目，支撑西部大开发的交通格局

构建陆路、水运大通道。一是加快推进南宁铁路枢纽建设，启动南宁经横县、玉林至广州第二高铁的规划建设，加快新建铁路贵阳至南宁客运专线、湘桂铁路南宁至凭祥段扩能改造等项目的建设；二是完善公路网结构，加快推进贵港经隆安至硕龙、吴圩机场经大塘至浦北、柳州经合山至南宁、柳州至南宁等高速公路的新建和改扩建，加快建设七塘经伶俐至钦州、大塘至渠黎、邕宁经新江至百济二级公路等国省道及新江至扶绥、张村至六景二级公路等重点地方公路。

主动融入中新战略性互联互通示范项目，服务陆海新通道。一是加快推进“中新南宁国际物流园”建设，服务陆海新通道，发挥南宁重要物流节点作用，构建多式联运智慧物流体系，合作推动通关便利化。二是积极推动“中新南宁国际物流园”周边的规划道路建设，推动市政设施配套完善。三是以建设“中新南宁国际物流园”为依托，积极构建与东盟之间的物流合作体系，加快构建面向东盟、联动西南中南开放合作新高地，以更加开放的姿态积极融入“一带一路”建设。

构建空中大通道，推进航空客货运枢纽、基地建设。一是全面构建以南宁为枢纽，干线和支线合理结合，广泛覆盖全国，辐射东盟、东亚、南亚及港澳台地区的客运航线网络。构建东南亚、东北亚、南亚及港澳台地区的国际航空大通道，不断巩固并加密东南亚、港台地区现有航线，积极把南宁机场打造成为国内经南宁往返东盟中转集散地，实现欧洲、南亚等“一带一路”重要节点国际航线零突破；通过不断加密西北、中部、北部地区主要城市国内干线航线航班，推动实现“省会通”、引导基地航空公司加大驻场运力投放、努力吸引周边客源等措施，积极开拓国内航空客运

市场。二是推进南宁机场军民航分离，规划建设南宁机场 T3 航站楼、第二跑道及南宁国际空港综合交通枢纽工程，完善机场周边交通设施，形成高效快捷的连接通道。三是加快吴圩空港经济区的规划和建设，以航空物流为重点，完善口岸基础设施建设和通关资质，积极引进优质物流公司在南宁机场设立运营基地，打造区域性航空货运枢纽，大力打造保税物流，争取纳入南宁综合保税区扩容范围，设立 B 型保税物流中心。

2. 强化信息等软基础设施建设，建设西部信息口岸和信息国际大通道

大力推进中国—东盟信息港南宁核心基地等面向东盟的信息互联互通基础设施的建设，搭建信息基础设施平台、信息共享平台、技术合作平台、经贸服务平台、人文交流平台，争取南宁设置互联网国际业务出入口和设立国家级互联网骨干节点，加快提升与华南、中南、西南地区省份之间的高宽网络联通能力。搭建中国—东盟港口城市合作网络物流信息平台。整合中国与东盟各主要港口码头、货主、集装箱运输企业、货代、船代、口岸通关等资源，提供互联网智能物流服务，形成面向东盟，服务华南、中南、西南地区的国际通信网络体系和网络枢纽。

加快陆海新通道综合信息平台建设，将航运信息、港口信息、班列信息以及内陆站点信息进行链接，与有关合作企业共享，争取海铁联运、跨境公路、铁路运输三大板块的主要线路实现信息初步共享。建设大数据中心，汇聚投资、贸易、就业、科技、资源、应急、公共管理等方面信息，开展商贸服务、应急联动等方面的信息共享和交通合作。

加快南宁物流网络体系建设。“中新南宁国际物流园”建设刚开始启动，需要一定时间才能发挥相关物流集聚作用，应加快推进南宁国际综合物流园的改造，支持港务集团依托南宁国际综合物流园的南宁无水港改造工作，充分发挥“内陆物流—港口—航运”的全程物流优势，建立辐射区内外的物流网络体系，引领冷链大物流通道的建立和完善，加速陆海新通道与东盟国家的进出口货物匹配。引导企业开行南宁到北部湾港的固定集装箱货运班车，与北部湾港集装箱班轮实现有效衔接，努力构建以南宁为中心，钦、北、防为支撑节点的集装箱运输网络，有效发挥沿海、沿边优势。

（二）发挥开放引领作用，建设内陆开放高地

1. 增强开放平台引领作用

一是继续跟进临空示范区的申报工作，积极争取设立广西南宁自由贸易试验区，加快在相关领域进行试点，为加快西部和西南部地区开放步伐积极探索，争取成为西部内陆城市开放的桥头堡。二是加快中国—东盟博览会等开放平台升级建设，以中国—东盟信息港大数据中心和信息港小镇为重点，推动中国—东盟信息港建设取得新突破，强化对外开放引领作用，增强西部开放水平。三是强化面向东盟国际贸易大通道建设，注重打通外部大通道主要节点，不断巩固作为"一带一路"、陆海新通道和中国东盟综合枢纽的功能和地位。此外，加快中马"两国双园"、中国印尼经贸合作区等园区建设，大力提升钦州保税港区、南宁综合保税区等海关特殊监管区域的集聚辐射作用。

2. 高标准推进陆海新通道项目建设

南宁要围绕现代互联互通和现代服务经济，推进金融服务、航空、交通物流、信息通信技术等重点领域合作，打造高起点、高水平、创新型的示范性重点项目，提升南宁枢纽城市和集聚辐射功能，高标准实施陆海新通道项目，充分发挥项目在推进国家"一带一路"、中新互联互通国家战略中的重要作用。

一是加大政策落实力度。目前，中新双方紧扣金融、航空、交通物流和信息通信四大合作领域，打通内陆联通世界的资金、物流和信息"梗阻"，降低物流和融资成本。相关部委已出台细化的创新政策，以实现双方的资金融通、物流联通和信息畅通，下一步要尽快推动这些创新性政策在南宁落地，为企业跨境贸易与投融资真正创造便利。

二是进一步推动南宁与新加坡的空中联通。进一步推进多式联运合作等方式，建立南宁与新加坡的空中丝绸之路，特别是国家层面应在国际航线审批方面向南宁倾斜。

三是进一步创新南宁与新加坡的金融合作模式。要通过推动区内企业在新加坡申请跨境人民币低息贷款、允许区内企业在新加坡发行人民币债

券、允许区内符合条件的企业在新加坡上市融资、允许区内股权基金对外投资、允许开展个人经常项下和对外投资项下跨境人民币业务等方式，打通南宁与新加坡资金融通渠道。

四是制定陆海新通道多式联运服务规则。制定陆海新通道多式联运提单互认标准与规范，建立“一票制”“一口价”联运服务模式，实现全程“一份合同”“一个承运人”“一种费率”“一单结算”“一次托运全程运输”。

3. 发挥开放的要素集聚与引领作用

一是完善重点口岸建设。推动设立和建设南宁（铁路）口岸，力争纳入国家口岸发展的“十四五”规划，统筹整合南宁乃至广西境内各类口岸，提升口岸开放水平与能力。加快国际贸易“单一窗口”建设。联合渝黔陇等省市，加快推行国际贸易“单一窗口”标准化建设，实现省际互联互通。组建广西电子口岸公司，统筹广西国际贸易“单一窗口”建设与运维。探索与新加坡合作以企业对企业（B2B）形式推动与东盟国家国际贸易“单一窗口”互联互通。

二是提升通关便利化水平。实现口岸基础设施和信息系统互联互通，推动“就近报关、口岸验放”“通关无纸化”等通关作业改革，实现“一次申报、一次查验、一次放行”，推动多种货物在南宁及广西各海关特殊监管区域之间和跨关区便捷流转。改革多式联运监管模式，构建多式联运大通关机制。加快电子口岸建设，实现商、检、汇、税等基于一个信息平台的一口对外管理模式，提高通关管理效率。同时探索与沿线各国及国内各地区建立通关合作机制。南宁可重点与陆海新通道沿线地区、东盟地区的更多国家合作建立关检互认的通关合作机制，形成畅通的陆海新通道货运走廊大通关机制，为我国推进“一带一路”大通关体系建设积累新鲜经验。

三是争取把中新南宁国际物流园打造成为面向东盟下一代贸易方式—— E 国际贸易的示范区。积极发挥南宁物流园仓储、冷链和物流的资源优势，形成连接西南经济腹地和边境口岸、海港的中心枢纽，服务于中国东盟贸易尤其是农产品贸易往来，促进综保区电商业务与集团公司跨境电子商务业务的共同发展，培育具有行业影响力的跨境电商龙头企业、电子商务平台和产业集聚区，把中新南宁国际物流园打造成为面向东盟下一代贸易方式 —— E 国际贸易的示范区，着力构建网上丝绸之路。

四是探索内外贸一体化发展。依托现有综合保税区等政策，探索内外贸一体化试点，放大现有保税区功能，引进各类进出口国际贸易创新平台，发展区域性跨境电子商务产业集聚区，积极开展保税展示交易、国际维修加工、保税商贸物流等经济业态，使南宁综合保税区成为中国东盟国际贸易核心通道和内外贸易枢纽。

（三）以项目和平台为依托构建面向东盟的国际物流大通道

以推进项目和平台建设为依托，加快建设与东盟之间的物流合作体系，积极构建面向东盟、联动西南中南开放合作新高地，主动发挥南宁全国重要物流枢纽城市作用。

一是主动融入中新互联互通示范项目，服务陆海新通道，发挥南宁重要物流节点作用，构建多式联运智慧物流体系。支持在南宁建设铁路口岸，谋划南宁港等水铁联运等向南发展多式联运体系建设。打造海铁联运主干线，与重庆、甘肃、贵州、四川、云南等西部省份共同打造经北部湾港的海铁联运线路，形成稳定、快捷、低成本、规模化、进出平衡的国际陆海贸易新通道，推动海铁联运集装箱班列常态化运行，不断拓展与陕西、河南、新疆等中西部省份的合作。加密北部湾港至林查班港（泰）、胡志明港、海防港、关丹港等航班。大力引进国际班轮公司挂靠北部湾港，到2020年逐步形成区域性国际航运枢纽。拓展公水海联运集装箱班车线路，扩大中越跨境公路运输规模，推动中越跨境铁路集装箱班列运行，探索海铁联运与国际国内物流干线的有机衔接。逐步实现与“渝新欧”“蓉欧”“郑新欧”“兰州号”和长江水道等无缝对接，探索推动开通中欧（广西钦州）班列。

二是积极构建与东盟之间的物流合作体系，加快构建面向东盟、联动西南中南开放合作新高地，以更加开放的姿态积极融入“一带一路”建设。依托陆海新通道，合作开展国际金融、通关便利化、人才培训交流等，进一步发挥广西对东盟合作的桥头堡作用，推动沿线省份企业参加中国—东盟博览会境外展，联合各省份与“一带一路”重点国家召开贸易投资对接会，扩大国际贸易和双向投资，为陆海新通道的繁荣发展提供有力支撑。

三是继续优化现有物流通道，发展“公铁”“水铁”“陆空”等多式联运方式，在跨境物流方面重点拓展南宁机场国际物流渠道，完善国际空港口岸货运功能，打造面向东盟的空港国际物流通道。加快货运枢纽场站和物流基础设施建设，提升物流服务支撑能力，着力打通物流通道关键节点。

四是着力抓好重点项目建设，做好对重点物流园区服务工作，增强园区集聚和辐射功能。继续培育龙头企业，鼓励多式联运企业推进规模化、集约化经营。建设南宁综合物流基地，以中国—东盟国际物流基地、南宁吴圩空港物流基地为核心，加快中新南宁国际物流园等物流园区建设，加快推进南宁铁路物流中心、玉洞铁路货运站、南宁临空经济核心产业示范区等重大项目，推动公路港项目建设，将南宁市打造成为多式联运的综合物流枢纽城市。

（四）进一步优化并形成南宁现代产业体系

1. 建设面向西南中南、辐射东南亚的区域性现代制造业基地

继续发挥以铝加工、机械与装备制造、农产品加工、化工、建材、造纸等资源加工型传统优势产业为主要支撑的工业产业体系的优势，同时，重点培育先进装备制造业（含铝加工业）、电子信息产业和生物医药产业三大主导产业。以邕宁新兴产业园为主要依托，大力发展新能源汽车及零部件、中重型机械、轨道交通装备和先进智能装备等成套设备制造业，利用先进技术改进提升传统装备制造业优势产业，加快发展铝深加工及下游产业，打造区域性机械装备制造基地。围绕中国—东盟信息港建设，以“互联网 +”“大众创业、万众创新”为驱动，依托东部电子信息产业加快转移的大趋势，壮大电子信息产品制造业总量，培育软件和信息技术服务业两个主攻方向，推动电子信息产业加快发展，重点加快高新区、江南工

业园区电子信息产业园建设，努力打造电子信息产品制造、软件开发与通信信息互为支撑、互促发展的产业新格局。重点引进生物制药、现代中药、临床诊断试剂、保健品、医药研发及检验、医疗器械生产等产业，将南宁生物医药产业园打造成为广西乃至国内科技含量高、产业化集聚程度高的生物医药产业园。将创新驱动作为南宁建设现代制造业基地的首要动力，引导、鼓励和支持企业不断加大研发投入，建立以企业为主体、以市场为导向、政产学研资用一体的协同创新体系，围绕产业链部署创新链，围绕创新链配置资源链，培育建设若干国家级技术创新中心、国家级技术创新企业，持续推进以科技创新为核心的全面创新，不断提升产业技术创新基础能力，增强产业核心竞争力。

2. 创新南宁现代服务业发展方式

大力推进“智慧南宁”，加大互联网基础设施建设力度，并应依托互联网资源，大力引进培育互联网企业，积极发展跨境电子商务、大数据、云计算等新型经济业态，将南宁建设成为西部地区通信信息枢纽和互联网经济高地。加快区域性现代服务业集聚中心建设，大力引进金融、现代物流、信息服务等现代服务业，加快发展面向东盟的区域性现代服务业中心，打造成为立足全区、辐射西南、影响东盟的创新创业高地。着力将南宁打造成为广西面向东盟的金融开放门户核心城市，力争成为广西面向东盟的区域性人民币跨境结算中心、区域性跨境投融资中心和区域性货币交易调运中心。重点推进中国—东盟国际物流基地、南宁空港物流产业园等10大物流集聚区建设，构建布局合理、技术先进、便捷高效、安全有序的现代物流运输服务体系，打造区域性现代服务业中心城市。加快建设中新南宁国际物流园等物流园区平台，积极发展第三方物流等现代物流，提高物流智能化水平，培育现代物流产业，将南宁建设成为全国重要物流枢纽。围绕打造中国—东盟信息港南宁核心基地、南宁市供应链集成服务基地、南宁市创新创业基地等“三基地”，实施“互联网+”战略，深入推进国家电子商务示范城市和国家跨境贸易电子商务服务试点，加快电子商务基础设施建设，促进与东盟国家在信息流、物流、资金流方面的互联互通，大力发展电子商务和跨境贸易电子商务服务，完善综合服务平台，借鉴保税备货等模式发展跨境进口贸易，借鉴海外仓等模式发展跨境出口贸易，加快建设中国—东盟电子商务产业园和电子商务重点园区，建设若干特色突出、集聚优势明显的商品贸易大市场，大力发展采购贸易和商品展示，成为我国重要的农产品贸易中心和展示中心，实现“线上线下、境内境外”联动发展。

3. 继续提升南宁现代农业发展水平

一是积极发展现代特色农业，实施“10+3”特色农业产业提升行动，打造一批“邕系”农产品知名品牌。二是推进农业标准化和信息化，加快南宁农产品交易中心建设。引进和培育农产品加工企业，发展产业化经营，建立现代大型农产品中心批发市场和物流中心，引进农资现代配送服务企业，推动农产品加工与产业化经营发展。三是做优做强一批特色品牌农业。做优做强桑蚕、花茶、食用菌、中药材、林浆纸以及果蔬和养殖产业，实施农业品牌战略，深化农村改革试点，推进重点领域体制机制创新，建设西部现代农业发展示范基地。四是推动农村一、二、三产业融合发展。以市场需求为导向，以要素集聚、技术渗透和制度创新为动力，培育休闲农业、乡村旅游、森林康养、农村电商等新产业新业态，将农村一、二、三产业融合与培育新型职业农民，构建现代农业产业体系、生产体系、经营体系，推进农业适度规模经营，促进农村新产业、新业态、新模式发展结合，积极培育多元化主体，完善利益联结机制，打造农业全产业链、价值链，让农民分享二、三产业增值收益，为农业农村经济增添新动能新活力。

（五）构建有利于人才集聚的立体化人才体系

人才是陆海新通道建设的重要驱动力量。陆海新通道建设是一项长期的系统工程，推进过程中会面临诸多问题，需要长期进行跟踪研究，提供智力支撑。

一是成立“陆海新通道研究中心”。以陆海新通道建设为契机，加强对专业型、复合型人才的培养，面向全国（至少全区）选拔相关专业研究人才，成立“陆海新通道研究中心”，实时跟踪和动态研究陆海新通道建设推进过程中面临的突出问题和体制机制障碍，为陆海新通道建设提供智力支撑。这也是南宁构建全面开放新格局的现实要求。

二是加强陆海新通道各类人才引进。加强高端人才引进，建立健全陆海新通道人才需求目录，制定领军人才团队引进实施方案，对引进人才及团队在南宁住房、津贴、税收、子女入学、配偶就业等方面予以适当照顾；重视吸引专业技术人才，出台陆海新通道专项限价房、人才公寓、廉租房等政策，使南宁成为人才集聚的区域性新高地。

三是推动多样化的人才培训与交流。鼓励广西高校与区外高校建立物流学院或开设港口、物流专业课程，构建物流继续教育培训体系，为陆海新通道物流产业输送专业人员。要扩大人才培训和交流，鼓励人才与新加坡、重庆、成都等地进行交流培训，吸引国内外高端人才来南宁交流合作，建立跨区域人才交流机制。

四是推动陆海新通道创新人才建设。进一步完善产学研合作的政策环境，推进陆海新通道创新型人才培养，建立广西陆海新通道人才库；制定高等院校、科研院所、企业高层次人才双向交流任职制度，推行产学研联合培养研究生的“双导师”制；为富有创新精神、具备发展潜力的青年陆海新通道人才提供独立负责项目、承担重要课题、参与国际交流合作的机会。

四、政策建议

（一）将中新互联互通项目下的陆海新通道上升为国家战略

陆海新通道以中国西南、西北腹地为主轴，向南连接21世纪海上丝绸之路和中南半岛，向西联通幅员辽阔的中亚地区，向东联通了长江黄金水道和亚欧大陆桥东段，是“一带一路”的合拢工程，涉及多个国家，关联多个省份。尽管广西定位为21世纪海上丝绸之路和丝绸之路经济带有机衔接的重要门户，但由于经济规模相对较小，与周边西南、西北地区的互联互通水平还有待提高，腹地支撑能力明显不足，建议将陆海新通道正式纳入中国—东盟合作框架，推动国家层面签署共建陆海新通道的合作协议，给予更多优惠政策和便利条件。将陆海新通道重大项目纳入国家“十四五”规划，同时争取陆海新通道一批重大项目纳入国家“一带一路”重大项目储备库，为争取用地用海指标和资金政策支持打下基础。着力从国家层面打破不同交通方式的行业壁垒，将发展多式联运、构建综合交通运输体系纳入国家规划，打通重庆经广西南宁、云南通往中南半岛和南亚的陆上通道，真正发挥广西南宁北部湾港西南出海大通道的作用，使广西南宁成为21世纪海上丝绸之路和丝绸之路经济带有机衔接的重要门户，形成我国内陆地区对外开放的崭新格局。

（二）把南宁打造成为陆海新通道软基础互联互通的综合枢纽

互联互通建设可以分为两类：一类是“硬联通”，如铁路、公路、航空等基础设施；另一类是“软联通”，主要包括政策、标准、通关条件等。目前我国一些地区和部门推进“一带一路”相关建设，仍然片面强调交通基础设施等“硬联通”建设，而忽视了金融、贸易、文化等“软联通”能力提升。建议南宁在陆海新通道枢纽建设中要坚持软联通先行，以中新南宁国际物流园和南宁综合保税区为平台载体，重点加强南宁与新加坡以及东盟国家在信息、航线、金融等方面的软联通能力建设，推动南宁与新加坡在物流、贸易、航空、信息、金融等各领域实现深度对接，扩大对整个欧亚大陆地区的辐射力。建议从国家层面和自治区层面给予陆海新通道项目更多优惠政策和便利条件，允许南宁在软联通能力建设、进一步深化开放等方面进行探索，创新物流、互联网、金融等重大制度安排。未来可在“一带一路”沿线复制“陆海新通道”模式，选择我国国内部分发展潜力较大、辐射力较强地区与“一带一路”沿线国家重要地区建立结对合作关系，率先推动软联通能力建设，助推“一带一路”建设可持续发展，打造空中丝绸之路、网上丝绸之路、贸易丝绸之路、金融丝绸之路、信息丝绸之路、文化丝绸之路。

（三）加快推动内陆开放改革试点

自贸区试点是当前我国对外开放的最高平台，享有最为优惠便利的开放政策，目前我国已有11个国家自贸区试点省份，形成了试点改革经验，南宁应与自治区政府共同努力申请设立中国（广西）自由贸易试验区，推动内陆开放综合改革试验，提升开放水平。应争取国家尽快批复一批示范区和试点。将南宁空港经济区列为国家航空港经济综合试验区，争取国家将南宁市、钦州市列为国家物流业创新发展示范城市，将南宁国际综合物流园和钦州保税港区列为国家级示范物流园区，将北部湾（钦州）港列为国际航运发展综合试验区和启运港退税政策试点。同时，加快南宁铁路口岸建设，充分发挥南宁衔接中国—东盟自贸区、辐射大西南以及临边临海的区位优势、自身规模优势及铁路物流专业优势，打造全国一流的铁路多式联运物流基地和出海出边货物最佳集结点，形成“一带一路”有机衔接的重要门户和陆海新通道建设的重要支撑。

（四）加快重大软硬基础设施规划和建设

为充分发挥南宁作为西南中南地区开放发展新的战略支点，以及21世纪海上丝绸之路和丝绸之路经济带有机衔接的重要门户作用，首先，应进一步完善公路、铁路、水运、航空等基础设施规划建设，打造铁公水海等多式联运体系，建设物流基地和内陆无水港。其次，应加快南宁铁路物流中心规划建设，建成与空港、铁路、港口规划建设相结合，配套金融、保险、海关、工商、税务、商检等功能的服务功能多样化、技术装备现代化、业务办理便利化的现代物流园区，成为陆海新通道、中欧班列和中越跨境集装箱班列的重要交汇点以及“两纵、两横、三放射”全国铁路冷链物流网络中的重要节点。最后，探索推动跨区域跨国界的通关便利化机制。探索跨区域跨国界的陆海新通道标准体系建设，制定陆海新通道多式联运提单互认标准与规范。深化跨区域跨国界的大通关合作和物流监管一体化，推动沿线各省份以及东盟国家之间关检“一站式”作业、一体化通关。探索与新加坡合作以企业对企业（B2B）形式推动与东盟国家国际贸易“单一窗口”互联互通。全方位拓展口岸物流通道，促进多式联运通关便利，推动物流监管一体化。搭建中国—东盟港口城市合作网络综合平台，聚合各方权威数据与平台大数据，促进物流体系和生产体系、流通体系的有效对接，形成互通共享的国际贸易大数据服务平台。

（五）加强组织保障

一是健全组织协调机构。陆海新通道建设任务十分艰巨，各级各部门要加强配合、协调推动各项工作，才能形成强大的工作合力，确保资源、政策朝陆海新通道聚集。目前，广西壮族自治区已经成立中新互联互通南向通道建设工作领导小组办公室，建议南宁市对照自治区成立陆海新通道建设工作领导小组办公室，明确分工，完善机制，落实责任，加强陆海新通道建设工作组织保障。

二是加强组织协调与统筹实施。南宁市有关部门要依据自治区陆海新通道建设的有关要求，不断健全完善推进陆海新通道建设工作计划和优惠政策，将《南宁市参与中新互联互通南向通道建设（2018—2020 年）工作方案》《南宁市中新南宁国际物流园开发建设支持政策》以及《南宁市落实“一带一路”南向通道广西基础设施建设三年行动计划（2018—2020）分工方案》与自治区层面的各项工作方案、行动计划相衔接，加强自治区层面对陆海新通道总体建设的指导和协调，并按照自治区层面确定的南宁功能定位、空间布局和发展重点，选择和安排建设陆海新通道重点项目。

参考文献

[1]中共中央宣传部. 习近平新时代中国特色社会主义思想学习问答[M]. 北京：学习出版社，人民出版社，2021.

[2]中共中央党史和文献研究院. 习近平谈“一带一路”[M]. 北京：中央文献出版社，2018.

[3]新华社. 习近平在 2022 年世界经济论坛视频会议的演讲（全文）[EB/OL]. (2022 -01 -17). http://www.gov.cn/xinwen/2022 -01/17/content_5668944.htm，2022 -01 -17.

[4] 习近平出席第三次“一带一路”建设座谈会并发表重要讲话[EB/OL]. (2021 -11 -19). 新华社，http://www.gov.cn/xinwen/2021 -11/19/content_5652067.htm.

[5]习近平在首届中国国际进口博览会开幕式上的主旨演讲[EB/OL].

（2018 - 11 - 05）. 人民网，http://cpc. people. com. cn/n1/2018/1106/c64094 - 30383522. html.

[6]习近平在第二届“一带一路”国际合作高峰论坛开幕式上的主旨演讲（全文）[EB/OL].（2019 - 04 - 26）. 新华社，https://baijiahao. baidu. com/s? id = 1631847884865376099&wfr = spider&for = pc.

[7]习近平在第二届中国国际进口博览会开幕式上的主旨演讲[EB/OL].（2019 - 11 - 05）. 新华网，http://www. xinhuanet. com/politics/leaders/2019 - 11/05/c_1125194405. htm.

[8]习近平在世界经济论坛 2017 年年会开幕式上的主旨演讲[EB/OL].（2017 - 01 - 17）. 新华网，http://www. xinhuanet. com/2017 - 01/18/c_1120331545. htm.

[9]习近平在博鳌亚洲论坛 2018 年年会开幕式上的主旨演讲[EB/OL].（2018 - 04 - 10）. 新华网，http://www. xinhuanet. com/politics/2018 - 04/10/c_1122659873. htm.

[10]推进“一带一路”建设工作领导小组办公室. 共建“一带一路”倡议进展、贡献与展望[M]. 北京：外文出版社，2019.

[11]张晓强，陈文玲，颜少君. “一带一路”十四五规划的若干思路与建议[R]. 2020.

[12]陈文玲，颜少君. 俄乌冲突对中欧班列的重大冲击及我应对[R]. 2022 - 04 - 29.

[13]陈文玲，颜少君. 推动中欧班列高质量发展的有益尝试[R]. 2021 - 12 - 31.

[14]陈文玲，颜少君. 推动“一带一路”行稳致远[N]. 经济日报，2021 - 07 - 24.

[15]陈文玲，颜少君. “E 国际贸易”的理论内涵与理论体系[J]. 全球化，2017（11）.

[16]陈文玲，颜少君. 推动中美两国迈向新型战略合作伙伴关系[J]. 全球化，2018（1）.

[17]颜少君. 新形势下中美关系的新定位[J]. 全球化，2018（4）.

[18]颜少君.下一代贸易——E 国际贸易的发展趋势[J].宏观经济管理,2018(5).

[19]颜少君.国际贸易理论视角下的“一带一路”[J].经贸导刊,2019(11).

[20]中国国际经济交流中心课题组.“一带一路”理论框架与实践研究[M].北京:中国经济出版社,2020.

[21]中国国际经济交流中心课题组.“一带一路”:倡议与构想——“一带一路”重大倡议总体构想研究[M].中国经济出版社,2019.

[22]中国国际经济交流中心课题组.“一带一路”:愿景与行动——“一带一路”视角下的重点领域与布局[M].中国经济出版社,2019.

[23]中国国际经济交流中心课题组.“一带一路”:合作与互鉴——“一带一路”视角下的国际地缘关系[M].中国经济出版社,2019.

[24]中国国际经济交流中心课题组.首届“一带一路”国际高峰论坛智库平行分论坛发布成果:《“一带一路”:共同美好生活的圆梦路》[R].2017.

[25]中国国际经济交流中心课题组.“一带一路”创造经济全球化共赢发展的新境界[J].全球化,2017(7).

[26]丛书编写组.推动共建“一带一路”高质量发展[M].北京:中国计划出版社,中国市场出版社,2020.

[27]蔡昉.“一带一路”手册[M].北京:中国社会科学出版社,2020.

[28]帕拉格·康纳.超级版图[M].北京:中信出版社,2016.

[29]冯并.“一带一路”全球发展的中国逻辑[M].北京:中国出版集团,中国民主法制出版社,2015.

[30]中国人民大学重阳金融研究院.“一带一路”国际贸易支点城市研究[M].北京:中信出版集团,2015.

[31]中国人民大学重阳金融研究院.“一带一路”与国际贸易新格局[M].北京:中信出版集团,2016.

[32]曾培炎.“一带一路”:全球共同需要 人类共同梦想[J].求是,2015(5).

[33]曾培炎."一带一路"是务实合作平台[EB/OL]. 新华网,2017 -09 -15.

[34]曾培炎.推动"一带一路"走深走实、行稳致远[N].光明日报,2019 -04 -26.

[35]陈文玲.中国与世界:以中国视角解析国际问题[M].北京:中国经济出版社,2016.

[36]陈文玲. 中国主动参与开放型世界经济的新格局正在形成[EB/OL].中国一带一路网,2019 -04 -27.

[37]陈文玲."一带一路"建设开启新全球化伟大进程[J].人民论坛学术前沿,2017 (8).

[38]陈文玲.携手推进"一带一路"建设共同迎接更加美好的新未来[J].全球化,2015(6).

[39]陈文玲.透视中国:中国相关国家战略报告[M].北京:中国经济出版社,2016.

[40]陈文玲.中国与世界:以中国视角解析国际问题[M].北京:中国经济出版社,2016.

[41]陈文玲,刘秉镰,刘维林.新经济爆发性增长的内生动因[J].全球化,2016(7).

[42]陈文玲. 现代流通:国家的核心竞争力[J].南京社会科学,2016(3).

[43]裴长洪.中国特色开放型经济理论研究纲要[J].经济研究,2016(4).

[44] 赵瑾.推动建设开放型世界经济[EB/OL]. 经济日报理论周刊,2018 -04 -07.

[45]赵瑾.习近平关于构建开放型世界经济的重要论述——理念、主张、行动与贡献[J].经济学家,2019(4).

[46]张二震,戴翔.构建开放型世界经济:理论内涵、引领理念与实现路径[J]. 江苏师范大学学报(哲学社会科学版),2019(3).

[47]黄晓凤,何剑,邓路.习近平新时代开放型经济思想及其世界意义[J]. 广东财经大学学报,2018(4).

[48]蔡昉.全球化的政治经济学及中国策略[J].世界经济与政治,2016(1).

[49]蓝艳.中国与"一带一路"沿线国家贸易结构及对国内环境的影响分析[J].环境科学研究,2020(7).

[50]王维.建设绿色"一带一路"[J].中国发展观察,2019(8).

[51]许勤华,王际杰.推进绿色"一带一路"建设的现实需求与实现路径[J].教学与研究,2020(5).

[52]李师源."一带一路"沿线国家绿色发展能力研究[J].福建师范大学学报(哲学社会科学版),2019(2).

[53]信强,文少彪.健康"一带一路"视角下的中国与全球卫生治理[J].现代国际关系,2020(6).

后　记

《“一带一路”经贸合作研究》为作者近年来在围绕“一带一路”开展的相关研究基础上撰写完成，现付梓出版。在中国国际经济交流中心工作7年多来，作者围绕“一带一路”开展的相关研究都离不开中心总经济师陈文玲女士的悉心指导，借此机会表示衷心感谢。感谢中心“一带一路”课题组世界经济研究部部长徐占忱、副部长任海平、张茉楠、李锋、李浩东、梅冠群、田栋等课题成员在课题研究过程中给予启发和帮助。感谢中国经济出版社编辑严莉的辛苦付出。